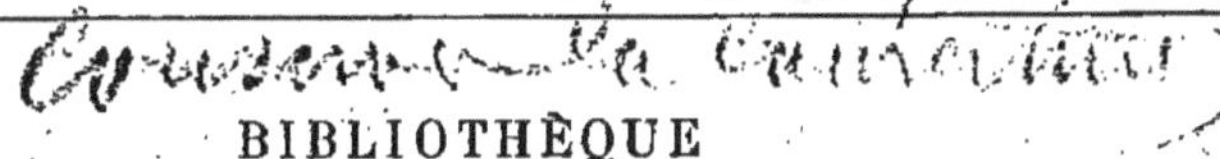

BIBLIOTHÈQUE
DE PHILOSOPHIE CONTEMPORAINE

ÉTUDE

SUR

L'ESPACE ET LE TEMPS

PAR

GEORGES LECHALAS

DEUXIÈME ÉDITION, REVUE ET AUGMENTÉE

PARIS

FÉLIX ALCAN, ÉDITEUR

LIBRAIRIES FÉLIX ALCAN ET GUILLAUMIN RÉUNIES

108, BOULEVARD SAINT-GERMAIN, 108

1910

ÉTUDE

L'ESPACE ET LE TEMPS

DU MÊME AUTEUR

Etudes esthétiques. Un volume in-8º de la *Bibliothèque de philosophie contemporaine*, 1902 . . . . **5** fr.

Introduction à la Géométrie générale. Une brochure in-8º. Paris, Gauthier-Villars, 1904 . . . . **1** fr. **75**

ÉTUDE

SUR

L'ESPACE ET LE TEMPS

PAR

GEORGES LECHALAS

DEUXIÈME ÉDITION REVUE ET AUGMENTÉE

PARIS

FÉLIX ALCAN, ÉDITEUR

LIBRAIRIES FÉLIX ALCAN ET GUILLAUMIN RÉUNIES

108, BOULÉVARD SAINT-GERMAIN, 108

1909

PRÉFACE

En présentant la première édition de cette *Etude*, vers la fin de l'année 1895, nous appelions l'attention sur la limitation du sujet, qui ne comprenait ni la genèse des idées de temps et d'espace, ni, d'une façon générale, le temps psychologique auquel de courtes allusions étaient seulement consacrées. Cet avertissement s'applique également à la présente édition, qui ne constitue nullement un ouvrage nouveau. Toutefois, le changement de format suffit à marquer qu'il ne s'agit pas non plus d'une simple réimpression, plus ou moins revue. Il y a donc lieu de signaler les principales différences existant entre les deux éditions.

L'étude de l'espace géométrique s'est notablement étendue, comportant aujourd'hui **129** pages, alors que précédemment 64 seulement lui étaient consacrées. C'est qu'en effet les bases logiques de la géométrie ont fait l'objet de travaux fort importants dont il était indispensable de tenir compte : cela nous a amené à consacrer deux chapitres distincts aux géométries non métriques [1] et à la géométrie métrique ; nous avons d'ailleurs donné un peu plus d'extension aux considérations d'ordre historique et n'avons pu éviter de faire place aux polémiques auxquelles a donné lieu notre manière d'envisager la géométrie générale. Quant à la portée philosophique de celle-ci, elle a fait l'objet de trop de discussions récentes

---

(1) On retrouvera à peu près, dans le chapitre sur les géométries non métriques, une étude publiée dans la dix-huitième *Année philosophique* de M. Pillon, étude qui n'était que le début de cette seconde édition, alors en préparation.

pour qu'il nous fût possible de ne pas en reprendre complètement l'examen.

La mécanique a motivé de moindres modifications ; toutefois nous ne saurions passer sous silence les précieuses études de M. Duhem auxquelles nous avons emprunté des indications d'ordre historique sur le choix des repères auxquels on rapporte les mouvements observés. Nous regrettons d'ailleurs de n'avoir tiré parti que dans une « addition », placée à la fin du volume, d'une très intéressante communication de M. Painlevé à la Société française de philosophie sur le rôle du principe de causalité dans le choix des repères auxquels on rapporte les mouvements et du mouvement-unité servant à la mesure du temps : cette communication remontant à 1904, notre omission était sans excuse.

Nous avons revu, en tenant compte de discussions récentes, le problème de la géométrie de notre univers, problème rejeté à la suite de l'étude de la mécanique parce que celle-ci n'est pas sans influence sur la réponse à y faire, et nous avons discuté les objections de M. Poincaré contre le principe de tout essai de détermination de cette géométrie.

A l'occasion enfin de la critique de l'infini et du continu, nous avons introduit dans notre discussion des considérations fondées sur la théorie des ensembles infinis de George Cantor ; nous espérons qu'on y verra comment on peut accepter pleinement cette théorie sans rien abandonner de la critique de l'infini numérique et de l'infini quantitatif réalisés.

Est-il besoin d'ajouter que, là où nous laissions à peu près subsister notre première rédaction, nous l'avons revue en cherchant à la débarrasser des petites inexactitudes de forme ou de fond auxquelles on ne saurait espérer se soustraire entièrement ?

CHAPITRE PREMIER

COUP D'ŒIL SUR LES GÉOMÉTRIES NON MÉTRIQUES

La géométrie classique, même complétée par les géométries non-euclidiennes de Lobatchefsky et de Riemann, a un caractère essentiellement *métrique* : elle repose sur l'idée d'identité entre des figures distinctes, qu'on peut déplacer sans les modifier et amener ainsi en superposition les unes avec les autres. Or il y a intérêt, même pour ceux qui ne songent aucunement à déserter ce terrain traditionnel, à étudier des géométries non métriques, car elles mettent en évidence, notamment, que bien des choses qu'on serait porté à attribuer à une forme d'extériorité (ou de sensibilité) ont un caractère purement abstrait. Telle est la raison d'être de ce rapide coup d'œil sur les géométries non métriques, que nous ferons précéder de quelques réflexions sur les sciences déductives.

I

LES SCIENCES PUREMENT DÉDUCTIVES ET LA GÉOMÉTRIE CONSIDÉRÉE COMME TELLE

La géométrie classique et même la mécanique dans une assez large mesure revêtent le caractère de sciences déductives, mais on doit reconnaître qu'à ce point de vue elles sont bien loin de pouvoir être citées comme des modèles. A la suite d'un long travail, resté souvent obscur et méconnu, une pensée qui a hanté Leibniz pendant presque toute sa vie est parvenue, depuis quelques années, à prendre corps à un degré tel qu'il est impossible de ne pas s'arrêter devant elle. Cette pensée consistait essentiellement à substituer aux raisonnements sur des idées des opérations sur des symboles. De là est née la logique algorithmique, devenue finalement ce que, depuis le Congrès de philosophie de Genève, on appelle la *logistique*.

Résumons brièvement, d'après M. Couturat et d'après MM. Russell et Whitehead dont il s'est appliqué à faire connaître les travaux en France, l'idée essentielle de toute science purement déductive.

A la base se trouve un certain nombre de notions *qu'on ne définit pas* et de propositions premières *qu'on ne démontre pas*, ces propositions visant les notions indéfinissables ; puis de ces propositions on en déduit d'autres, au moyen de *principes* dits principes de la logique. Pratiquement, on est forcé de recourir à des *définitions nominales*, par lesquelles on réduit une notion à une combinaison logique d'autres notions déjà ainsi définies, de façon à remonter finalement aux seules notions premières. Ces définitions, qui pratiquement rendent des services inappréciables, ne sont pas logiquement nécessaires, puisqu'on pourrait absolument introduire dans les raisonnements toute la suite des propositions qu'elles résument.

Au point de vue purement formel, les notions sont désignées par des écritures ou symboles, et les propositions se traduisent également par des signes ; aux principes de la logique correspondent d'ailleurs les règles d'après lesquelles s'opèrent les jeux d'écritures permettant de passer de l'expression d'une proposition à celle d'une autre.

Comme il existe une correspondance absolue entre l'expression verbale et sa traduction symbolique, on peut se demander à quoi sert celle-ci. Sa valeur n'est, en effet, que d'ordre pratique, mais a une portée effective considérable. Dans les raisonnements verbaux, il est extrêmement difficile de vérifier le rigoureux enchaînement des propositions et de distinguer tous les principes qu'on applique intuitivement et implicitement. Quand, au contraire, on opère sur des écritures algorithmiques, on aperçoit forcément les lacunes qui peuvent exister dans les règles du jeu et dans ses données, ce qui oblige à compléter les principes logiques qu'elles traduisent ainsi que les propositions premières ; d'une façon plus courante, le calcul permet de dépister les insuffisances du raisonnement.

Il va de soi que ce simple schéma de la science déductive ne fait aucune part aux procédés de l'esprit à la recherche de la vérité : il vise exclusivement le fait de la science existante, avec ses démonstrations. Pour découvrir la vérité inconnue, l'esprit se servira sans doute des procédés de démonstration ; mais ce n'est pas la seule logique qui le guidera dans ses tentatives novatrices [1]. Une première démarche de l'esprit, dans son

(1) Pour n'avoir pas compris le véritable objet de la logistique, M. Borel s'est livré à une manifestation très vive contre M. Couturat et les logisticiens en général dans un article de la *Revue de Métaphysique et de Morale* (mai 1907, La logique et l'intuition en mathématiques). Il est arrivé à M. Borel, éminent mathématicien pratiquant, à peu près ce qui arrive à presque tous les artistes qui s'indignent contre toutes les théories esthétiques, se figurant qu'elles ont pour objet de donner la formule du beau, destinée à permettre de produire systématiquement des chefs-d'œuvre. Un vieil article de la *Critique Philosophique* (1887) sur l'emploi de l'hypothèse dans les sciences mathématiques témoigne que nous avons toujours cru à l'intervention active de l'esprit dans les découvertes de ces sciences. Au fond de ces discussions, il pourrait bien n'y avoir qu'une querelle de mots, ainsi que nous l'a fait comprendre la thèse latine de M. Rodier, dont la 19e *Année philosophique* (1908) a publié la traduction.

L'auteur de cette thèse sur les *Fonctions du syllogisme* distingue le syllogisme normal, dont le mouvement est régressif, et l'application artificielle de la forme syllogistique à un progrès de la pensée, et il donne sous forme syllogistique deux exemples indépendance, ressort du fait même du choix des idées complexes qui doivent être les objets spéciaux de l'étude, et à vrai dire tout dépend de ce choix. Comme d'ailleurs le premier soin que l'on a, après avoir fixé un de ces objets d'étude, est de lui donner un nom, c'est-à-dire de poser une définition, on voit comment M. Whitehead a pu dire, sans méconnaître le caractère purement nominal des définitions, qu'elles apparaissent comme la partie la plus importante de la théorie [1].

Le même auteur a montré sa large compréhension des choses en acceptant qu'on dît que les propositions premières ou axiomes *définissent par postulats* les notions premières que nous avons dit n'être pas définies. Il n'y a aucun inconvénient à cette terminologie, dit-il formellement, tant que l'on conçoit clairement qu'en général les axiomes ne caractérisent pas une seule classe d'entités. Cette dernière remarque se trouve développée par M. Couturat dans les termes suivants :

« On conçoit donc qu'une même théorie déductive formelle puisse recevoir plusieurs applications matériellement différentes, si l'on peut trouver pour l'ensemble des symboles non définis plusieurs interprétations qui vérifient également l'ensemble des propositions non démontrées » [2].

Si maintenant nous cherchons quelles conditions doi-

inverses de ce double mouvement de la pensée, mouvement analytique et mouvement synthétique. Dans le premier, le raisonnement est rigoureusement syllogistique, car on s'y achemine de propriétés complexes d'une ligne à une propriété plus simple de cette ligne considérée en elle-même ; dans la seconde, on va du moins complexe au plus complexe, car de la ligne considérée en elle-même on passe à ses relations avec une nouvelle ligne. La différence est évidemment profonde, et l'on peut la traduire en disant que la synthèse n'est pas au fond syllogistique. Nous n'avons jamais dit que les hypothèses, même de méthode, se découvrent par la déduction.

(1) Chapitre I de *The Axioms of projective Geometry*, traduit dans la *Revue de Métaphysique et de Morale*, de janvier 1907.

(2) *Les Principes des Mathématiques*, p. 37.

vent vérifier les divers éléments d'une science logique, nous ne trouverons rien en ce qui concerne directement les notions dites indéfinissables, puisqu'elles ne sont qu'un mot ou qu'un signe tant que des propositions premières ne les ont pas fait sortir de cette indétermination. Quant à ces propositions premières, elles doivent essentiellement ne pas impliquer contradiction entre elles, et il y a d'ailleurs avantage, en principe, à ce qu'elles soient *irréductibles*, c'est-à-dire à ce qu'aucune d'elles ne puisse se déduire des autres, puisqu'alors on pourrait la reléguer au rang de théorème. Sous cette forme simple, le défaut d'irréductibilité n'aurait même aucune excuse si on le maintenait après sa découverte ; mais il peut arriver qu'une certaine proposition soit complexe et que seule une partie en doive disparaître, et il serait fort possible que, pour une raison ou une autre, ce qui en resterait fût moins satisfaisant que l'ensemble, tout surabondant que soit celui-ci : alors on sacrifiera la perfection purement formelle à des considérations d'un autre ordre, ce qui sera admissible puisque la rigueur de la déduction n'en souffrira aucunement.

Pour vérifier, du reste, l'indépendance d'une proposition première par rapport aux autres, on s'appuie sur ce que, si la négative d'une proposition est compatible avec d'autres propositions, la proposition primitive est indépendante de celles-ci. Il en résulte que, pour qu'un système de propositions soit irréductible, il faut et il suffit que, pour chacune d'elles, on puisse trouver une interprétation des symboles non définis qui vérifie toutes les autres, mais non celle-là.

L'absence de contradiction entre les propositions premières est évidemment beaucoup plus impérativement exigible que leur irréductibilité ; mais, comme on le devine sans peine, il est radicalement impossible de démontrer cette absence : en principe, on peut toujours craindre d'arriver un jour à une contradiction dans la suite des déductions. Ce n'est pas qu'on ne voie établir la « non-contradiction des axiomes », mais les démonstrations qu'on en donne n'ont jamais qu'un caractère purement relatif, car elles se réduisent à prouver qu'il ne peut y avoir contradiction s'il n'y en a pas dans un autre système : ainsi, on établira que des contradictions dans une géométrie en impliqueraient dans une arithmétique.

Quant aux définitions proprement dites, on doit les faire suivre d'un théorème d'existence, c'est-à-dire établir que les diverses conditions qui les constituent ne sont pas logiquement incompatibles. Remarquons enfin qu'une science déductive n'est pas forcément apriorique, les propositions premières pouvant fort bien être suggérées par l'expérience.

En ce qui concerne spécialement la géométrie, des travaux très importants ont été publiés sur son établissement conformément aux principes de la logistique, et d'autre part M. Peano a beaucoup fait pour répandre les procédés du calcul symbolique par la publication de son *Formulaire de mathématiques* [1]. Néanmoins nous ne croyons pas devoir prendre ces travaux comme point de départ de nos exposés et de notre discussion. Deux motifs nous en ont détourné.

On doit reconnaître que des critiques très subtiles ont été formulées contre les exposés de la logistique et qu'on y a relevé des cercles vicieux, si bien que M. Russell, après avoir tout fait reposer sur les *classes*, a imaginé ce qu'il a appelé la théorie « pas de classes » et qu'il termine un article sur *les Paradoxes de la logique* en reconnaissant que les commencements de la logistique sont beaucoup plus difficiles qu'on ne l'avait cru [2].

D'un autre côté, nous devons avouer que nous sommes loin d'être satisfait de la façon dont on a résolu

(1) Une édition française a paru en 1901.
(2) *Revue de Métaphysique et de Morale* de septembre 1906.

jusqu'ici le problème de poser les propositions premières devant servir de base à la géométrie logistique. Si nous considérons, par exemple, la théorie de M. Pieri, qui, selon M. Couturat, constitue l'analyse la plus approfondie des principes de la géométrie, nous y trouvons des choses qui sont absolument contraires à notre manière de concevoir un exposé philosophique de cette science. Sans entrer pour l'instant dans l'examen de ses vingt postulats ou propositions premières, nous signalerons seulement que son exposé amène à définir le cercle comme intersection d'une sphère et d'un plan, c'est-à-dire à subordonner la géométrie à deux dimensions à la géométrie à trois dimensions. De même, la perpendicularité de deux droites ne se définit qu'en s'appuyant sur la notion de sphère.

Au point de vue auquel se placent en général les logisticiens, ce sont là des détails de minime importance. Le but essentiel qu'ils poursuivent est d'arriver à constituer une géométrie d'une rigueur irréprochable reposant sur des propositions premières indépendantes, et le problème est assez abstrus pour qu'on ne leur reproche pas bien vivement de se préoccuper un peu trop exclusivement de la perfection purement logique de leurs systèmes au détriment de leur valeur philosophique. Peu à peu, au fur et à mesure qu'on acquerra un plus facile usage du symbolisme logique, on pourra faire plus grande la part d'autres considérations, et nous comptons sur les logisticiens pour nous donner un jour une théorie géométrique quasi définitive.

On doit bien se rendre compte de la complexité du but ainsi poursuivi : dans un système logique, il n'y a pas, pour ainsi dire, d'axiomes-nés, de propositions appelées à être forcément prises comme propositions premières, en sorte que d'innombrables échanges peuvent se faire entre la classe des propositions premières et celle des théorèmes.

Ainsi que nous l'avons dit, le calcul symbolique, si utile soit-il, n'a rien d'indispensable en soi, et l'on peut établir une science purement déductive en langage ordinaire : on est seulement, grâce à lui, moins exposé à laisser passer inaperçue une proposition première ou une règle de raisonnement admise implicitement. On étudiera très utilement les *Principes fondamentaux de la Géométrie*, de M. D. Hilbert, qui ont été traduits en français par M. L. Laugel, cet ouvrage constituant, à notre connaissance, le plus rigoureux essai de constitution de la géométrie par une méthode purement logique en langage ordinaire. Dans le système des axiomes de cet ouvrage, nous ne trouvons pas la confusion, que nous regrettons si vivement dans ceux de M. Pieri, de la géométrie à deux et de la géométrie à trois dimensions, M. Hilbert distinguant très nettement ce qu'il appelle les axiomes *planaires* ; mais nous regrettons qu'il n'ait pas su éviter d'introduire dans ses axiomes une proposition telle que l'affirmation de la congruence de deux triangles ayant deux côtés congruents chacun à chacun et comprenant un angle congruent : on peut voir cependant, dans cette axiome, une formule simple du principe d'isogénéité, comme nous le constaterons plus loin.

Pour les personnes non familières avec cette notion de congruence, qui remplace celle de l'égalité classique, nous allons montrer comment l'introduit M. Hilbert, et cela donnera un bon exemple de l'application de la méthode déductive.

Il pose d'abord cette *convention* : Les segments ont entre eux certaines relations que le mot « *congruent* » sert à désigner. Puis il énonce les axiomes ou propositions premières sur cette notion non définie :

1. — « *Si l'on désigne par* A,B *deux points d'une droite* a *et par* A' *un point de cette même droite ou bien d'une autre droite* a', *l'on pourra toujours, sur la droite* a', *d'un côté donné du point* A', *trouver un point et un seul* B', *tel que le segment* AB *soit congruent au segment* A'B', *ce que l'on écrit*

$$AB = A'B'.$$

Tout segment est congruent à lui-même, c'est-à-dire que l'on a toujours

$$AB \equiv AB.$$

Le segment AB est toujours congruent au segment BA, ce que l'on écrit

$$AB \equiv BA.$$

« Nous dirons aussi plus rapidement que tout segment peut être *porté* sur une droite donnée d'un côté donné d'un point donné d'une manière univoque.

2. — « *Lorsqu'un segment AB est congruent au segment A'B' et de même au segment A″B″, alors A'B' est aussi congruent au segment A″B″, c'est-à-dire que, si l'on a $AB \equiv A'B'$ et $AB \equiv A″B″$, l'on aura aussi $A'B' \equiv A″B″$.*

3. — « *Sur la droite a, soient AB et BC deux segments sans points communs, et soient ensuite deux segments A'B' et B'C' situés sur la même droite ou sur une autre droite a', également sans points communs : si l'on a $AB \equiv A'B'$ et $BC \equiv B'C'$, on aura toujours aussi $AC \equiv A'C'$* ».

D'autres axiomes de même genre sont ensuite formulés sur la congruence des angles.

Comprenons bien qu'on ne doit attacher aucune image spatiale ni aucune idée à ce mot « congruent », pas plus qu'au terme « porter » employé dans la formule abréviative. Tout cela signifie simplement que, lorsque nous aurons dit, par exemple :

« Le segment AB est congruent au segment A'B' et au segment A″B″ », nous aurons le droit de dire : « Le segment A'B' est congruent au segment A'B″ ».

M. Hilbert accompagne son texte de figures, et cela peut induire le lecteur en erreur ; en fait, toute la géométrie doit s'établir logiquement sans recours à aucune image. Ce n'est qu'ensuite qu'on fera l'application de cette science pure à un système d'images. Mais dès lors il faut bien reconnaître la supériorité de la forme algorithmique sur la forme verbale qui perd toute raison d'être, car ce ne sont plus les écritures qui traduisent le langage, mais plutôt le langage qui se moule sur des jeux d'écritures en laissant croire facilement qu'il est autre chose.

Ainsi que nous l'avons dit, nous ne suivrons pas la méthode logistique dans notre étude sur la géométrie ; mais nous croyons que ce coup d'œil préliminaire sur cette méthode ne nous sera pas inutile, car elle nous permettra de mieux saisir la portée et le caractère des diverses démarches de notre esprit : ce n'est jamais sans profit qu'on pose devant soi l'idéal qu'il faudrait atteindre, même lorsqu'on doit renoncer à poursuivre un but aussi élevé.

II

GÉOMÉTRIE NUMÉRIQUE

Avant d'aborder l'étude de la géométrie métrique, qui est la géométrie proprement dite, science de l'espace, nous allons encore consacrer deux paragraphes à des études plus indépendantes de notre sensibilité. Nous espérons qu'on reconnaîtra combien ces études jettent de lumière sur la géométrie métrique.

Le titre inscrit en tête du présent paragraphe est celui que, sur notre conseil, notre très cher et regretté ami Calinon donna comme titre à la dernière étude que la mort lui ait permis de publier [1]. Bien qu'elle soit fort intéressante, nous ne prendrons pas cette étude pour guide, l'œuvre magistrale du général de Tilly nous paraissant présenter un ensemble plus complet.

Chose singulière, il ne semble pas que ce dernier

(1) *Etude de Géométrie numérique*, par A. Calinon. Gauthier-Villars, 1900.

mathématicien ait jamais eu très nettement conscience de l'absence de tout élément proprement géométrique dans son système, car, dans son discours prononcé à la séance publique de l'Académie royale de Belgique du 17 décembre 1901 et consacré au résumé et à la défense de la dernière forme donnée par lui à son œuvre, il posait comme principe que « l'objet principal de la géométrie est la recherche des relations entre les intervalles des couples de points situés dans l'espace ».

De fait, il construit bien une science des intervalles, mais, comme il le dit lui-même, l'intervalle n'est qu'un nombre caractérisant un couple de points, et un point, ajouterons-nous, n'est au fond pour lui qu'une lettre. Si donc nous allons constamment l'entendre parler d'espace, de points et de distances, ce ne seront là que des mots plaqués, pour ainsi dire, sur une pure algèbre : c'est ce dont on se rendra facilement compte dans la suite, et l'on verra bien, par exemple, que, si deux « intervalles » sont appelés égaux, cela ne signifiera aucunement qu'ils sont superposables ou décomposables en un même nombre de parties superposables, mais simplement qu'ils sont caractérisés par le même nombre, ou mieux que le même nombre est attaché à deux couples de lettres.

L'attention du lecteur étant ainsi appelée sur le vrai sens des expressions employées par de Tilly, nous allons résumer son exposé, en employant aussi souvent que possible ses propres expressions.

« La géométrie, dit-il donc, n'étant que la science des intervalles et l'intervalle lui-même n'étant *a priori* qu'un nombre caractérisant un couple de points, on peut imaginer d'abord un système de géométrie dans lequel tous les intervalles seraient arbitraires.

« Prenons, par exemple, 1.000 points dans l'espace, lesquels auront entre eux 499.500 intervalles. Puis choisissons 499.500 nombres au hasard et attribuons l'un de ces nombres à chacun des intervalles. Imaginons ensuite que l'attribution d'un nombre à chaque intervalle soit continuée, sinon pour tous les points de l'espace, du moins pour tous ceux que l'on aura à considérer spécialement dans le cours d'une opération déterminée. On aurait ainsi un système complet de géométrie. Mais ce serait une géométrie rudimentaire, se réduisant à un catalogue des points de l'espace et sans relations possibles entre ces intervalles puisque ceux-ci ont été choisis au hasard » [1].

« Si l'on veut qu'il existe une géométrie dans le sens ordinaire du mot, c'est-à-dire une géométrie comprenant des relations, des formules entre les intervalles, il faut se poser le problème suivant :

« Choisir les nombres correspondant aux intervalles des couples de points de l'espace, non plus d'une façon tout à fait arbitraire, mais de manière qu'il puisse exister entre les nombres des relations générales, d'ailleurs quelconques.

« Le point de départ est donc celui-ci : si nous voulons qu'il existe une géométrie théorique, nous devons admettre qu'on ne puisse pas augmenter indéfiniment le nombre des points choisis dans l'espace en laissant *tous* les intervalles arbitraires. On devra donc s'arrêter à un nombre n de points à partir duquel il existera au moins une relation entre les $\dfrac{n\,(n-1)}{2}$ intervalles correspondants. On démontre d'ailleurs qu'il ne peut exister qu'une relation entre ces intervalles, du moment que ceux de $n-1$ points sont tous arbitraires.

« De plus, si l'on veut que les formules de la géométrie soient non pas *locales*, mais applicables à l'espace tout entier, il faudra non seulement que n soit le même dans tout l'espace, mais encore que la relation ou les relations entre les $\dfrac{n\,(n-1)}{2}$ intervalles soient aussi les mêmes [2] ».

(1) Discours du 17 décembre 1901.
(2) *Essai de géométrie analytique générale*, extrait du

Arrêtons-nous un instant sur cette dernière condition. Comme dit l'auteur, on aurait des exemples de formules locales, dans la géométrie à trois dimensions, par les formules applicables seulement aux points d'une surface ou d'une ligne, et la condition d'universalité des formules peut être appelée condition d'*homogénéité*, ou mieux, ajouterons-nous, d'*isogénéité*, ainsi que nous le verrons plus loin en étudiant les travaux de Delbœuf. Il faut bien remarquer qu'il ne s'agit aucunement des propriétés d'un espace, mais uniquement d'une condition purement arithmétique que nous imposons à notre système de nombres, condition qui n'a rien de nécessaire, mais qui est commode et peut être imposée sans nuire au fond à la généralité, attendu que, si un système à n dimensions (nous allons définir cette expression) n'y répondait pas, on pourrait le considérer comme compris dans un système isogène à $n + 1$ dimensions.

« Lorsque le nombre de points à partir duquel les intervalles ne sont plus tous arbitraires est égal à n, on dit que la géométrie est de la $(n-2)^e$ espèce ou à $n - 2$ dimensions. » Cette déduction de deux unités est motivée par le fait que trois points sont nécessaires pour qu'il puisse exister une relation entre leurs intervalles, puisque deux points n'engendrent qu'un seul intervalle : il faut donc faire $n = 3$ pour obtenir la première espèce de géométrie.

De Tilly, prenant comme exemple la géométrie à trois dimensions, cherche la forme qu'il faut donner à la relation entre les dix intervalles de cinq points d'après la seule condition qu'elle puisse exister sans contradiction pour tous les groupes de cinq points dont on peut remplir l'espace. Nous ne saurions le suivre dans le détail des calculs, mais nous reproduisons son point de départ :

tome XLVII des Mémoires in-8° publiés par l'Académie Royale de Belgique, 1892. Cet essai est donné en annexe au journal *Mathesis* de 1893.

« Représentons provisoirement cette relation, dit-il, par

$$\Psi\,[(12)\ldots(45)] = 0,$$

ou, pour abréger, par

$$(12345) = 0.$$

« Les dix intervalles de ces cinq points étant connus, cherchons à y ajouter un sixième point et à déterminer les cinq intervalles supplémentaires $(16)\ldots(56)$. On peut choisir au hasard trois intervalles, tels que (16), (26), (36), mais alors (46) et (56) ne sont plus arbitraires, car ils doivent satisfaire respectivement aux relations :

$$
\left.
\begin{aligned}
(12346) &= 0\\
(12356) &= 0\\
\text{Ces deux relations ainsi que la relation}\\
(12345) &= 0
\end{aligned}
\right\} \qquad (1)
$$

sont donc analytiquement réalisables pour un système de six points, même avec une forme arbitraire de Ψ ; mais, comme on veut que la relation $\Psi = 0$ soit vérifiée dans *tout* système de cinq points, on devra avoir en outre :

$$
\left.
\begin{aligned}
(12456) &= 0\\
(13456) &= 0\\
(23456) &= 0
\end{aligned}
\right\} \qquad (2)
$$

« Ainsi donc les équations (2) doivent être des conséquences analytiques des équations (1). Par exemple, la première des trois équations (2) doit être le résultat immédiat de l'élimination des intervalles (13) et (23) entre les équations (1), cette élimination faisant disparaître en même temps les intervalles (34), (35) et (36). Toute forme Ψ qui ne satisfait pas à cette condition purement analytique est impossible, comme représentation géométrique d'un système de 5 points. »

De Tilly énonce cette *condition des six points* sous la forme suivante : « Si, dans un système de six points, trois des six équations comprenant chacune dix des quinze intervalles sont vérifiées, les trois autres doivent l'être aussi ».

Il démontre ensuite que cette condition *nécessaire* est *suffisante*, c'est-à-dire qu'elle permet l'existence d'une relation semblable à $\Psi = 0$, non seulement pour les six groupes de cinq points que l'on peut former dans un système de six points, mais pour tous les groupes de cinq points que l'on peut former au sein d'un nombre illimité de points emplissant l'espace. C'est dès lors la véritable condition d'existence d'un système de géométrie à trois dimensions.

Reste à découvrir cette forme Ψ. Or, on démontre que deux formes répondent à la condition que nous venons d'indiquer. On obtient deux des équations de condition, en égalant à zéro deux certains déterminants contenant une fonction arbitraire φ et que nous donnons en note [1]. Analytiquement on n'a pu encore démontrer qu'il n'existe pas d'autre forme Ψ, mais on prouve géométriquement que la découverte d'une nouvelle fonction ne conduirait pas à un nouveau système de géométrie.

Pour étudier les propriétés des systèmes satisfaisant à

$$(1)\qquad \begin{vmatrix} 0 & 1 & 1 & 1 & 1 & 1 \\ 1 & 0 & \varphi(12) & \varphi(13) & \varphi(14) & \varphi(15) \\ 1 & \varphi(12) & 0 & \varphi(23) & \varphi(24) & \varphi(25) \\ 1 & \varphi(13) & \varphi(23) & 0 & \varphi(34) & \varphi(35) \\ 1 & \varphi(14) & \varphi(24) & \varphi(34) & 0 & \varphi(45) \\ 1 & \varphi(15) & \varphi(25) & \varphi(35) & \varphi(45) & 0 \end{vmatrix} = 0 \quad (3)$$

$$\begin{vmatrix} 1 & \varphi(12) & \varphi(13) & \varphi(14) & \varphi(15) \\ \varphi(12) & 1 & \varphi(23) & \varphi(24) & \varphi(25) \\ \varphi(13) & \varphi(23) & 1 & \varphi(34) & \varphi(35) \\ \varphi(14) & \varphi(24) & \varphi(31) & 1 & \varphi(45) \\ \varphi(15) & \varphi(25) & \varphi(35) & \varphi(45) & 1 \end{vmatrix} = 0 \quad (4)$$

Ces deux équations sont valables séparément, mais l'une se déduit de l'autre en passant à la limite.

l'une de ces équations, de Tilly introduit la notion de coordonnées ; mais il convient de bien en préciser le caractère, car ici les confusions seraient faciles, et il nous semble que l'illustre géomètre belge n'a peut-être pas été assez explicite : nous ajouterons donc quelque chose à ces énoncés, mais avec la ferme intention de n'y rien changer.

Jusqu'ici les intervalles des points ont seuls été désignés par des nombres, ou du moins, si les points l'ont été aussi, les nombres qui leur étaient appliqués ne l'étaient pas à titre de nombres, des lettres auraient fort bien tenu leurs places : c'étaient de simples noms sur lesquels il ne devait être effectué aucun calcul. Maintenant, au contraire, on va désigner chaque point par trois nombres, pris comme tels. Ces nombres pourraient être absolument arbitraires, comme ceux qui caractérisent les intervalles l'étaient d'abord ; mais ils ne rendraient aucun service. Indiquons d'une façon très sommaire la systématisation adoptée.

Trois points quelconques A, B, C sont pris pour qu'on y rapporte tous les autres. Entre leurs neuf coordonnées on pose trois équations que nous donnons en note [1], ce qui permet de se donner encore arbitrairement six d'entre elles, et de Tilly fait égales à zéro trois coordonnées de même nom de ces points ; ces équations contiennent d'ailleurs la fonction φ de leurs trois intervalles. Cela fait, on définit les coordonnées d'un autre point (1), au moyen d'équations analogues aux précédentes, où figurent les fonctions φ des intervalles entre ce point et les trois points fondamentaux. On opère de même pour un second point (2), et l'on a alors neuf équations entre les six coordonnées de ces deux points et les fonctions φ des neuf intervalles des cinq points autres que celui des deux

(1)
$$\begin{cases} (x_a - x_b)^2 + (y_a - y_b)^2 = \varphi\,(AB) \\ (x_a - x_c)^2 + (y_a - y_c)^2 = \varphi\,(AC) \\ (x_b - x_c)^2 + (y_b - y_c)^2 = \varphi\,(BC) \end{cases} \quad (5)$$

points supplémentaires [1]. Ajoutons l'équation de condition (3), qui contient les dix fonctions φ; on peut éliminer les neuf fonctions autres que φ (12), et il se trouve qu'on élimine en même temps les coordonnées des points A, B, C. On obtient ainsi, dans le cas du premier déterminant :

$$\varphi\,(12) = (x_1 - x_2)^2 + (y_1 - y_2)^2 + (z_1 - z_2)^2,$$

expression dont le second membre contient les six coordonnées des points 1 et 2.

D'une façon générale on a :

$$\varphi\,(mn) = (x_m - x_n)^2 + (y_m - y_n)^2 + (z_m - z_n)^2,$$

généralisation qui a besoin d'être démontrée à cause d'une ambiguïté de signe qui, levée pour le premier système de deux points, aurait pu ne pas l'être par là même pour un système quelconque.

Après la définition des coordonnées vient celle de la ligne droite : c'est la suite de points telle que, si l'on en considère trois, tout autre point du système ne peut être distant de deux de ces points comme l'est le troisième. C'est là une définition analytique qui répond à la définition géométrique : la droite est la ligne telle que, si l'on immobilise deux de ses points, tous les autres sont immobilisés par cela seul. Il demeure bien entendu, d'ailleurs, que cette définition analytique ne répond à aucune ligne déterminée dans l'espace, tout devant dépendre, comme application, de la façon dont se fera l'attribution des

(1) Ces neuf équations sont :

$$\left.\begin{aligned}
(x_a - x_b)^2 + (y_a - y_b)^2 &= \varphi\,(AB) \\
(x_a - x_c)^2 + (y_a - y_c)^2 &= \varphi\,(AC) \\
(x_b - x_c)^2 + (y_b - y_c)^2 &= \varphi\,(BC)
\end{aligned}\right\} \quad (5)$$

$$\left.\begin{aligned}
(x_1 - x_a)^2 + (y_1 - y_a)^2 + z_1^2 &= \varphi\,(1A) \\
(x_1 - x_b)^2 + (y_1 - y_b)^2 + z_1^2 &= \varphi\,(1B) \\
(x_1 - x_c)^2 + (y_1 - y_c)^2 + z_1^2 &= \varphi\,(1C)
\end{aligned}\right\} \quad (6)$$

$$\left.\begin{aligned}
(x_2 - x_a)^2 + (y_2 - y_a)^2 + z_2^2 &= \varphi\,(2A) \\
(x_2 - x_b)^2 + (y_2 - y_b)^2 + z_2^2 &= \varphi\,(2B) \\
(x_2 - x_c)^2 + (y_2 - y_c)^2 + z_2^2 &= \varphi\,(2C)
\end{aligned}\right\} \quad (7)$$

coordonnées, en vertu de méthodes absolument étrangères à la géométrie numérique. On trouve que les équations de la ligne droite passant par les points 1 et 2 sont,
quelle que soit la fonction φ :

$$\left. \begin{array}{l} x - x_1 = \dfrac{x_1 - x_2}{z_1 - z_2} (z - z_1) \\[2ex] y - y_1 = \dfrac{y_1 - y_2}{z_1 - z_2} (z - z_1) \end{array} \right\} \qquad (8)$$

La longueur d'une droite entre les points 1 et 2 se
définit comme étant l'intégrale de l'intervalle élémentaire
(ds) entre ces deux points, lorsque z varie d'une manière
continue. D'après la valeur trouvée pour $\varphi (mn)$, on a :

$$\varphi(ds) = dx^2 + dy^2 + dz^2,$$

d'où l'on déduit facilement, en tenant compte des équations (8) :

$$\left[\int \sqrt{\varphi(ds)} \right]_1^2 = \sqrt{\varphi(12)}.$$

Si l'on veut que la longueur de la droite joignant les
points 1 et 2 soit égale à l'intervalle entre ces deux
points, il faut adopter une forme spéciale pour la fonction φ :

$$\varphi(x) = kx^2.$$

De Tilly appelle condition de *mesure* la condition
d'après laquelle on détermine ainsi la forme φ. En réalité
il y aurait mesure de la distance sans qu'elle fût satisfaite, mais elle ne se ferait pas suivant la droite joignant
les deux points.

Si l'on cherche maintenant si à tout système de
valeurs pris pour les intervalles 1A, 1B, 1C, correspondent des valeurs réelles pour les coordonnées du point 1,
on trouve qu'il faut pour cela que, dans chacun des quatre systèmes de trois points formés avec les quatre points
A, B, C, 1, un intervalle quelconque soit plus petit que

la somme des deux autres et qu'en outre il doit exister entre les intervalles donnés une inégalité supplémentaire.

Inversement, si les coordonnées des quatre points sont réelles, leurs intervalles le sont également ; mais, dit de Tilly, cela ne suffit pas pour que le point 1 existe dans l'espace : puisque tous les intervalles relatifs à A, B, C ont été choisis arbitrairement, rien ne prouve que le groupe (1A, 1B, 1C), calculé au moyen de neuf coordonnées [1], en fasse partie.

Il importe d'insister sur ce point : jusqu'ici notre auteur imposait des conditions qui limitaient le système numérique en le définissant de plus en plus étroitement ; maintenant il laisse ce système tel qu'il est et s'impose simplement d'attribuer à un point, quelconque d'ailleurs, de l'espace tout groupe (1A, 1B, 1C) d'intervalles correspondant à un système quelconque de valeurs réelles attribuées aux coordonnées du point 1. C'est ce que de Tilly appelle la *condition géométrique de continuité*. Il s'impose également de ne faire correspondre qu'un seul point à chaque groupe d'intervalles (1A, 1B, 1C), mais ici l'expression dépasse sa pensée, car il en admet deux en réalité. On voit la raison de cette dualité si l'on part des coordonnées au lieu de partir des intervalles du point 1 aux points A, B, C ; les équations (6) montrent en effet qu'à deux systèmes de coordonnées x_1, y_1, z_1 et x_1, y_1, $-z_1$, répondent les mêmes valeurs de 1A, 1B, 1C. Au fond, la condition consiste à n'attribuer qu'à un seul point un même système de coordonnées, et cela pour éviter que deux points différents puissent avoir un intervalle nul.

Sur ce dernier point, nous ajouterons une remarque : par cette convention de ne jamais attribuer les mêmes coordonnées à deux points différents, de Tilly écarte une des façons dont peut se présenter cette circonstance de

----

(1) Il y en a neuf et non pas douze, puisqu'on a pris les trois z de A, B et C égaux à zéro.

deux points différents ayant une distance nulle ; mais on peut se demander si pareil fait ne peut pas se présenter pour des points de coordonnées différentes.

L'hypothèse n'a du reste rien de chimérique, car elle se réaliserait si ds était une fonction linéaire de dx, dy et dz, ou si, ds^2 étant une somme algébrique de trois carrés des différentielles dx, dy et dz, les trois carrés n'étaient pas tous affectés du signe $+$ [1]. Il pourrait donc y avoir ici une condition analytique nouvelle à imposer au système numérique ; mais nous avons vu précédemment que, à un facteur constant près, ds^2 est égal à la somme arithmétique $dx^2 + dy^2 + dz^2$, en sorte que la condition est remplie sans qu'il soit besoin d'imposer aucune restriction nouvelle audit système.

Sans développer la géométrie numérique résultant de ce système qui correspond au premier déterminant, de Tilly en tire les principes fondamentaux de la géométrie euclidienne.

Il passe ensuite à l'étude du second déterminant, laquelle se fait de la même manière, mais avec plus de difficultés. On trouve que :

$$\varphi^2 \ (12) = \frac{(1 \pm x_1^2 \pm y_1^2 \pm z_1^2) \ (1 \pm x_2^2 \pm y_2^2 \pm z_2^2)}{(1 \pm x_1 x_2 \pm y_1 y_2 \pm z_1 z_2)^2}$$

et que les équations de la ligne droite sont les mêmes qu'avec le premier déterminant [2]. La recherche de la

(1) Calinon, *Etude de Géométrie numérique*, p. 10. On sait que toute fonction du second degré de dx, dy et dz peut se mettre sous la dite forme au moyen d'un changement de variables.

(2) On voit de suite, les équations de la droite étant linéaires dans tous les systèmes de géométrie, que de Tilly n'a pu prendre les coordonnées ordinaires ; en fait, si X désigne une coordonnée ordinaire, il a pris :

$$x = \operatorname{tg} kX$$

ou :

$$x = \sqrt{-1} \ \operatorname{tg} kX$$

suivant que k est réel ou imaginaire (on va voir tout à l'heure ce qu'est k).

longueur d'une droite entre deux de ses points amène à
la relation :

$$\left[\int \sqrt{1 - \varphi^2 \, (ds)}\,\right]_1^2 = \text{arc cos } \varphi \; (12) ;$$

pour que cette longueur soit égale à l'intervalle (12), il
faut qu'on ait $\varphi(x) = \cos kx$. Ici la constante k joue un
rôle important, tandis qu'elle disparaissait dans le cas du
premier déterminant : lorsque k est réel, on trouve la géométrie dite de Riemann, et celle dite de Lobatchefsky
lorsqu'il est imaginaire.

Dans le premier cas, la condition que la distance de
deux points différents ne doit pas être nulle est forcément
vérifiée ; mais il n'en est pas de même si k est imaginaire :
il faut ajouter la condition d'inégalité $x^2 + y^2 + z^2 < 1$.
De Tilly l'a fait, mais de façon peu explicite.

Si notre exposé n'a pas été trop insuffisant, on a dû se
rendre compte du haut intérêt de cette *géométrie numérique* ; mais nous serions surpris qu'un détail n'eût pas
choqué le lecteur. Si, en effet, les diverses conditions,
limitant et définissant successivement le système numérique adopté, ont été posées librement, elles avaient un
sens, une portée qui en justifiait l'adoption. Mais la définition des coordonnées a été posée sans aucune explication, et par suite on est fondé à se demander ce que
signifie le choix ainsi fait, s'il était plus ou moins imposé
par des conditions précédemment admises, et l'on remarque que ce choix réagit sur la fonction φ, qui n'a été
déterminée que postérieurement et corrélativement aux
coordonnées adoptées.

Le nombre même des coordonnées, égal à ce qu'on a
appelé le nombre des dimensions de la géométrie, aurait
besoin d'être justifié ou expliqué. Il peut d'ailleurs l'être
et le général de Tilly avait bien voulu nous donner les
explications suivantes :

« Si je prenais quatre coordonnées, je devrais avoir

quatre points fondamentaux A B, C et D. Alors, avec le point 1, cela ferait cinq points, et les intervalles 1A, 1B, 1C, 1D qui doivent servir à la détermination des coordonnées ne pourraient plus être choisis arbitrairement.

« Si au contraire je ne prenais que deux coordonnées et deux points fondamentaux A et B, les coordonnées de 1 seraient déterminées par 1A et 1B, les coordonnées de 2 par 2A et 2B, et comme la distance de 12 doit ensuite s'exprimer en fonction des coordonnées de 1 et de 2 (car c'est le but du calcul), on aurait une relation entre les six intervalles 12, 1A, 1B, 2A, 2B, AB des quatre points A, B, 1, 2, dont les deux derniers au moins sont pris au hasard. Or, par définition, il ne peut pas exister de relation générale entre les intervalles de quatre points dans un espace à trois dimensions non réductible à un ordre moindre ».

Cette question ainsi parfaitement résolue, il s'en pose une autre plus délicate : quel motif a-t on de poser les systèmes d'équations (5), (6) et (7)? ne le fait on pas simplement pour trouver les formules désirées de la géométrie ordinaire ? De Tilly, disons-le, ne nous a pas donné à ce sujet une réponse aussi nette et précise que sur le premier point ; nous croyons cependant pouvoir dégager de ses explications les indications suivantes. L'obligation de satisfaire à la condition des six points imposait des fonctions du second degré des coordonnées ; en ajoutant à cela la condition du caractère additif des distances. on devait forcément être conduit aux formules adoptées ou à d'autres n'en différant que comme diffèrent les formules en coordonnées obliques des formules en coordonnées rectangulaires de la géométrie analytique ordinaire, en sorte qu'il serait possible de justifier *a priori* les équations discutées. Il serait très intéressant que cela fût clairement élucidé.

La constitution d'une géométrie purement numérique, étrangère à toute notion spatiale, les mots seuls étant empruntés à la science de l'espace, présente un grand intérêt philosophique, car elle montre que les théorèmes de la géométrie ne sont point attachés à une réalité extérieure ou à une forme d'extériorité, mais qu'ils peuvent lui être appliqués sans qu'il existe entre eux aucun lien essentiel.

Pour que cette application puisse être faite, il suffit que l'on soit en présence d'un ensemble de points de même puissance [1] que l'ensemble numérique ; or, nous verrons, en discutant la notion du continu, qu'un segment de ligne est de même puissance qu'un espace infini à un nombre quelconque de dimensions, si bien que l'on pourra trouver dans un segment quelconque tous les points nécessaires à l'application des géométries dont nous venons de voir poser les principes.

Avant d'aborder l'étude des géométries métriques, il nous reste à montrer comment, sans recourir au concept d'identité de deux segments distincts, ou de transport d'un segment, il est possible de faire l'attribution de coordonnées aux divers points d'un espace.

III

GÉOMÉTRIE PROJECTIVE

Jusqu'ici nous n'avons pas fait, à proprement parler, de géométrie : dans le premier paragraphe nous avons, en quelques mots, seulement indiqué comment on peut enchaîner des mots vides de sens, suivant des règles algorithmiques correspondant à celles du raisonnement et de façon à arriver à des énoncés qui, verbalement, sont identiques à ceux de la géométrie. Ensuite, dans le deuxième paragraphe, nous avons vu, avec un peu plus

---

(1) Deux ensembles sont dits de même puissance lorsqu'à tout élément de l'un on peut faire correspondre un élément de l'autre, de façon univoque et réciproque.

de détail, des combinaisons de nombres arrivant au même résultat. Maintenant, nous allons sortir de ces pures abstractions pour en faire l'application à une *forme d'extériorité*, selon l'expression qu'affectionnait M. Russell lorsqu'il écrivit son premier ouvrage sur la géométrie [1].

Au moment de cette entrée dans le monde des images, bien des questions se posent dont nous reporterons l'examen au chapitre suivant, consacré à la géométrie métrique, car nous devons nous souvenir qu'ici nous nous contentons d'un simple coup d'œil sur les géométries non métriques, ou plutôt sur quelques-unes d'entre elles, dans le seul but de mieux faire comprendre ce qui suivra.

Par là même que les notions mathématiques vont s'attacher à des images, des combinaisons diverses ou constructions vont s'imposer, et l'on appellera axiomes les conditions nécessaires à ces constructions. ou à ces expériences comme dit M. Russell. Etant donné le parti pris de simplification que nous nous imposons dans ce simple aperçu, nous ne retiendrons que cet axiome que deux points déterminent une ligne unique que nous appellerons droite, à quoi nous ajouterons que toutes les lignes droites sont qualitativement semblables.

Les opérations fondamentales par lesquelles on transforme projectivement les figures s'appellent *projection* et *section* et sont ainsi définies par Cremona dans ses *Éléments de Géométrie projective* [2] :

« *Projeter* d'un point fixe O (*centre de projection*) une figure [ABCD..., *abcd*...] composée de points et de droites signifie construire les droites ou *rayons proje-*

(1) *An Essay on the Foundations of Geometry* (Cambridge, 1897). *Essai sur les Fondements de la Géométrie*, traduction par Cadenat, revue et annotée par l'auteur et par Couturat (Paris, 1901).

(2) Nous citons d'après la traduction de M. Dewulf. On doit remarquer que cet ouvrage, très précieux à un point de vue technique, est philosophiquement sans portée, étant rédigé à un point de vue métrique.

tants OA. OB, OC, OD..., et les plans (*plans projetants*) O*a*, O*b*, O*c*, O*d*... On obtient ainsi une nouvelle figure composée de droites et de plans qui passent par le centre O.

« *Couper* par un plan fixe σ (*plan transversal*) une figure [αβγδ..., *abcd*...] composée de plans et de droites signifie construire les droites ou *traces* σα, σβ, σγ..., et les points ou *traces* σ*a*, σ*b*, σ*c*... Il résulte de cette construction une nouvelle figure composée de droites et de points situés dans le plan σ.

« *Projeter d'une droite fixe s* (*axe*) *une figure* ABCD... composée de points signifie construire les plans *s*A, *s*B, *s*C... La nouvelle figure est donc composée de plans passant tous par l'axe *s*.

« *Couper par une droite fixe s* (*transversale*) une figure αβγδ... composée de plans signifie construire les points *s*α, *s*β, *s*γ... La nouvelle figure est donc composée de points alignés sur la transversale fixe *s*. »

Ces notions premières posées, nous voudrions faire voir comment on peut appliquer les géométries numériques dans un espace au moyen de procédés projectifs. Pour cela nous devons montrer comment le *rapport anharmonique* de la géométrie métrique peut être transformé en une notion purement projective. On sait que, métriquement, le rapport anharmonique de quatre points collinéaires ABCD est donné par l'expression :

$$\frac{AB}{BC} : \frac{AD}{DC},$$

mais on sait aussi que le rapport anharmonique n'est pas troublé par la projection, c'est-à-dire que, si quatre droites sont issues d'un même point, les points qu'elles déterminent sur les diverses transversales qui les coupent ont même rapport anharmonique sur toutes les transversales. Cette propriété sert de définition projective du rapport anharmonique ou plutôt de l'égalité des rapports anharmoniques : on dira que deux systèmes de quatre points situés chacun sur une même droite ont même rapport anharmonique lorsqu'ils forment perspective l'un de l'autre ou lorsque les deux systèmes donnés sont dans cette relation avec un troisième. Corrélativement, deux faisceaux de quatre droites ont par définition le même rapport anharmonique lorsque les lignes correspondantes des deux faisceaux se coupent deux à deux en ligne droite, ou lorsque les deux faisceaux sont dans cette relation avec un troisième.

Deux systèmes de points ou de lignes ayant même rapport anharmonique sont traités comme équivalents par la géométrie projective : cette équivalence qualitative remplace l'équivalence quantitative de la géométrie métrique.

Dans cette dernière, quatre points sont en *progression harmonique* quand leur rapport anharmonique est égal à — 1 :

$$\frac{AB}{BC} : \frac{AD}{DC} = -1 \quad \text{ou} \quad \frac{AB}{BC} = \frac{CD}{AD} \, .$$

Cette définition doit également être transformée : c'est ce qu'on fait au moyen du *quadrilatère* de Staudt. Soient

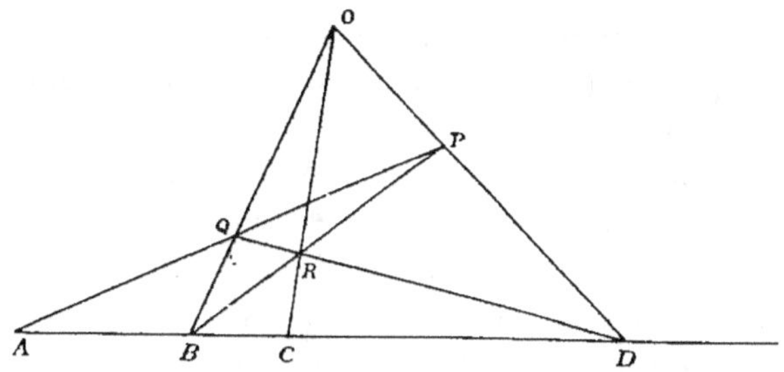

A, B, D trois points en ligne droite : prenons un point O en dehors de cette droite et joignons OB, OD. Menons par A une droite quelconque qui coupe OB et OD en Q et P, puis traçons les deux diagonales BP et QD du quadrilatère ainsi formé : la droite OR passant par le point O et l'intersection des deux diagonales rencontre ABD au point C qui, par définition, va former avec les trois points précédents une division harmonique, dans laquelle C est appelé le *conjugué harmonique* de A par rapport à B et D. Il va de soi que cette définition concorde avec ce qui a lieu en géométrie métrique.

Pour que cette définition ait une portée quelconque, il faut d'ailleurs démontrer que la construction indiquée conduira au même point C, quel que soit le point O pris en dehors de la droite ABC. On trouvera cette démonstration à la page 160 de l'*Essai sur les Fondements de la Géométrie* de M. Russell ; elle présente d'ailleurs une particularité très singulière sur laquelle nous reviendrons tout à l'heure.

Ceci posé, nous pouvons attribuer méthodiquement des nombres aux points d'une ligne droite. Nous assignerons à trois points arbitraires les nombres 0, 1 et ∞, puis, déterminant le conjugué harmonique du point 0 par rapport aux deux autres points, nous lui attribuerons le nombre 2, puisque le rapport $\dfrac{CD}{AD}$ est égal à 1 et que par suite le rapport $\dfrac{AB}{BC}$ doit être aussi égal à 1.

On déterminera ensuite le conjugué harmonique de 1 par rapport à 2 et à ∞, et on lui attribuera le nombre 3, puis on continuera de même. Klein a d'ailleurs montré que l'on peut obtenir non seulement les points correspondant à la série des entiers, mais encore celui qui répond à n'importe quel nombre donné.

De cette façon, on se trouve aisément en possession d'un système de coordonnées, et par suite on peut construire une géométrie en adoptant une définition de la distance. Cayley et Klein, ayant vu que les divers systèmes de géométrie peuvent tous provenir du plan euclidien par un simple changement de la définition de la distance, furent portés à considérer la question tout entière comme portant, non sur la nature de l'espace, mais sur cette définition. Le problème philosophique des divers espaces s'évanouissait et l'espace euclidien restait en possession indiscutée, tout en se ramenant à une affaire de convention et de commodité mathématique.

M. Russell a fort bien fait ressortir qu'il y avait là une confusion profonde sur la nature des coordonnées projectives, lesquelles n'ont rien de *quantitatif*, comme en géométrie métrique, mais sont des signes purement conventionnels qui servent à désigner distinctement les différents points. Grâce à l'étude préalable de la géométrie numérique, nous savons *a priori* que, du moment où nous pouvons définir les distances des points préalablement distingués les uns des autres, nous pouvons construire avec elles trois géométries distinctes.

Il nous reste d'ailleurs à exposer une singularité que présente la géométrie projective, singularité à laquelle nous avons fait une allusion, sans nous y arrêter, quand nous avons parlé de la démonstration établissant que la construction du conjugué harmonique d'un point par rapport à deux autres est indépendante du choix du centre de projection. Cette singularité consiste en ce que la démonstration de ce théorème de géométrie à deux dimensions (ou du moins pouvant être énoncé dans un espace à deux dimensions) exige la considération d'un espace à trois dimensions.

Il y a là, au moins en apparence, un véritable paradoxe dont on entrevoit l'origine dans le fait qu'on n'a, dans un espace à deux dimensions, aucun moyen rationnel de distinguer une droite. tandis que, dans un espace à trois dimensions, la droite est l'intersection de deux plans, ce qui permet, par exemple, de démontrer que trois points sont en ligne droite, ce qu'on ne saurait faire sur un plan isolé.

Si l'on est curieux d'avoir une démonstration de l'impossibilité de démontrer le théorème en question ou celui de Desargues qui lui est équivalent [1], sans sortir du plan et sans recourir à l'axiome métrique de congruence, on pourra la trouver dans les *Principes fondamentaux de la Géométrie*, par Hilbert, à la page 65.

La première fois que nous nous sommes trouvé en présence de ce fait, il nous est apparu, pour ainsi dire, comme un sujet de scandale : était-ce donc, du moins en géométrie projective, le triomphe de ceux qui n'admettent pas la possibilité d'une autre géométrie que celle à trois dimensions, tout au moins comme science indépendante ? Or, Hilbert nous paraît avoir très heureusement fait ressortir la véritable portée de cette impossibilité de démontrer le théorème de Desargues en géométrie projective à deux dimensions : on peut établir une telle géométrie où ce théorème ne soit pas vérifié ; mais cette géométrie plane ne peut pas être considérée comme étant une partie d'une géométrie à trois dimensions, reposant sur les mêmes axiomes que ladite géométrie plane, complétés par les axiomes propres à la géométrie à trois dimensions tels qu'on les pose d'ordinaire [2].

Dans ce rapide coup d'œil sur la géométrie projective, nous avons négligé une difficulté assez grave qui peut se rencontrer : il est telle surface, nous le verrons, par exemple les hypersphères de Lobatchefsky, dont deux géodésiques peuvent ne pas se rencontrer. Pour éluder

(1) Deux triangles étant situés dans un plan de telle sorte que leurs côtés homologues soient respectivement parallèles, les droites qui joignent les sommets homologues ou bien passeront par un même point, ou bien seront parallèles.

Réciproquement, deux triangles étant situés dans un même plan de telle sorte que les droites qui joignent les sommets homologues ou bien passent par un même point, ou bien soient parallèles, et de plus deux paires de côtés homologues dans les triangles étant parallèles, les troisièmes côtés des deux triangles seront également parallèles.

(2) Voir page 84 de l'ouvrage de Hilbert.

cette difficulté, on n'applique cette géométrie que sur les surfaces dont, par postulats, les géodésiques se rencontrent toujours et sont des lignes fermées, puis on la remplace, sur les surfaces à géodésiques infinies par la *géométrie descriptive*, fondée sur la notion de segment rectiligne.

Sur les droites projectives, fermées, le segment ne pouvait être défini qu'au moyen de trois points ; en géométrie descriptive, deux points, ses extrémités, suffisent à le déterminer. Ces deux géométries ont les plus grandes affinités et sont également étrangères à toute notion métrique. Il nous suffit d'ailleurs d'avoir signalé que la géométrie descriptive permet d'éluder certaines difficultés fort embarrassantes auxquelles donnerait lieu la géométrie projective sur les surfaces à géodésiques infinies.

CHAPITRE II

GÉOMÉTRIE MÉTRIQUE

I

IDÉE GÉNÉRALE DE LA GÉOMÉTRIE MÉTRIQUE

Jusqu'ici, ainsi que nous l'avons fait ressortir, si nous avons vu appliquer les nombres aux êtres géométriques, cette application n'avait pas pour résultat de les mesurer, car ils n'étaient pas considérés comme étant des quantités, ou comme ayant une grandeur. Nous allons au contraire, maintenant, les envisager comme tels, et dès lors se pose immédiatement la question : comment est-il possible de mesurer la grandeur d'une quantité géométrique ?

La géométrie traditionnelle fait reposer cette mesure sur la superposition : sont dites égales deux quantités qui peuvent être amenées à coïncider au moyen d'un simple déplacement, au cours duquel la quantité géométrique ou figure déplacée reste identique à elle-même. C'est ce que Calinon exprimait dans les termes suivants : « Toute la géométrie, disait-il, repose sur l'idée première de l'égalité ; on admet qu'avant même de savoir comparer les diverses grandeurs que l'on rencontre dans les figures, on peut juger de l'égalité de deux figures, ou, ce qui revient au même, séparer, dans une figure, les deux éléments de position et de forme. Dans cet ordre d'idées, on peut dire que deux figures égales sont deux positions différentes d'une même figure, et l'on constate que deux figures sont égales en les confondant en une seule par un changement dans leurs positions respectives ; on dit alors qu'il y a coïncidence » [1].

Renouvier a formulé contre cette définition une difficulté qu'il convient de signaler : pour lui, le passage de l'identité de figure, ou égalité géométrique, à l'égalité de mesure exige un jugement synthétique *a priori*, nulle analyse ne pouvant nous apprendre que le même de figure est aussi le même de quantité [2]. Nous ne saurions admettre cette manière de voir, car on ne saurait concevoir comment l'opération géométrique conduisant à la mesure appliquée à deux figures *identiques* pourrait conduire à des résultats différents, car cette différence serait dépourvue de toute raison suffisante.

Il existe une autre objection plus embarrassante, semble-t-il, au premier abord, mais qui aboutit simplement à mettre en lumière un axiome de la géométrie métrique : « Deux figures sont égales, dit M. Poincaré, quand on peut les superposer ; pour les superposer, il faut déplacer l'une d'elles jusqu'à ce qu'elle coïncide avec l'autre ; mais comment faut-il la déplacer ? Si nous le demandions, on nous répondrait sans doute qu'on doit le faire sans déformation et à la façon d'un solide invariable. Le cercle vicieux serait alors évident » [3]. Nous ne sommes pas d'accord avec lui quand il dit ensuite que cette définition ne définit rien ; mais il a incontestablement raison quand il ajoute que cette définition implique un axiome, celui, dirons-nous, que M. Russell appelle l'axiome de libre mobilité et qu'il formule ainsi : *Les grandeurs spatiales peuvent être déplacées sans déformation.*

---

(1) *La sphère, la ligne droite et le plan*, p. 4.
(2) *Deuxième année philosophique* de M. Pillon, p. 23.
(3) *La Science et l'Hypothèse*, p. 60.

Si nous admettons cet axiome comme condition nécessaire de toute géométrie métrique, il nous faudra reconnaître qu'il n'est possible d'établir la géométrie que d'espaces *identiques à eux-mêmes*, comme le disait Calinon, ou *isogènes*, selon l'expression de Delbœuf[1], ou du moins, pour établir la géométrie d'autres espaces, il faudrait les considérer comme constituant des figures dans un espace présentant un plus grand nombre de dimensions et satisfaisant lui-même à l'axiome de libre mobilité.

Mais il nous semble qu'il y a quelque exagération à dire qu'il est impossible d'établir la géométrie d'un espace non isogène sans l'inclure dans un espace isogène.

Considérons une surface non isogène, telle qu'un ellipsoïde, et voyons s'il est possible de faire la géométrie de cette surface, espace à deux dimensions, sans l'envisager dans un espace isogène à trois dimensions. A cet effet, nous supposerons un être superficiel vivant sur cet ellipsoïde et ne percevant aucun phénomène extérieur à cette surface, et nous le gratifierons d'un fil avec lequel il pourra faire des expériences. A cette entrée en matière, plus d'un se scandalisera, car ces expériences n'auront rien de rigoureux, et on ne saurait les interpréter sans tomber dans des cercles vicieux.

(1) Ce philosophe belge emploie ce mot dans le sens couramment attribué au terme *homogène* ; conformément à l'étymologie, il signifie « formé de parties égales », tandis que Delbœuf réserve le terme *homogène* à ce qui est « formé de parties semblables ». Une sphère est formée de parties toutes égales entre elles ; mais, si nous en amplifions une, elle ne peut plus être appliquée sur la sphère donnée. Au contraire, un élément plan majoré reste plan et s'applique sur le plan donné. La sphère n'est qu'isogène, le plan est homogène. Cette terminologie n'a que l'inconvénient de modifier un peu le sens d'un terme usuel ; mais elle paraît bien supérieure à celle qui tend à prédominer et que prône la Société française de philosophie : le mot *homogène* indiquerait ce que Delbœuf appelle *isogène* et l'*homogène* de Delbœuf serait dénommé *homaloïdal*, de ὁμαλός, uni, terme étymologiquement vague.

Malgré tout, nous croyons l'artifice aussi légitime qu'il est indispensable, non dans la forme que nous lui donnerons, mais dans son idée essentielle. Du moment qu'on ne considère pas une géométrie comme une science innée au sens propre et rigoureux du mot, il est clair que nous devons chercher dans les perceptions ou expériences un point de départ ou plutôt un excitant pour l'esprit. Celui-ci, travaillant sur des données sensibles et sans précision, leur appliquera les notions générales qui se seront éveillées en lui et pourra construire une science apriorique, qui pourrait ne pas s'appliquer, en fait, aux phénomènes réels sans que sa valeur propre en fût en rien diminuée.

Mais revenons à l'habitant de notre ellipsoïde. Armé de son fil, qui a naturellement une largeur comme les nôtres, mais point d'épaisseur, il le tend successivement dans des positions différentes. Pour nous, qui envisageons toutes choses dans un espace à trois dimensions, les arcs ainsi déterminés diffèrent par leurs courbures ; mais ces courbures ne sont pas appréciables sur l'ellipsoïde, en sorte que notre sujet sera amené à considérer ces lignes comme identiques de forme et de longueur, leurs positions étant seules différentes.

Il est vrai que cela suppose l'inextensibilité du fil, alors qu'elle est impossible à vérifier véritablement sans cercle vicieux ; mais, nous l'avons dit, il ne s'agit de demander à l'expérience que de simples suggestions. Or l'idée d'extensibilité et d'inextensibilité d'un fil surgit naturellement lorsque, après en avoir tendu plusieurs, on peut encore éloigner, au moyen d'un nouvel effort, les extrémités de certains d'entre eux, tandis que ce déplacement ne se produit pas sensiblement pour les autres.

Ainsi notre observateur acquiert la notion d'identité de deux lignes, ce qui le conduit à la mesure des longueurs : pour lui l'axiome de libre mobilité est satisfait en ce qui concerne celles-ci.

Mais, pour les angles, il en va tout autrement. Supposons en effet trois fils tendus entre trois points de l'ellipsoïde, de façon à former un triangle géodésique, et supposons que notre sujet déplace les trois sommets de ce triangle en laissant les fils toujours tendus : dira-t-il que le nouveau triangle ainsi obtenu est égal au premier, est le même dans une autre position ? En ce qui concerne les côtés, nulle distinction n'est possible ; mais les angles ne sont certainement pas restés identiques. Si l'on prend en effet un second triangle ayant un angle commun avec le premier, les deux angles homologues après le déplacement ne pourront plus coïncider, ce qui prouve qu'au moins l'un des deux angles a varié, et l'on ne peut considérer un triangle comme étant resté identique à lui-même durant un déplacement où les longueurs des côtés se sont conservées ; l'égalité de deux figures ne peut donc plus se définir par leur superposition. Mais n'existe-t-il pas un moyen d'arriver cependant à la mesure des angles ?

Cette mesure apparaît comme fort difficile, car un angle est dépourvu de toute fixité si l'on ne relie pas ses côtés l'un à l'autre ; or nous venons de voir que, sur l'ellipsoïde, de telles liaisons ont précisément pour résultat de faire varier l'angle quand on déplace la figure. Pour sérieux qu'il soit, l'obstacle n'est pas insurmontable, grâce à une propriété commune à toutes les surfaces. Si nous considérons une série d'angles formés tout autour d'un point pris comme sommet et si nous joignons leurs côtés deux à deux de façon à donner naissance à autant de triangles, un déplacement de ceux-ci, tel qu'ils aient de nouveau un sommet commun à tous et un côté commun à deux triangles successifs, aura pour résultat de faire constater que le dernier côté ne coïncidera pas avec le premier : il y aura vide ou recouvrement. Si l'on recommence l'opération en réduisant les côtés des triangles, l'écart sera moindre et deviendra plus petit que tout angle donné, si l'on diminue suffisamment les côtés, en sorte que, à la limite, le dernier côté se superposerait au premier. De là on est amené à conclure que les angles des triangles infiniment petits restent identiques à eux mêmes dans le déplacement de ceux-ci sur l'ellipsoïde.

Une fois en possession de l'égalité de certaines lignes, particulières sans doute, mais telles qu'il en passe toujours une par deux points donnés, ainsi que de l'égalité des angles, l'habitant de l'ellipsoïde pourra faire la théorie de la longueur et de la courbure des autres lignes, cette courbure étant exclusivement mesurée sur la surface selon ce qui sera expliqué plus loin. En un mot, il pourra faire la géométrie de son espace à deux dimensions.

Cette sorte de digression montre que l'axiome de libre mobilité a reçu une forme trop absolue pour un axiome ; mais il caractérise ou définit toute une catégorie d'espaces dont la géométrie s'établit beaucoup plus aisément, et, comme les espaces non isogènes peuvent être inclus dans des espaces isogènes ayant un plus grand nombre de dimensions, où ils constituent des figures, on ne nuira pas à la généralité en s'occupant uniquement des espaces isogènes.

Les allusions que nous venons de faire à l'intervention des expériences physiques dans la genèse des géométries ne doivent pas faire perdre de vue que, dans ce paragraphe, nous entendons cependant les envisager comme des sciences pures ; les perceptions extérieures ont pu suggérer certaines notions et certaines propositions, mais celles-ci sont ensuite envisagées en elles-mêmes, et nous n'avons nul souci de savoir si elles sont ou non conformes à une réalité extérieure. Aussi, à ceux qui nous opposeraient la phrase de M. Poincaré reproduite ci-dessus, pour contester la légitimité de la géométrie métrique, nous répondrions qu'il ne s'agit pas de vérifier la conformité en question, mais de déduire une science apriorique en nous servant de l'axiome de libre mobilité ou de la définition des surfaces isogènes ou identiques à elles-mêmes ; nous appliquons l'idée métaphysique d'identité à plusieurs figures. sans nous occuper de toute vérification expérimentale.

Nous devons ajouter que la conception de la géométrie métrique que nous venons d'exposer est aujourd'hui considérée par beaucoup comme tout à fait surannée. M. Couturat, par exemple, entend bien conserver la géométrie métrique et la notion de mouvement des figures, mais en leur attribuant une signification qui ne ruine pas moins le caractère réellement métrique que ne le fait, ainsi que nous l'avons vu, le numérotage projectif des points suivant la méthode de Cayley. C'est ce que nous allons essayer de montrer.

« Le mouvement que l'on emploie en géométrie, dit M. Couturat, n'est pas en réalité un mouvement : on ne considère pas la suite continue des positions intermédiaires du mobile, mais seulement là position initiale et la position finale Cela prouve, ajoute-t-il, que le prétendu mouvement se réduit, au fond, à la congruence de ces deux positions » [1]. Qu'est donc la congruence ? C'est une sorte de succédané de la vieille égalité, se réduisant à une simple correspondance, ce qui permet de parler de points congruents, et ce qui fait même que deux figures congruentes ne sont que deux ensembles de points congruents. Aussi M. Couturat conclut très justement : « En définitive, le mouvement géométrique n'est pas autre chose qu'une transformation ponctuelle de l'espace en lui-même, c'est-à-dire une correspondance (une relation biuniforme) [2] établie entre deux ensembles de points congruents ».

Qui ne voit dès lors que deux figures congruentes n'ont plus aucune identité et qu'en même temps s'évanouit la

<hr>

(1) *Les Principes des Mathématiques*, p. 192.
(2) C'est-à-dire qu'à des points identiques correspondent des points identiques et qu'à des points différents correspondent des points différents.

notion propre de mesure? Les nombres pourront être introduits en géométrie, mais ils n'y joueront qu'un rôle purement conventionnel. Aussi ne croyons-nous pas que la géométrie de l'égalité doive céder la place à celle de la congruence.

Quoi qu'il en soit, ces deux géométries sont pratiquement identiques, et il n'y a, au fond, qu'une question philosophique qui les sépare.

Avant d'entrer dans l'étude des divers systèmes de géométrie métrique, il nous reste à faire quelques remarques de portée générale, concernant le nombre des dimensions d'un espace.

M. Poincaré, dans son livre sur *La valeur de la science*, a donné une définition très intéressante du nombre des dimensions d'un continu physique [1] ; mais, au point de vue où nous nous sommes placé, il nous suffira d'adopter la définition vulgaire : le nombre des dimensions d'un espace est le nombre des coordonnées qui sont nécessaires pour y déterminer un point. Ainsi, sur une ligne, il suffit de donner la distance, positive ou négative, d'un point à un autre point fixe pour déterminer le premier : une ligne est donc un espace à une dimension. Sur une surface, il faudra deux coordonnées, telles que les distances à deux géodésiques [2] fixes, mesurées suivant les géodésiques issues du point et normales aux géodésiques fixes, prises pour axes de coordonnées : les surfaces sont des espaces à deux dimensions. Dans un espace à trois dimensions, trois coordonnées sont nécessaires, par exemple les distances à trois surfaces. Nous n'avons pas besoin de dire que l'espace où nous croyons vivre nous apparaît comme tel.

---

(1) P. 69 et suivantes.

(2) Lignes telles qu'il n'en passe qu'une par deux points donnés. Leur existence est un axiome de la géométrie métrique comme de la géométrie projective.

Rien n'empêche d'ailleurs de concevoir, sinon d'imaginer, des espaces à plus de trois dimensions.

Bien des personnes se refusent à parler de géométries à plus de trois dimensions : la géométrie vit d'images, disent-elles ; là où s'arrête l'image elle s'arrête elle-même et fait place à la pure analyse. Cette thèse est irréfutable, car il s'agit en somme d'une définition nominale ; mais elle ne saurait être soutenue avec conséquence par ceux qui acceptent les géométries non-euclidiennes, car les représentations que nous nous formons des figures non-euclidiennes sont d'une fausseté contradictoire. A ce point de vue, d'ailleurs étroit, on peut dire que la géométrie euclidienne à quatre dimensions l'emporte sur les géométries non-euclidiennes à trois dimensions, car elle permet d'obtenir les projections parfaitement correctes des figures de l'espace à quatre dimensions, et ces projections sur deux plans seulement permettent d'effectuer sur ces figures toutes les constructions, au moyen des procédés de la géométrie descriptive.

Nous verrons du reste que ce n'est pas une simple virtuosité de mathématicien qui incite à dépasser la géométrie à trois dimensions, mais que cette démarche est nécessaire à la solution de questions autrement fort troublantes.

Tout exposé vraiment philosophique de la géométrie doit partir d'espaces à une dimension, pour s'élever progressivement à des géométries à deux, à trois... dimensions. Il convient de remarquer en effet que chaque espace présente des propriétés intrinsèques qui le caractérisent essentiellement et peuvent être établies sans qu'il soit besoin de l'envisager comme inclus dans un espace d'ordre supérieur, mais qu'il en présente aussi d'autres relatives à l'espace dans lequel on l'inclut. Il paraît nécessaire de faire ressortir ce fait de première importance au moyen d'un exemple élémentaire, emprunté naturellement à la géométrie euclidienne.

Considérons une sphère et un plan passant par son centre : leur intersection est un grand cercle de la sphère, cercle que nous pouvons envisager en lui-même et que nous pouvons considérer comme une figure tracée sur le plan ou sur la sphère.

Considéré en lui-même, le cercle est simplement une ligne fermée, indiscernable de toute autre ligne fermée. Sur le plan, il apparaît en outre comme une ligne dont tous les points sont également distants d'un même point ; sur la sphère, cette propriété d'équidistance n'est plus relative à un point, mais à deux. Mais voici une autre différence plus curieuse. Soient divers points répartis sur une moitié du cercle et, sur l'autre moitié, les points symétriques des premiers par rapport à un diamètre, et cherchons à amener en coïncidence les deux séries de points en faisant glisser le cercle soit dans le plan, soit sur la sphère : la superposition sera impossible à obtenir sur le plan, du moment qu'il est défendu d'en faire sortir le cercle pour le retourner ; au contraire, ce retournement s'opère sur la sphère et les deux demi-cercles symétriques s'appliquent l'un sur l'autre.

Ceci montre la nécessité de bien distinguer ce qui est propriété relative de ce qui est propriété intrinsèque et fait entrevoir combien pourra être féconde la considération des propriétés d'un espace à trois dimensions relatives à un espace à quatre dimensions où il serait inclus [1].

____

(1) Nous sera-t-il permis d'exprimer le regret de voir l'enseignement mathématique s'engager dans une voie qui nous paraît fatale à la formation philosophique des esprits? Sous l'impulsion donnée par un maître éminent, M. Méray, on a rompu les vieilles barrières, si imparfaites du reste, qu'on avait posées entre la géométrie plane et la géométrie dite dans l'espace, en sorte que l'élève est systématiquement détourné de cette distinction fondamentale entre les propriétés intrinsèques et les propriétés relatives.

L'exemple, du reste, vient de plus haut, des pionniers de la science. Pour s'en convaincre, on n'a qu'à se reporter au livre, si souvent cité par nous, de M. Couturat sur les _Principes des_

Si de nombreuses personnes refusent d'admettre des géométries à plus de trois dimensions, il en est d'autres (ce sont, il est vrai, souvent les mêmes) qui ne refusent pas moins énergiquement d'admettre des géométries à deux dimensions. Ceci paraît bien moins soutenable, car même celui qui a foi en la nécessité de la troisième dimension peut bien, par abstraction, ne considérer qu'une surface sans tenir compte de ses rapports avec le reste de l'espace. Aussi cette hostilité apparaît-elle surtout lorsque, à l'exemple de Helmholtz et comme nous l'avons fait à propos de la géométrie de l'ellipsoïde, on parle d'un être superficiel qui vivrait dans un monde à deux dimensions. On oppose alors à cette hypothèse qu'il ne saurait y avoir d'êtres superficiels, toute réalité spatiale exigeant forcément trois dimensions et un être superficiel ne pouvant essentiellement être qu'une fiction obtenue par abstraction. Outre que cette thèse tranche *de plano* par la négative la question de fait de l'existence d'atomes inétendus comme derniers éléments de la matière, elle repose sur une conception purement imaginative. *A priori*, en effet, tout espace est sans épaisseur par rapport à une dimension qui ne lui appartient pas ; ainsi, dans un espace à quatre dimensions, toute droite non contenue dans un espace à trois dimensions qui y est inclus n'a qu'un point commun avec ce dernier espace : elle le *perce* absolument comme une droite perce un plan dans lequel elle n'est pas contenue. On voit donc que tout espace est infiniment mince et mérite également la qualification de pure abstraction, quel que soit le nombre de ses dimensions, si cette qualification est jamais justifiée.

Reposons-nous un instant de ces arides discussions en

Mathématiques : on trouvera en effet, dans son résumé de la théorie de M. Pieri, qui est, dit-il, l'analyse la plus approfondie des principes de la géométrie, que le cercle se définit après la sphère et au moyen d'elle et qu'un point ne peut être dit intérieur à un cercle que si l'on établit qu'il est intérieur à une sphère.

reproduisant une sorte d'hymne en l'honneur du nombre trois que M. Paul Carus, l'éminent « editor » de la revue américaine *The Monist*, a introduite dans une forte étude sur les *Fondements de la géométrie* [1].

« Trois est un nombre particulier de grande signification. Il est le premier nombre véritable, étant le plus simple pluriel. Un et deux ne sont pas des nombres au sens plein du mot. Un est l'unité, deux est un couple ou une paire, mais trois est le plus petit montant d'une pluralité véritable. Les sauvages qui ne peuvent faire la distinction qu'entre un et deux n'ont pas encore développé la notion de nombre ; et le passage à l'étage supérieur le plus voisin, impliquant la connaissance de « trois », se fait par l'intermédiaire d'une condition mentale où n'existe que la notion de un, de deux et d'une pluralité de genre indéterminé. Quand l'idée de trois est une fois définitivement reconnue, la dénomination de tous les autres nombres peut suivre en rapide succession.

« Assurément ce n'est pas par hasard que, pour construire la plus simple figure qui soit une figure véritable, il faille au moins trois lignes. L'importance du triangle, qui devient surtout dominante en géométrie, est due à ce qu'il est la plus simple possible des figures qui possèdent la qualité intrinsèque d'économie.

« Le nombre trois joue aussi un rôle significatif en logique et dans les diverses branches des sciences appliquées ; aussi ne devons-nous pas nous étonner si nous trouvons que le nombre trois est l'objet d'un respect religieux, car la doctrine de la Trinité est fondée sur la constitution de l'univers et peut être pleinement justifiée au moyen des lois de la forme pure ».

Nous ne croyons pas qu'on puisse rien invoquer de mieux que ces mystiques élévations en faveur d'un pri-

---

(1) Juillet 1903. Le passage cité de cet article est reproduit avec quelques variantes dans le livre de M. Carus, *The foundations of Mathematics*, p. 88.

vilège que posséderait la géométrie à trois dimensions ; mais pourquoi faut-il que M. Paul Carus y ait trop fait de science ? Sans doute, sur le plan euclidien, la plus simple figure qui enferme un espace est un triangle ; mais, sur un plan de Riemann, sur une sphère, deux droites ou deux géodésiques suffisent, et cela trouble notre jouissance poétique.

Aussi nous permettrons-nous de traiter trois comme un nombre quelconque.

II

GÉOMÉTRIE A UNE ET A DEUX DIMENSIONS

Nous avons vu que, en géométrie numérique, il existe trois systèmes différents ; nous pouvons donc prévoir qu'il en sera de même en géométrie métrique. Toutefois la géométrie à une dimension est si rudimentaire qu'elle ne donne prise qu'à une distinction tout autre : l'espace (ou ligne) est-il infini ou fermé ? On remarquera d'ailleurs que toute notion de courbure est étrangère à la géométrie à une dimension. Les quelques mots que nous allons dire de cette géométrie sont, d'après ce que nous venons de voir, absolument généraux et n'appartiennent pas en propre à la géométrie euclidienne.

La seule question qui nous paraisse présenter quelque intérêt, dans la géométrie à une dimension est celle de la symétrie.

Soient une ligne, que nous supposerons indéfinie, et un point O sur cette ligne ; prenons d'un même côté de ce point un certain nombre d'autres points A,B,C, D, diversement espacés, puis les points A′,B′,C′,D′, symétriques des précédents par rapport à O. Les deux figures déterminées ainsi de part et d'autre du point O sont composées d'éléments égaux et semblablement disposés, c'est-à-dire que les quatre segments successifs sont égaux chacun à chacun et se suivent dans le même ordre. Néanmoins, tant que ces deux figures restent enfermées sur l'espace à une dimension qu'est la ligne donnée, elles ne peuvent être amenées en superposition, à moins que l'on n'ait $AB = CD$; mais alors la superposition aurait un caractère pour ainsi dire accidentel et serait obtenue sans superposition des éléments homologues. La même remarque doit être faite dans le cas où il s'agit d'une ligne fermée, en sorte qu'elle a une portée absolument générale.

Si nous passons au cas de la géométrie à deux dimensions, et si nous continuons à y étudier cette question de la symétrie par rapport à un point, nous verrons que, sur un plan, nous pourrons obtenir la superposition de deux figures symétriques déterminées sur une ligne droite, parce que nous pourrons retourner une moitié de la droite autour du point O, en la faisant tourner autour de ce point, sans sortir du plan. Nous avons d'ailleurs fait remarquer, dans le précédent paragraphe, qu'il en est de même pour un cercle placé sur une sphère où il soit grand cercle, c'est-à-dire où par deux points donnés il n'en passe qu'un (sauf dans le cas où ces deux points le partageraient en deux arcs égaux).

Au contraire, si sur un plan (ou une sphère) nous considérons deux figures symétriques par rapport à une droite (ou un grand cercle), il nous sera généralement impossible de les amener à coïncider en les faisant glisser sur le plan (ou la sphère), bien que les deux figures symétriques soient composées d'éléments, côtés et angles, égaux chacun à chacun et semblablement disposés.

Mais nous parlons de plans et de sphères sans les avoir définis. Il est vrai que, ne cherchant pas à faire ici un exposé didactique de la géométrie, nous nous servirons sans cesse des connaissances déjà acquises par tous nos lecteurs, mais cette question de définition a ici une importance fondamentale, et l'on ne saurait se référer en ce qui la concerne à ce qu'enseignent les traités ordinaires de géométrie.

On doit bien remarquer d'abord que, en parlant de sphère, nous ne sommes aucunement sorti de la géométrie à deux dimensions, du moment que nous n'avons fait aucune référence à quelque chose d'extérieur à la sphère, à son centre par exemple [1].

Cela bien compris, revenons aux définitions de ces deux surfaces ou espaces à deux dimensions. Toutes deux sont identiques à elles-mêmes, selon l'expression adoptée par Calinon, sont isogènes suivant la terminologie de Delbœuf ; d'autres disent « homogènes », mais nous verrons que, d'après la terminologie plus précise du philosophe liégeois, il convient de réserver cette dernière expression au seul plan. Nous avons déjà vu la définition des espaces identiques à eux-mêmes : toute figure peut y être déplacée de façon quelconque sans déformation ; quant aux espaces isogènes, Delbœuf les définit par la condition d'être composés de parties égales [2] ; les deux définitions sont équivalentes.

En leur qualité de surfaces isogènes, le plan et la sphère jouissent de très nombreuses propriétés communes. D'une façon générale, on peut dire que ce sont toutes celles dans la démonstration desquelles n'intervient ni ce qu'on appelle le *postulatum* d'Euclide [3], ni cette autre demande du géomètre grec d'après laquelle deux droites ne peuvent enfermer un espace. Notons que cet

---

(1) On remarquera que nous qualifions le centre d'*extérieur*, parce que ce mot signifie simplement *non situé sur*. On verra du reste plus loin, à propos de la géométrie à trois dimensions, ce que ce mot « centre » a de tout relatif.

(2) *Prolégomènes philosophiques de la géométrie*, p. 143 (Voir ci-dessus, page 33, note 1).

(3) En modifiant quelque peu son énoncé primitif, on peut le formuler ainsi : *Étant donnés une ligne droite et un point extérieur, on peut mener par ce point, dans leur plan, une ligne droite unique qui ne rencontre pas la première.*

emploi du mot « droite » peut entraîner des confusions. Si ce mot désigne quelque chose d'unique, il est clair que cette chose ne peut jouir de propriétés contradictoires ; aussi conviendrait-il de n'attribuer cette appellation, ainsi que celle de plan, qu'à une ligne et à une surface bien définies : le plan sera une surface isogène dont les géodésiques (lignes déterminées par deux points) satisfont au *postulatum* d'Euclide, et la sphère une surface isogène dont toutes les géodésiques se rencontrent à distance finie. Ajoutons qu'on aperçoit de suite qu'on pourra définir une autre surface isogène : ce sera celle sur laquelle, étant donnés une géodésique et un point extérieur, on peut mener par ce point, dans cette surface, une infinité de géodésiques qui ne rencontrent pas la première. Nous appellerons cette surface une *hypersphère,* et sa géodésique s'appellera un *hypercycle* comme celle de la sphère s'appelle un *cercle* (le grand cercle de la sphère, car il existe d'autres lignes isogènes sur la sphère, lignes qu'on appelle « petits cercles »).

Pour éviter d'ailleurs certaines discussions qui ne seraient pas encore à leur place, nous éviterons d'employer pour l'instant les mots « plan » et « droite », et nous désignerons la surface isogène ci-dessus définie et sa géodésique, tout d'abord, par les termes « horisphère » et « horicycle », qui rentrent du reste mieux dans le vocabulaire de la géométrie générale.

Revenant sur ce que, sur l'hypersphère, par un point extérieur à une géodésique il passe une infinité de géodésiques ne rencontrant pas la première, nous voyons que l'ensemble des géodésiques passant par le point considéré se divisent en deux grandes classes, suivant qu'elles rencontrent ou ne rencontrent pas la géodésique donnée, et que ces deux classes sont séparées par deux géodésiques rencontrant celle-ci à l'infini et qui lui sont dites parallèles. L'angle de ces deux géodésiques est appelé angle de parallélisme ; il croît en même temps que la distance du point à la géodésique donnée.

Indiquons quelques détails, qui nous seront utiles, des géométries de ces trois surfaces. Et d'abord remarquons que c'est à bon escient que nous disons : « ces trois surfaces » et non « ces trois types ou espèces de surfaces ». Du moment en effet que nous faisons de la géométrie à deux dimensions, nous ne saurions rien connaître que la surface constituant l'espace objet de notre étude, et par suite il ne saurait, par exemple, être question de sphères plus ou moins grandes : supposez deux observateurs placés chacun sur une sphère et ne percevant rien en dehors ; il n'y aura aucune différence entre ce qu'ils percevront et obligés de rapporter toutes leurs mesures à une longueur-unité choisie sur leur sphère respective, ils ne pourront qu'aboutir à deux géométries absolument indiscernables.

Avant d'ailleurs de signaler des différences entre nos deux géométries, nous mentionnerons l'identité de propriétés des figures symétriques ; sur les trois surfaces, les figures symétriques par rapport à un point peuvent être superposées par une rotation de 180° autour de ce point ; mais les figures symétriques par rapport à une géodésique, bien que composées d'éléments égaux et semblablement disposés, ne peuvent être amenées en superposition par glissement dans leur espace à deux dimensions. Le premier de ces faits tient à ce que la géodésique d'une surface isogène quelconque y est retournable autour d'un quelconque de ses points, c'est-à-dire que, par rotation autour de ce point, une des deux parties qu'il y détermine peut être amenée en superposition avec l'autre, sans quitter durant tout ce mouvement la surface dont elle est géodésique.

Comme propriétés différentes de figures tracées sur nos trois surfaces, nous signalerons d'abord que, tandis que les géodésiques de l'horisphère et de l'hypersphère sont des lignes infinies, celles de la sphère se referment sur elles-mêmes, et que celles-ci se coupent toujours en deux points, alors que celles des deux autres catégories ne peuvent avoir, deux à deux, plus d'un point commun. La propriété susdite des grands cercles de la sphère ne signifie pas, bien entendu, qu'ils ne sont pas, en général, déterminés par deux points, mais qu'il existe pour tout point de la sphère un point conjugué par lequel passent tous les grands cercles passant par le premier : on sait, et nous l'avons déjà dit, que deux points conjugués divisent en deux parties égales tous les grands cercles qui y passent.

Si nous considérons deux géodésiques menées perpendiculairement à une même troisième, les trois classes de surfaces se distinguent nettement : sur l'hypersphère, les deux perpendiculaires divergent de part et d'autre au fur et à mesure qu'elles s'éloignent de leur perpendiculaire commune, qui mesure leur plus courte distance [1] ; sur la sphère, elles convergent au contraire, et la perpendiculaire commune en mesure la plus grande distance ; enfin sur l'horisphère, cas intermédiaire, les deux perpendiculaires restent équidistantes et peuvent être considérées comme se rencontrant à l'infini.

La comparaison qui précède nous conduit à parler des lignes équidistantes des trois géodésiques et permet de prévoir que, sur l'horisphère seule, elles sont aussi, elles, des géodésiques : tout le monde sait du reste que, sur la sphère, les lignes équidistantes des grands cercles sont des petits cercles qui diminuent jusqu'à se réduire à un point, l'un ou l'autre des deux centres du grand cercle. Ce point, comme son conjugué, est du reste, centre de tous les petits cercles équidistants du grand cercle pris comme ligne de départ.

Sur l'hypersphère, les lignes équidistantes d'une géodésique en diffèrent également tout en étant comme elle des lignes isogènes et comme elle des hypercycles [2] :

---

(1) Deux géodésiques parallèles ont une perpendiculaire commune nulle et rejetée à l'infini.

(2) Ces hypercycles ont comme limite un horicycle lorsque la distance à la géodésique donnée augmente indéfiniment.

ceci exige que nous caractérisions l'hypercycle mieux que nous ne l'avons fait jusqu'ici, car nous ne l'avons défini que comme étant géodésique de l'hypersphère. Or on peut prendre comme propriété distinctive de l'hypercycle parmi toutes les lignes isogènes celle même qui sert à caractériser l'hypersphère : les normales sont divergentes comme celles à la géodésique de cette surface. De même, d'ailleurs, les normales aux petits cercles d'une sphère sont convergentes, propriété appartenant aux cercles tracés sur une horisphère ou une hypersphère, le mot « cercle » désignant dans ces derniers cas le lieu des points équidistants d'un même point, propriété qui peut être également adoptée comme définition sur la sphère.

Ainsi donc nous sommes en présence de trois types de lignes isogènes caractérisées par la façon dont se comportent les unes par rapport aux autres les géodésiques normales en leurs divers points. Sur la sphère d'ailleurs on ne trouve que des cercles, sur l'horisphère aux cercles s'ajoute l'horicycle et enfin sur l'hypersphère apparaissent les trois lignes isogènes. Cette dernière proposition exige toutefois une explication : nous avons vu que les normales à l'horicycle, considéré comme géodésique de l'horisphère, sont des horicycles équidistants ou parallèles; or sur l'hypersphère il n'y a aucune ligne dont les normales puissent être des géodésiques équidistantes, mais il en est une dont les normales sont des hypercycles parallèles, se rencontrant à l'infini, propriété également présentée par les horicycles parallèles : telle est la propriété commune et qui servira de définition aux horicycles des hypersphères comme à ceux des horisphères. On remarquera d'ailleurs que, sur les deux surfaces, ils apparaissent comme limite d'un cercle dont le rayon croît indéfiniment.

Bien entendu, en donnant le même nom à des lignes de surfaces différentes, nous ne voulons pas dire que les cercles des trois surfaces soient les mêmes lignes, ni que les horicycles de l'horisphère et de l'hypersphère soient identiques, car nous n'avons aucun moyen de les superposer, puisque chaque surface est envisagée isolément, comme formant un espace à part; mais, comme ces lignes jouissent de certaines propriétés s'énonçant de façon identique sur quelque surface qu'on se place, il est naturel de les désigner par les mêmes termes, tout en notant que, jusqu'à nouvel ordre, il est indispensable d'ajouter sur quelle surface elles se trouvent.

Mais nous avons parlé de lignes isogènes sans nous être rendu compte de la façon dont on peut reconnaître qu'une ligne est isogène ou identique à elle-même. Ainsi que nous l'avons remarqué, dans la géométrie à une dimension toute ligne est isogène; mais il n'en est pas de même sur une surface, et c'est la notion de courbure qui va nous permettre de préciser la notion de ligne isogène.

La tangente à une ligne en un point est la géodésique de la surface passant par ce point et limite d'une sécante dont deux points de sécance sont venus s'y confondre, et la courbure géodésique de la ligne en ce point est la limite du rapport de l'angle de deux tangentes voisines à la longueur de l'arc qui sépare leurs points de contact, quand ceux-ci tendent à se confondre. Une ligne dont la courbure est constante, sur une surface isogène, est elle-même isogène.

On aura remarqué que nous avons dit « courbure géodésique » : c'est qu'en effet nous aurons à parler plus loin d'une autre courbure.

Un fait digne de remarque, c'est que les diverses lignes isogènes présentent des caractères différents sur les diverses surfaces isogènes; comme la géodésique est partout une ligne de courbure nulle, sur la sphère le cercle peut présenter une courbure nulle, tandis qu'il n'en a jamais une telle sur l'horisphère et l'hypersphère, et de même l'horicycle, qui a une courbure nulle sur l'horisphère, a une courbure effective sur l'hypersphère.

Cette notion de courbure peut être étendue dans une

certaine mesure aux surfaces elles-mêmes, mais sans comporter de mesure, tant qu'on reste enfermé dans la géométrie à deux dimensions. Tandis que la somme des angles d'un triangle est toujours égale à deux droits sur l'horisphère, elle est toujours supérieure à cette valeur sur la sphère et toujours inférieure sur l'hypersphère [1] : c'est ce qu'on traduit en disant que l'horisphère a une courbure nulle, la sphère une courbure positive, et l'hypersphère une courbure négative. La raison d'être et la portée de ces qualifications n'apparaîtront bien que lorsque nous traiterons de la géométrie à trois dimensions ; mais nous tenions à noter ce qu'on peut connaître de la courbure en s'en tenant à la géométrie à deux dimensions. On remarquera que, s'il s'agissait d'une surface non isogène, il serait possible d'y mesurer les variations de courbure, mais nous n'entrerons pas dans l'examen de cette question, qui se trouvera toute résolue par ce que nous dirons au sujet de la géométrie à trois dimensions.

Nous avons dit que, sur la sphère, la somme des angles d'un triangle est toujours supérieure à deux droits ; mais cette somme est variable et va en croissant en même temps que l'aire du triangle ; nous pouvons ajouter que cette aire croît proportionnellement à l'excès de la somme des angles sur deux droits, en sorte que, si l'on désigne par S la surface du triangle, par k un coefficient constant et par E l'excès de la somme des angles sur deux droits, on a : $S = k\mathrm{E}$.

Il en est de même sur l'hypersphère, à cela près que l'excès sur deux droits a une valeur négative, mais qui augmente en valeur absolue proportionnellement à l'aire du triangle, en sorte que la formule précédente y est également applicable, pourvu qu'on attribue au coefficient k une valeur négative. Il va de soi que la formule s'étend

---

(1) Sur chaque surface, nous parlons, bien entendu, de triangles ayant des géodésiques pour côtés.

à un polygone quelconque en calculant toujours l'excès par rapport à la somme constante des angles de la figure horisphérique analogue. Quand il s'agit d'un contour courbe, on prend le défaut par rapport à quatre droits de l'intégrale des angles extérieurs des tangentes géodésiques.

La formule $S = kE$ fait ressortir une propriété très intéressante des figures infiniment petites : quand S tend vers zéro, E tend aussi vers zéro, en sorte que toute figure infiniment petite est horisphérique [1]. D'autre part, on remarquera que, sur l'hypersphère, la surface d'un triangle ne peut dépasser une valeur limite maximum, car l'excès négatif de la somme de ses angles ne saurait dépasser deux droits : cette valeur est atteinte lorsque les trois côtés sont deux à deux parallèles, c'est-à-dire tangents à l'infini.

A cette propriété de la somme des angles d'un triangle se rattache un fait d'extrême importance : sur l'horisphère, on peut à volonté *majorer* ou *minorer* une figure, selon l'expression de Delbœuf, sans la déformer, tandis que cela est impossible sur les deux autres surfaces isogènes ; en d'autres termes, on peut sur l'horisphère construire des figures semblables à une figure donnée, tandis qu'on ne le peut pas sur la sphère et l'hypersphère.

Cette propriété caractéristique de l'horisphère entraîne un fait bien digne de remarque. Si l'on établit sur elle, par exemple, la formule qui relie les longueurs des trois côtés d'un triangle rectangle, on trouvera :

$$a^2 = b^2 + c^2,$$

(1) On peut se rendre compte directement de cette proposition. Considérant un triangle formé par trois géodésiques et supposant qu'un des côtés tend vers une position limite passant par le sommet opposé, on voit que les deux angles adjacents à ce côté tendent vers les angles formés par sa position limite avec les prolongements des deux autres côtés ; or ces deux angles forment deux droits avec l'opposé au sommet du troisième angle du triangle.

formule absolument indépendante de la longueur-unité prise pour mesurer les côtés (en un mot, cette formule est homogène par rapport aux trois côtés du triangle).

Si au contraire nous nous posons le même problème sur la sphère ou l'hypersphère, nous verrons forcément apparaître une longueur auxiliaire, si nous voulons avoir une expression homogène. Si, par exemple, sur la sphère, nous désignons l'arc de 1° par m, nous aurons, dans un triangle rectangle :

$$\cos \frac{\pi a}{180\, m} = \cos \frac{\pi b}{180\, m} \cos \frac{\pi c}{180\, m}.$$

Si nous prenons l'arc de 1° pour unité de longueur, nous ferons bien disparaître m, mais la relation obtenue :

$$\cos \frac{\pi a}{180} = \cos \frac{\pi b}{180} \cos \frac{\pi c}{180}$$

n'est plus homogène. Sans doute on est habitué à traiter les lignes trigonométriques comme des quantités purement numériques, parce qu'on s'arrange pour qu'elles ne représentent que des rapports de deux longueurs ; mais on ne doit pas perdre de vue qu'elles sont des séries dans les termes desquelles figurent les diverses puissances de la quantité sur laquelle porte le signe trigonométrique. En l'espèce, $\cos \frac{\pi a}{180}$ est une série où figurent les diverses puissances de a : il n'y a assurément là aucune homogénéité.

Si nous récapitulons ce que nous avons vu, nous obtenons le tableau suivant de propriétés qui peuvent également servir à caractériser les trois surfaces isogènes.

Par un point extérieur à une géodésique on peut mener :

> sur la sphère : aucune ligne qui ne rencontre pas cette géodésique.
> sur l'horisphère : une.
> sur l'hypersphère : une infinité.

Les normales à une géodésique sont :

> sur la sphère : convergentes.
> sur l'horisphère : équidistantes.
> sur l'hypersphère : divergentes.

Les équidistantes à une géodésique sont :

> sur la sphère : des petits cercles (lignes fermées).
> sur l'horisphère : des géodésiques.
> sur l'hypersphère : des hypercycles non géodésiques (lignes infinies).

La somme des angles d'un triangle est :

> sur la sphère : supérieure à deux droits, et son excès sur deux droits est proportionnel à la surface du triangle.
> sur l'horisphère : constante et égale à deux droits.
> sur l'hypersphère : inférieure à deux droits, et son défaut par rapport à deux droits est proportionnel à la surface du triangle.

Similitude et homogénéité.

> Comme conséquence de ces dernières propriétés, il y a des figures semblables sur l'horisphère, il n'y en a pas sur la sphère et l'hypersphère. Les formules horisphériques sont homogènes par rapport aux grandeurs qu'elles relient ; les

<table>
<tr><td>Similitude et homo-
généité (suite).</td><td>formules de la sphère et de l'hy-
persphère ne deviennent homo-
gènes qu'à la condition d'y
introduire une quantité auxi-
liaire.</td></tr>
</table>

On pourrait allonger indéfiniment une liste de ce genre, mais les comparaisons précédentes nous paraissent être parmi les plus intéressantes.

III

GÉOMÉTRIE A TROIS DIMENSIONS

Des trois géométries à deux dimensions nous passerons très simplement à trois géométries à trois dimensions, car il nous suffira, pour définir un espace à trois dimensions isogène, de dire qu'il a pour géodésique la même ligne qu'une des trois surfaces que nous venons d'étudier ; de même d'ailleurs que tout à l'heure nous n'avions que trois surfaces et non trois types de surfaces, nous n'aurons ici que trois espaces à trois dimensions, car nous ne disposerions d'aucun moyen de distinguer, par exemple, les deux cercles géodésiques de deux espaces sphériques. Mais nous allons pouvoir au contraire distinguer dans ces espaces[1] une infinité de sphères et d'hypersphères, ayant pour géodésiques les cycles et hypercycles qui existent dans ces espaces. Il va de soi au contraire que nous ne pourrons y rencontrer que des horisphères identiques entre elles, puisque tous les horicycles le sont entre eux. Jusqu'à nouvel ordre, d'ailleurs, nous devons prendre soin de ne pas confondre

---

(1) Pour la rapidité du langage, nous réserverons dans ce paragraphe le mot « espace » aux espaces à trois dimensions et nous nous servirons du mot « surface » pour désigner les espaces à deux dimensions.

les surfaces de même nom appartenant à des espaces différents, puisque nous n'aurions d'autre motif pour faire cette identification que la communauté de nom de leurs géodésiques, communauté justifiée par une propriété commune à ces géodésiques mais qui n'entraîne aucunement leur identité, ainsi que nous l'avons fait remarquer, ces propriétés étant définies par rapport à des surfaces différentes.

De même que, sur toute surface isogène, la géodésique est retournable autour d'un quelconque de ses points, dans tout espace isogène la surface isogène de même géodésique que lui est retournable autour d'une quelconque de ses géodésiques Cette propriété entraîne pour conséquence la possibilité de superposer les figures symétriques par rapport à une géodésique que nous n'avions pu superposer en géométrie à deux dimensions. Cette possibilité s'étend d'ailleurs à toutes les figures symétriques par rapport à une géodésique, qu'elles soient ou non comprises sur une surface géodésique (ainsi appellerons-nous toute surface isogène ayant même géodésique que l'espace considéré).

Mais il faut bien remarquer que les figures symétriques par rapport à un point dans un espace ne peuvent être superposées par l'effet d'une rotation. Sans doute chaque point peut être amené en coïncidence avec son symétrique au moyen d'une rotation de 180° autour du centre de symétrie ; mais les divers vecteurs ne peuvent tourner d'une seule masse en formant un solide invariable, par synthèse en une rotation unique des rotations individuelles qui superposent séparément les points symétriques. On a, comme pour la symétrie par rapport à une surface géodésique à laquelle elle peut du reste se ramener par une rotation autour d'une droite, deux figures composées d'éléments égaux et semblablement disposés, mais non superposables ; c'est ce qui avait lieu, sur une surface, pour les figures symétriques par rapport à une géodésique.

Dans chacun de nos espaces se trouvent des surfaces

isogènes ayant pour géodésiques les diverses lignes isogènes existant dans cet espace ou, ce qui revient au même, sur sa surface géodésique. Dans un même espace, toutes les horisphères seront identiques entre elles, puisque tous les horicycles le sont ; mais nous aurons une infinité de sphères et d'hypersphères distinctes, puisque nous avons reconnu l'existence d'une infinité de cercles et d'hypercycles.

L'étude de ces surfaces est féconde en enseignements.

Et d'abord elle fait ressortir ce fait que les sphères des trois espaces ont identiquement la même géométrie propre et qu'il en est de même des horisphères de l'espace horisphérique et de l'espace hypersphérique. Dès lors, sans parler d'une égalité de superposition, nous pourrons dire que rien ne distingue les sphères et horisphères des divers espaces que le seul fait extrinsèque de leur existence au sein de ces espaces. Considérées en elles-mêmes, elles sont indiscernables. Au sujet des sphères, nous relèverons ce fait que, dans l'espace sphérique, toute sphère a deux centres, comme un cercle sur une sphère, et que les deux centres d'une grande sphère en sont également distants.

L'extension aux surfaces de la notion de courbure va nous permettre de préciser la distinction entre les diverses surfaces de même espèce. Nous avons vu que, sur une surface isogène quelconque, on a : $S = kE$, S étant la surface enfermée par un contour polygonal [1] tracé sur cette surface, k un coefficient et E l'excès de la somme des angles du polygone sur celle des angles d'un polygone horisphérique ayant le même nombre de côtés. E étant positif sur les sphères et négatif sur les hypersphères, il en est de même de k, puisque S est essentiellement positif.

---

(1) On a vu (p. 52) comment on doit modifier l'énoncé s'il s'agit d'un contour courbe.

Précédemment, quand nous considérions une surface isolément, la valeur de k dépendait uniquement du choix de l'unité de longueur sur cette surface. Maintenant que nous considérons diverses surfaces dans un même espace, ce qui permet de mesurer toutes les longueurs au moyen d'une même unité, il nous est possible d'établir une comparaison entre ces surfaces, au moyen des valeurs correspondantes de k : le quotient $\dfrac{1}{k}$ est ce qu'on appelle la courbure d'une surface. Positive pour les sphères, négative pour les hypersphères, elle est nulle pour les horisphères, car il est aisé de voir que, sur ces surfaces, k est nécessairement infini : c'est une conséquence du fait que E y est nul. Nous n'avons pas besoin de montrer comment cette définition de la courbure constante d'une surface isogène permet, par une généralisation fort simple, de définir la courbure d'une surface quelconque en un point donné.

Cette notion de la courbure d'une surface, propriété intrinsèque de cette surface, permet de fonder celle de la courbure propre d'une ligne : la courbure de la géodésique d'une surface isogène est égale à la racine carrée de la courbure de celle-ci ; cette définition a pour conséquence que la courbure d'un hypercycle a une valeur imaginaire.

Il est intéressant de noter que, dans l'espace horisphérique, la définition précédente de la courbure d'une surface concorde avec celle qu'on en donne en géométrie euclidienne : sans entrer dans des détails ni rappeler la définition de la courbure intégrale d'une région de surface, il nous suffira de rappeler que, d'après un théorème dû à Gauss, « la courbure intégrale d'un triangle formé sur une surface continue quelconque par trois lignes géodésiques est égale à la somme des angles de ce triangle diminuée de deux angles droits ». La concordance est évidente. On se souvient d'ailleurs que, communément, on mesure la courbure en un point donné par l'inverse du produit des rayons de courbure maximum et minimum des sections normales de la surface en ce point, ce produit étant positif ou négatif suivant que les deux rayons de courbure sont de même sens ou de sens contraire : c'est qu'en effet, dans l'espace horisphérique, il n'y a de surface à courbure négative (c'est-à-dire à excès négatif) qu'à la condition que les rayons de courbure principaux soient de sens contraires.

On remarquera que cette manière ordinaire d'étudier la courbure des surfaces est essentiellement relative à la situation de ces surfaces dans un espace horisphérique ; il n'y a donc là qu'une conception étroite de la courbure, englobée dans celle que nous avons indiquée pour toute surface, dans un espace quelconque [1].

Dans un espace isogène quelconque, quel que soit le nombre de ses dimensions, la plus courte distance de deux points est mesurée par la longueur de la géodésique qui les relie [2]. Il est intéressant de comparer les expressions des distances de deux mêmes points suivant un horicycle, un cercle et un hypercycle. Cette comparaison a une signification incontestable puisque, dans un espace hypersphérique, nous pouvons effectivement relier deux mêmes points par des lignes de ces trois types.

Désignant par c la distance suivant un horicycle, par s la distance suivant un cercle de courbure $\dfrac{1}{\sqrt{k}}$ et enfin par s' la distance suivant un hypercycle de courbure $\dfrac{1}{\sqrt{-k_1}}$, on a :

$$c = 2\sqrt{k}\,\sin\frac{s}{2\sqrt{k}} = 2\sqrt{k_1}\cdot \operatorname{sh}\frac{s'}{2\sqrt{k_1}}\,.$$

(1) Nous avons étudié avec quelque détail cette généralisation de la notion euclidienne au moyen du théorème de Gauss, dans notre *Introduction à la géométrie générale* (p. 8 et suiv.).

(2) Si l'espace est sphérique, la géodésique étant fermée, il y a deux arcs entre deux points : il va de soi que la proposition précédente s'applique au plus court de ces arcs.

On sait que cette dernière expression peut s'écrire :

$$s' + \frac{1}{1.2.3}\,\frac{s'^3}{2^2 k_1} + \frac{1}{1.2\ldots5}\,\frac{s'^5}{(2^2 k_1)^2} + \cdots$$

On voit de suite que c est plus grand que s', puisque tous les termes de ce développement sont essentiellement positifs. Les différentes valeurs de k_1 donnent les géodésiques des diverses hypersphères existant dans l'espace considéré, et la plus courte distance correspond à la plus petite valeur de k_1, c'est-à-dire à la géodésique de l'hypersphère de plus grande courbure négative, laquelle a même géodésique que l'espace considéré lui-même.

Les paramètres k et k_1 qui caractérisent chacune des surfaces isogènes de cet espace sont en réalité des quantités du deuxième degré [1] et leurs racines carrées sont des longueurs parfaitement comparables dans un même espace.

IV

GÉOMÉTRIE A QUATRE DIMENSIONS

Il nous semble que la rapide esquisse qui précède a dû suffire à faire saisir à quel point est incomplète l'étude d'un être géométrique si on ne le considère qu'en lui-même ou même si on ne le place que dans un seul espace d'ordre supérieur. Ainsi, pour bien connaître le cercle, il convient de l'envisager non seulement sur un plan, mais aussi sur une sphère, en distinguant le cas où il est grand ou petit cercle. De même, la connaissance de l'horisphère resterait singulièrement incomplète si on ne

---

(1) C'est ce que montre évidemment la formule $S = kE$ où S est une surface et E un nombre de degré zéro.

l'étudiait que dans l'espace horisphérique, où il est retournable ; il en serait de même de celle de la sphère dans ce même espace où elle n'est pas retournable, tandis qu'elle l'est dans un espace sphérique de même géodésique qu'elle.

Cela justifie le coup d'œil que nous allons jeter sur les géométries à quatre dimensions, bien que l'*espace* qui fait l'objet de ce livre ne soit qu'à trois dimensions ; mais, en même temps, on voit pourquoi nous n'irons pas plus loin : l'intérêt des géométries d'ordre encore plus élevé ne serait pas considérable au point de vue de la connaissance des espaces à trois dimensions.

Montrons d'abord comment naît, sous une forme qui ne soit pas purement algébrique, la notion d'un espace à quatre dimensions, d'une *étendue* comme on dit parfois et comme nous dirons plus d'une fois pour simplifier le langage.

L'être superficiel, vivant sur une surface et ne percevant rien en dehors d'elle, tel que l'a imaginé Helmholtz, ne peut, par un point d'une géodésique, lui élever qu'une seule perpendiculaire, et l'on ne voit pas comment il pourrait en imaginer d'autres.

Un habitant d'un espace imaginera une infinité de perpendiculaires à une géodésique en un de ses points ; mais, dans cette infinité, il n'y en a qu'une qui soit perpendiculaire à la fois à la géodésique donnée et à une de ses normales également déterminée. En d'autres termes, par un point il ne peut mener que trois géodésiques perpendiculaires entre elles. Mais, de même que l'habitant d'une surface pourrait poser l'hypothèse de trois perpendiculaires et en déduire une géométrie à trois dimensions, de même l'habitant d'un espace peut poser l'hypothèse de quatre perpendiculaires et en déduire une géométrie à quatre dimensions.

Nous avons esquissé rapidement l'établissement d'une telle géométrie dans le cas le plus simple, celui d'une étendue horisphérique [1], et l'on en trouvera un traité régulier et fort bien fait dans un livre dû au colonel Jouffret [2]. Qu'on nous permette de rappeler brièvement les points que nous avons fait particulièrement ressortir, grâce notamment à la facilité qu'offre la géométrie analytique horisphérique, quel que soit le nombre des dimensions.

Tout d'abord (et ceci n'est pas particulier à la géométrie horisphérique), la surface isogène ayant même géodésique que l'étendue considérée, c'est-à-dire ici l'horisphère, peut être prise comme élément fixe d'une rotation de l'étendue : celle-ci peut tourner autour d'une quelconque de ses surfaces géodésiques. Cette propriété fait immédiatement apparaître la superposabilité par retournement des figures symétriques par rapport à cette surface. Par contre, la symétrie par rapport à une géodésique ne conduit pas à des figures superposables au moyen d'un mouvement dans l'étendue [3].

Dans l'étendue horisphérique, la géométrie des espaces horisphériques, des horisphères et de leurs géodésiques constitue un pendant très curieux au cinquième livre de Legendre, mais ne présentant peut-être pas grand intérêt au point de vue du présent ouvrage. Ce qu'il faut cependant bien saisir, c'est que, comme toute géodésique ayant deux points communs avec un espace y est contenue tout entière, une géodésique qui n'y est pas contenue ne peut avoir qu'un point commun avec lui : nous avons déjà fait remarquer qu'un espace à trois dimensions est infiniment mince, envisagé dans un espace à quatre dimensions, et c'est là une propriété absolument générale de tout espace envisagé dans un autre d'ordre plus élevé.

---

(1) *Introduction à la géométrie générale*, ch. II.
(2) *Traité élémentaire de Géométrie à quatre dimensions*.
(3) En général, dans un espace d'ordre pair on peut superposer les figures symétriques par rapport à un espace d'ordre pair et, dans un espace d'ordre impair, les figures symétriques par rapport à un espace d'ordre impair.

L'étude des sphères à trois dimensions contenues dans l'étendue horisphérique présente un vif intérêt, et il est regrettable que le colonel Jouffret ne lui ait pas donné des développements plus considérables. Elle permet d'abord d'établir d'une façon extrêmement simple les propriétés intrinsèques de ces espaces, telles que la retournabilité des grandes sphères autour de leurs grands cercles et la propriété de toutes les sphères d'y avoir deux centres : on trouvera ces démonstrations dans notre *Introduction à la géométrie générale*. En même temps, nous voyons immédiatement comment on peut étudier des espaces caractérisés par des paramètres différents. Mais ce qu'il y a peut-être de plus intéressant, c'est de constater que sphères horisphériques et sphères *sphériques*, si nous osons cette expression pour désigner les sphères des espaces sphériques, sont une seule et même chose. Précédemment, nous avions bien vu que ces sphères étaient intrinsèquement indiscernables, mais nous n'avions pu atteindre cette identité absolue qui, en géométrie métrique, résulte de la superposition. Or ici toutes ces sphères horisphériques et sphériques sont si bien superposables que chacune d'elles peut être considérée comme l'intersection d'un espace horisphérique et d'un espace sphérique.

Si d'ailleurs on étudiait un espace hypersphérique à quatre dimensions, une étendue hypersphérique, on y verrait également que les sphères sont communes aux trois sortes d'espaces, chacune d'elles pouvant être considérée comme l'intersection commune de trois espaces de types différents. De même s'établirait l'identité des horisphères horisphériques et des horisphères hypersphériques.

La question des distances de deux mêmes points appartenant de même à trois espaces de paramètre positif, infini et négatif est toute résolue déjà par les formules que nous avons données p. 59 ; mais elle présente un intérêt particulier, parce que, dans ces formules, les valeurs de k caractériseront des espaces comparables entre eux. Nous savons déjà que la plus grande distance est donnée par le demi grand-cercle de la sphère où ces deux points sont points conjugués, c'est-à-dire pour la plus petite valeur de k qui permette à une sphère de comprendre les deux points. Leur distance va en diminuant au fur et à mesure que k augmente et cela jusqu'à ce qu'il devienne infini : on a alors la distance horisphérique. Mais nous avons vu que cette distance n'est point un minimum : la distance continue à diminuer avec les valeurs négatives de k, au fur et à mesure que ces valeurs diminuent elles-mêmes comme valeurs absolues. Mais cette diminution a un terme, que l'on atteint quand la distance se trouve mesurée suivant une géodésique de l'étendue considérée.

Mais cette limite inférieure est purement relative à l'étendue choisie. Or maintenant nous pouvons parfaitement parler d'étendues ayant des paramètres décroissant indéfiniment en valeur absolue, puisque nous pouvons mesurer la racine carrée de ce paramètre sur un horicycle, ligne commune à toutes ces étendues. Or ici apparaît une particularité qui, de prime abord, peut paraître déconcertante : c'est que, si k_1 décroît indéfiniment en tendant vers zéro, s', la distance suivant la géodésique de l'étendue, qui est aussi celle de l'espace retournable, tend également vers zéro. Donc, si long que soit un segment d'horicycle, on peut joindre ses extrémités par une ligne aussi courte qu'on voudra.

Y a-t-il là plus qu'un paradoxe ? N'y a-t-il pas contradiction ? Si l'on peut toujours faire passer un hypercycle par deux points donnés, quelle que soit sa courbure, c'est que tout hypercycle est infini. Or n'est-il pas contradictoire qu'on ait des lignes infinies quand la distance de deux points quelconques est aussi petite qu'on le veut ? Il y a même plus : la relation entre c et s' (page 59) ne montre-t-elle pas que, quelle que soit la distance de deux points suivant un horicycle, leur distance est rigoureusement nulle suivant un hypercycle pour lequel k_1 est égal à zéro ?

Examinons d'abord cette dernière difficulté où la contradiction apparaît manifeste. Si nous considérons une surface à paramètre nul ou à courbure infinie, cette courbure n'est, à vrai dire, ni positive ni négative, et nous pouvons envisager indifféremment l'une ou l'autre des deux formules. Celle qui concerne les espaces à courbure positive montre que c, distance suivant l'horicycle, est forcément nul en même temps que le paramètre k, c'est-à-dire que l'espace se réduit à un point : la grande sphère correspondante a un rayon nul. On peut donc dire en un certain sens que la formule est applicable jusques et y compris la limite ; au contraire, celle qui concerne les espaces à courbure négative cesse de l'être précisément à la limite, en sorte que les deux formules se soudent sans discontinuité au point de vue de l'applicabilité de l'une d'entre elles, mais avec discontinuité dans les résultats de leur application. Il n'y a du reste pas lieu de s'étonner de cette inapplicabilité d'une formule à la limite : c'est un fait très fréquent en analyse et dû à ce que, dans l'établissement d'une formule, on a implicitement écarté l'hypothèse de la limite.

Reste la première difficulté : bien que deux points aussi éloignés qu'on le veut suivant un horicycle soient aussi voisins qu'on le veut suivant un hypercycle, celui-ci n'en est pas moins infini.

La forme contradictoire de ce paradoxe tient à ce que nous parlons d'une ligne variable comme si elle était déterminée. Nous donnant deux points aussi distants que nous voulons suivant un horicycle, nous nous fixons une valeur de la distance hypercyclique à obtenir et nous trouvons en fonction de cette valeur, si petite qu'elle soit, une ligne de paramètre déterminé. Dès lors nous pouvons inversement, l'horicycle étant infini, y trouver un troisième point qui soit du premier à une distance aussi grande qu'on voudra suivant un hypercycle de même paramètre que le précédent : le paradoxe s'évanouit.

CHAPITRE III

HISTOIRE ET POLÉMIQUES RELATIVES A LA GÉOMÉTRIE

Dans le chapitre qui précède, nous nous sommes enfermé strictement dans un résumé de caractère technique faisant ressortir les résultats principaux de la géométrie tels qu'ils nous apparaissent. Ce résumé, nous devons l'avouer, est fait dans un esprit singulièrement différent de celui qui anime (ou de ceux qui animent) les maîtres incontestés de cette science. Mais nous croyons pouvoir assurer, sinon qu'il ne contient aucune erreur (il faudrait être bien téméraire pour lancer une telle affirmation), du moins aucune erreur dont la rectification en modifierait le caractère général. Nous en avons pour garant le fait que notre *Introduction à la géométrie générale* a donné lieu à des protestations très nettes, mais dont aucune ne reposait sur des erreurs mathématiques : c'était question d'interprétation et de point de vue.

Nous avons tenu à exposer d'abord notre manière de voir sans nous engager dans aucune discussion de caractère polémique, ni dans aucune considération historique, afin de la présenter en elle même à la critique et à ne pas l'exposer à se trouver compromise par des défauts d'érudition. Maintenant nous pouvons revenir en arrière et, sans prétendre à aucun étalage d'une science historique que nous sommes trop loin de posséder, chercher à éclairer notre conception de la géométrie générale en

montrant comment elle nous apparaît comme le terme
naturel d'une longue évolution.

I

COMMENT EST NÉE LA GÉOMÉTRIE GÉNÉRALE

Euclide (300 ans avant J. C.) [1] avait *demandé* ce
qu'on appelle le postulat des trois droites ou postulat V :
*Deux droites d'un plan coupées par une troisième avec
laquelle elles font, d'un côté, des angles intérieurs dont
la somme est moindre que deux droits se rencontrent de
ce côté*, postulat complété par cet autre que *deux droites
ne peuvent renfermer un espace.* Ainsi que nous l'avons
déjà dit, on a coutume de réunir ces deux demandes en
un postulat unique : *Par un point pris sur un plan en
dehors d'une droite, on peut mener dans ce plan une
droite qui ne rencontre pas la première et on ne peut en
mener qu'une.*

Il ne se passa pas un temps bien long sans que l'on
cherchât à se débarrasser d'une demande qui choquait
comme une imperfection de la géométrie. C'est ainsi que
Posidonius (Ier siècle avant J.-C.) proposa d'appeler
parallèles deux droites d'un plan qui sont équidistantes :
nous savons en effet que ce n'est que sur l'horisphère,
parmi les surfaces isogènes, que l'équidistante d'une géodésique est une géodésique : admettre qu'il en est ainsi
sur le plan, c'est donc poser l'équivalent du postulatum
d'Euclide.

Proclus (410-485 après J.-C.) admit que la distance
de deux parallèles est toujours finie et en déduisit le
postulatum : nous savons en effet que, d'une part, sur

---

(1) Nous nous servirons particulièrement, pour cette esquisse
historique, du résumé de *La Geometria non-euclidea* de Bonola,
donné par M. Mansion dans la *Revue des questions scientifiques* d'octobre 1907.

les sphères toutes les géodésiques se coupent (il n'y a pas de parallèles) et que, d'autre part, sur les hypersphères les géodésiques ne se rencontrant pas divergent indéfiniment au moins d'un côté.

Mais Proclus fit bien mieux que de trouver un équivalent du postulatum. C'est à lui en effet qu'on doit d'avoir noté à deux reprises, dans son commentaire du premier livre d'Euclide, qu'il n'est pas impossible qu'il y ait des droites asymptotes l'une de l'autre : *deux droites coupées par une transversale avec laquelle elles forment des angles internes dont la somme est inférieure à deux droits pourraient ne pas se rencontrer*, bien que, le segment de la transversale restant le même, les droites se rencontrassent, si la somme des angles internes diminuait. C'était poser la définition de l'hypersphère ; mais il fallut plus de treize siècles pour permettre à ce germe de se développer.

Un Arabe, Nassireddin (1201-1274), admit comme postulat l'existence du rectangle, ce qui équivaut à poser l'égalité à deux droits de la somme des angles d'un triangle : ainsi reprend le déroulement des propositions équivalentes au postulatum d'Euclide.

A la Renaissance et au XVIIe siècle, une série de géomètres adoptent au fond le postulat de Posidonius, mais l'un d'eux, Giordano Vitale (1633-1711), le restreint, car il parvient à le prouver si seulement trois points d'une droite sont à la même distance d'une autre droite.

Un contemporain de ce dernier, Wallis (1616-1713) eut l'idée de démontrer le postulatum d'Euclide en s'appuyant sur cette proposition : *il existe des triangles semblables*. A un point de vue purement mathématique, l'idée n'était pas heureuse, attendu que le nouveau postulat était plus compliqué que celui qu'il s'agissait de démontrer, car il contenait des conditions superflues. Mais nous verrons plus loin quel heureux parti Delbœuf, complétant Laplace, put en tirer au point de vue philosophique ; il sut faire reposer sur lui le seul argument contre les géométries non-euclidiennes qui nous paraisse ne pas s'effondrer — ce qui ne veut pas du reste dire que nous nous inclinions devant lui.

Enfin, bien plus tard, Wolfgang Bolyai (1775-1856), père de Jean Bolyai, a pris comme postulat : *par trois points on peut toujours faire passer un cercle,* ce qui n'exclut pas la géométrie sphérique et équivaut au postulat de Wachter (1792-1817) : *par quatre points on peut toujours faire passer une sphère* [1].

Comment peut-on résumer cette longue phase de la question, à part la géniale vue d'avenir de Proclus ? on étudie une surface, le plan, et sa géodésique, la droite ; mais on ne met, au fond, dans la définition de cette surface et de cette ligne, que cette double idée que cette surface est isogène et retournable autour de sa géodésique. Or cela ne suffit pas pour qu'on puisse en établir complètement la géométrie ; il arrive un moment où l'on est placé entre diverses hypothèses qui, au point de vue logique, sont égales, aucune ne pouvant être démontrée ni réfutée. C'est alors que se présente ce flottement si caractéristique, chacun admettant, selon ses tendances personnelles, telle ou telle proposition comme évidente : au fond, le choix importe assez peu, pourvu qu'il porte sur une proposition qui achève réellement la définition du plan.

Ce qui détermine tout ce travail, c'est la pensée qu'on est en présence d'un espace et d'une surface retournable bien définis dont il s'agit d'établir toutes les propriétés, et l'on admet pour *vrai* un minimum de propositions sans démonstration.

Au xviii⁰ siècle, soit espoir d'aboutir à une démonstration par l'absurde du postulatum, soit simple curiosité d'esprit, soit enfin conception plus ou moins nette d'une géométrie plus générale que la géométrie vulgaire, on

____

(1) Wachter sut voir que le postulatum d'Euclide serait en tout cas vrai sur une sphère de rayon infini.

voit plusieurs mathématiciens entreprendre de tirer les conclusions d'hypothèses non euclidiennes.

Voici d'abord le jésuite Saccheri (1667-1733) qui, dans son *Euclides ab omni nævo vindicatus*, considère un quadrilatère birectangle isocèle et remarque qu'on peut faire trois hypothèses sur les angles dont on n'a pas défini la grandeur : ils peuvent être, mais tous deux à la fois, droits, obtus ou aigus. La première hypothèse répond à la géométrie d'Euclide et avait été adoptée comme postulat par Nassireddin. La seconde est incompatible avec des propositions d'Euclide antérieures à la théorie des parallèles et écartée pour ce motif par Saccheri. Remarquons à ce sujet que cette raison était faible, car que deux droites n'aient qu'un point commun est aussi bien un postulat que le postulat V ; mais il y avait une raison plus profonde à l'élimination de cette hypothèse, ce qui fait que bien d'autres l'écarteront également : c'est que le plan apparaît essentiellement comme une surface infinie et que l'hypothèse de l'angle obtus conduit à une surface fermée. Aussi voit-on Legendre (1752-1833) prouver que la somme des angles d'un triangle ne peut être supérieure à deux droits, en s'appuyant sur une construction qui suppose une ligne droite infinie. Donc Saccheri ne poursuit que l'étude de l'angle aigu, et il arrive à établir rigoureusement ce théorème fondamental de la géométrie de l'hypersphère : *Deux droites se rencontrent, ou sont asymptotes, ou ont une perpendiculaire commune.* Ajoutons qu'il s'empresse de renverser son œuvre en déclarant qu'il répugne à la nature de la ligne droite que deux droites puissent avoir une perpendiculaire commune en un point commun à l'infini : cette négation constitue son subtil postulatum.

Lambert (1728-1777) poursuit dans la même voie et montre que, dans l'hypothèse de l'angle aigu, *l'aire d'un triangle est proportionnelle à la différence entre deux droits et la somme de ses angles.*

Après ces précurseurs apparaît le véritable fondateur,

Gauss (1777-1855), qui malheureusement ne fit pas connaître ses recherches [1]. De 1794 à 1816, il s'assimila ou retrouva et compléta, sous la forme la plus nette, les résultats acquis sur les principes de la géométrie. « A partir de 1816, au moins, il voit, dit M. Mansion, que la géométrie non euclidienne dépendant d'un paramètre est aussi légitime que la géométrie euclidienne correspondant à une valeur infinie de ce paramètre [2] ; il trouve la métrique non euclidienne ».

Schweikart (1780-1859) énonce à nouveau quelques théorèmes dus à Saccheri et Lambert, mais a le mérite de déclarer que cette géométrie hypersphérique, qu'il appelle astrale, est peut-être réalisée dans la nature.

Taurinus (1784-1874) publie en 1826 ses *Geometriæ prima Elementa*, où il développe complètement cette géométrie, mais en supposant imaginaires les côtés d'un triangle sphérique.

Enfin apparaît Lobatchefsky (1793-1856) qui est le principal créateur de la géométrie non euclidienne, parce que le premier il en a exposé les principes (1829) et en a fait de nombreuses applications au calcul intégral. Mais il faut bien remarquer qu'il n'a développé que l'hypothèse de l'angle aigu de Saccheri, de sorte que la géométrie qui porte son nom est celle de l'hypersphère et de l'espace hypersphérique. Mais, bien entendu, il conserve le vocabulaire euclidien, appelant plan et droite l'hypersphère retournable et l'hypercycle, sa géodésique, n'appliquant ces noms d'hypercycle et d'hypersphère qu'aux surfaces et lignes analogues mais non retournables ni géodésiques de l'espace.

Jean Bolyai (1802-1860) eut le malheur de ne publier que trois ans après Lobatchefsky un exposé très condensé de la même géométrie.

---

(1) Il craignait « les clameurs des Béotiens », comme il le dit dans une lettre à Bessel du 27 janvier 1829.

(2) Nous avons déjà fait des réserves sur la portée de ce paramètre et nous y reviendrons.

D'après la tendance des esprits que nous avons constatée, on devait en effet établir d'abord complètement la géométrie basée sur l'hypothèse de l'angle aigu. Ce fut Riemann (1826-1866) qui eut la gloire de développer celle de l'angle obtus, et c'est pour cela que la géométrie des espaces sphériques est connue sous le nom de géométrie riemannienne.

Par cette géométrie se complétait la géométrie générale des espaces isogènes ; mais elle n'apparaissait pas avec l'unité qu'elle revêt dans le bref exposé que nous en avons fait dans le chapitre précédent : il y avait trois géométries absolument distinctes.

Il nous reste, avant de résumer les polémiques diverses auxquelles ont donné lieu les géométries non euclidiennes, à expliquer pour quel motif nous nous en tenons aux trois géométries dont nous venons de parler. Il est clair que, parlant spécialement ici de la géométrie métrique, comme dans le chapitre précédent, nous n'avons pas à nous occuper des géométries qui ont fait l'objet de notre premier chapitre. Mais n'y a-t-il pas d'autres géométries métriques, reposant sur la négation d'autres postulats que les postulats 5 et 6 d'Euclide ? à ce propos nous dirons naturellement quelques mots de cette assertion maintes fois répétée que c'est bien à tort qu'on fait un sort particulier au postulatum d'Euclide, alors qu'il faut, au même titre, un grand nombre de postulats.

Pour permettre d'apprécier ce qu'il y a de vrai et de faux dans cette assertion, nous allons reproduire, à titre d'exemple, les vingt postulats de M. Pieri [1], en y ajoutant quelques brèves réflexions. Et d'abord on doit se souvenir que ces postulats sont des propositions permettant de déduire toute la géométrie suivant les règles de

____

(1) Nous en emprunterons l'énoncé au livre tant de fois utilisé par nous que M. Couturat a consacré aux *Principes des Mathématiques.*

la logistique : il faut donc qu'ils contiennent tout l'es
sentiel de la notion d'espace isogène à trois dimensions.

« I. *Point* et *mouvement* sont des concepts généri-
ques ou des classes.

« II. Il existe au moins un point

« III. Si p est un point, il existe un point différent
de p.

« IV. Tout mouvement est une correspondance biuniforme entre deux figures ». Cela signifie, dit M. Couturat, qu'à des points identiques correspondent des points
identiques, et qu'à des points différents correspondent
des points différents.

« V. Quel que soit le mouvement μ, qui fait correspondre par exemple le point y au point x, il existe un
mouvement $^c\mu$ qui fait correspondre le point x au
point y (quels que soient x et y).

« VI. Deux mouvements μ et ν effectués successivement, l'un sur le résultat de l'autre, équivalent à un seul
mouvement.

« VII. Pour chaque couple de points distincts, il
existe un mouvement effectif qui les laisse fixes ». Ce
postulat affirme l'existence du mouvement de rotation
d'une figure quelconque autour de deux de ses points.
C'est une conséquence de ce que l'espace est isogène et
a au moins trois dimensions.

« VIII. a, b, c étant des points distincts, s'il existe un
mouvement effectif qui les laisse fixes, tout autre mouvement qui laisse fixes a et b laisse fixe aussi c ».

Ce postulat limite à trois le nombre des dimensions
de l'espace. Il sert de base à la définition de la droite :
les trois points a, b, c sont dits *collinéaires*. C'est d'ailleurs, à proprement parler, le premier postulat que nous
rencontrions, tous les autres étant manifestement contenus dans la notion d'un espace isogène à trois dimensions : c'est le postulat de la géodésique ou, si l'on aime
mieux, de la ligne droite. On remarquera que c'est un
des axiomes ou conditions nécessaires de toute expé-

rience possible que pose M. Russell dans son *Essai sur les fondements de la géométrie*, antérieur à ses travaux de logistique. M. Couturat fait remarquer que ce postulat exclut l'espace riemannien, et en effet, du moment qu'on exclut tout cas exceptionnel, cet espace est écarté puisque le postulat n'est pas vérifié lorsque deux des trois points sont conjugués. On notera, en passant, combien criticable est cette méthode qui écarte une géométrie précisément en posant un de ses postulats, mais par l'omission de la réserve d'un cas exceptionnel. Quoi qu'il en soit de ce détail, il est très important de noter que ce postulat a été démontré par Lobatchefsky sans s'appuyer sur autre chose que le caractère d'isogénéité de l'espace. On trouve cette démonstration dans les *Nouveaux Principes de la Géométrie avec une théorie complète des parallèles*, dont la traduction est due à M. Mallieux, avocat, mais avocat formé à l'école de Delbœuf [1].

Le plan est ensuite défini comme suit : « a, b, c étant trois points non collinéaires, on appelle plan abc la figure formée par toutes les droites qui joignent a à un point de bc, b à un point de ac et c à un point de ab » ; on a alors le postulat suivant :

« IX. a, b, c étant trois points non collinéaires et d un point de bc autre que b, le plan abd est contenu dans le plan abc ». Ce postulat équivaut à dire que trois points non collinéaires définissent un plan et qu'un plan contient toute droite qui joint deux de ses points.

« X. a et b étant des points distincts, il y a un mouvement qui laisse fixe a et transforme b en un autre point de la droite ab ». C'est là une conséquence de ce

___

(1) Cet ouvrage est très original. Lobatchefsky y définit le plan comme étant la surface engendrée par l'intersection de surfaces sphériques égales dont les centres sont fixes. On doit bien remarquer que la notion de sphères égales ne suppose pas celle de ligne droite, car peu importe la forme de la liaison entre deux points qui permet de dire que tous les points de la sphère sont à égale distance du centre.

que l'espace a au moins deux dimensions et est isogène
et de ce que la droite est sa géodésique et qu'elle est
retournable.

« XI. a, b étant des points distincts, si deux mouvements qui laissent fixe a transforment b en un autre
point de la droite ab, ce point est le même dans les deux
mouvements ». Cela signifie que sur une droite il n'y a
que deux points également distants d'un même point.

« XII. a, b étant des points distincts, il y a un mouvement qui transforme a en b et qui laisse fixe un point
de la droite ab ». Etant donnée la retournabilité déjà
posée de la droite ab, cela signifie que le segment ab a
un point milieu, conséquence de la continuité de l'espace.

« XIII. a, b, c étant trois points non collinéaires, il y
a un mouvement qui laisse fixes a et b et qui transforme
c en un autre point du plan abc ». C'est le postulat de la
retournabilité du plan, comme le postulat X est celui de
la retournabilité de la droite.

« XIV. a, b, c étant des points non collinéaires, et d, e
des points du plan abc communs aux sphères c_a et c_b et
différents de c, ces deux points d et e coïncident ». En
d'autres termes, dit M. Couturat, il n'y a dans le plan
abc qu'un seul point, autre que c, qui ait les mêmes distances que c aux points a et b.

Nous reconnaissons que ce postulat ne se déduit pas
immédiatement du concept d'espace isogène ; pour s'en
passer il faudrait suivre une marche toute différente. On
remarquera qu'il sert, semble-t-il, à définir la perpendicularité de deux droites par un mouvement dans l'espace
à trois dimensions, nouvel exemple, serait-on porté à
dire, de cette méthode regrettable qui fait reposer la géométrie à deux dimensions sur celle à trois dimensions ;
mais on va voir à l'instant ce que pourrait répondre
M. Couturat au point de vue de la géométrie de congruence.

« XV. a, b, c étant des points non collinéaires, il

existe au moins un point en dehors du plan *abc* ». Ce postulat pose l'existence de la troisième dimension. Si, dit M. Couturat, nous avions appris à retourner le plan, nous n'en étions pas encore sortis, puisque nous n'avions pas à envisager ses positions intermédiaires. Mais nous ne voyons pas comment il avait pu parler de sphères sans sortir du plan. Quoi qu'il en soit, avec la géométrie vraiment métrique, nous avions déjà posé l'espace à trois dimensions par le postulat du retournement du plan.

« XVI. *a*, *b*, *c*, *d* étant quatre points non complanaires, il existe un mouvement qui laisse fixes *a* et *b* et qui transforme *d* en un point du plan *abc* ».

En d'autres termes, on peut rabattre le plan *abd* sur le plan *abc* autour de leur droite commune *ab*. C'est une conséquence immédiate de l'isogénéité de l'espace.

D'autre part on pourrait le remplacer par le suivant : la rotation d'un plan autour d'une de ses droites engendre tout l'espace. Nous avons donné une démonstration de ce postulat, ou du moins de son analogue concernant la génération d'une surface isogène par la rotation d'une géodésique [1].

« XVII. *a*, *b*, *c*, *d* étant quatre points collinéaires distincts, le point *d* ne peut se trouver sur un seul des segments *ab*, *ac*, *bc* ».

En d'autres termes, ou *d* ne se trouve sur aucun de ces segments, ou il se trouve sur deux au moins d'entre eux. Cela résulte de ce que le segment *ac*, par exemple, est la somme des segments *ab* et *bc* : tout point de *ac* appartient en même temps à *ab* ou *bc*, et réciproquement tout point de *ab* ou *bc* appartient à *ac*.

Le postulat, au point de vue logistique, sert, avec le suivant, à déterminer l'ordre linéaire des points de la droite.

<hr>

(1) *Nouvelles annales de mathématiques*, décembre 1891 (théorème 1).

« XVIII. a, b, c étant trois points collinéaires, si c est entre a et b, aucun point ne peut être à la fois entre a et c et entre b et c ». Ce n'est là qu'une explicitation du mot « entre » : dire que c est entre a et b, c'est dire qu'il divise le segment ab en deux parties.

« XIX. a, b, c étant trois points non collinéaires, toute droite du plan abc qui rencontre le segment ab doit rencontrer aussi le segment ac ou le segment bc, si elle ne passe par aucun des points a, b, c ».

Nous avons démontré ce postulat pour toute surface isogène [1].

« XX. Si k est un ensemble de points contenu dans le segment ab, il existe dans ce segment un point x tel qu'aucun point k n'est entre x et b et que, pour tout point y situé entre a et x, il y a un point k situé entre y et x ou coïncidant avec x ». Ainsi que l'indique M. Couturat, on peut déduire de ce postulat celui qui est souvent désigné sous le nom d'Archimède, bien que, d'après M. Mansion, il soit dû à Eudoxe. Quoi qu'il en soit, voici ce postulat tel que l'énonce M. Hilbert :

« Soit A_1 un point quelconque situé sur une droite entre les points quelconques donnés A et B. Construisons alors les points $A_2, A_3, A_4, \ldots$ tels que A_1 soit situé entre A et A_2, que A_2 soit situé entre A_1 et A_3, que A_3 soit situé entre A_2 et $A_4 \ldots$ et ainsi de suite, et tels en outre que les segments AA_1, A_1A_2, A_2A_3, $A_3A_4, \ldots$ soient égaux entre eux ; alors dans la série de points A_2, A_3, $A_4 \ldots$ il existera toujours un certain point A_n tel que B soit situé entre A et A_n ».

Comme le dit M. Couturat, cet axiome est le fondement de la mesure des grandeurs ou, selon l'expression de M. Mansion, est la définition des grandeurs de même espèce [2]. On peut en dire encore, avec M. Hilbert, que

(1) *Nouvelles annales de mathématiques*, décembre 1891 (théorème IX. la figure 12 doit y être remplacée par la figure 11).

(2) M. Mansion conclut de là que la géométrie non archimédienne n'est pas une géométrie, les distances n'y étant pas des

c'est lui qui rend possible l'introduction dans la géométrie de la notion de continuité. On voit donc que nous l'avions supposé implicitement toutes les fois que nous avons traité les segments comme des grandeurs et admis la continuité de notre espace.

C'est précisément là le caractère de ce système de postulats, comme de tous les autres systèmes analogues, d'extraire de la notion d'un ensemble continu et isogène à trois dimensions quelques propositions qui en soient l'équivalent logique. Si l'on ne tient pas à la continuité, on écarte le postulat d'Eudoxe ou d'Archimède, et l'on obtient des géométries telles que celles qu'a étudiées M. Dehn, élève de M. Hilbert, une géométrie *semi-euclidienne*, où la somme des angles d'un triangle est égale à deux droits, mais où par un point passent une infinité de droites non sécantes d'une droite donnée, et une géométrie *non legendrienne*, fondée sur l'hypothèse de l'angle obtus et dans laquelle la droite est une ligne infinie.

Si nous ne nous attachons pas à de telles géométries, aussi légitimes que les autres, c'est parce que l'espace nous apparaît comme essentiellement continu et que nous cherchons à préciser la science de l'espace.

Pour en revenir aux systèmes de postulats tels que ceux de M. Pieri, on peut voir maintenant, autant du moins que le comporte une étude aussi sommaire que celle que nous venons d'esquisser, que ces postulats ont pour résultat principal de ramener à un nombre restreint de propositions précises la notion générale d'une forme d'extériorité continue et isogène à trois dimensions. Quant au *postulatum* d'Euclide, réunion de ses postulats 5 et 6, il ne rentre pas dans la constitution de cette notion, et il faut bien dire que, sous sa forme classique, il ne montre pas le caractère spécial par lequel il caractérise une sous-

grandeurs (*Annales de la Société scientifique de Bruxelles*, 1905, t. XXIX, p. 196).

classe de la classe des espaces isogènes, à savoir l'homogénéité. On comprend donc bien qu'il soit resté isolé et que, prenant le parti de le laisser de côté, on ait étudié les diverses hypothèses pouvant le remplacer : en leur ajoutant le cas même d'admission du postulatum, on a obtenu la géométrie générale des espaces isogènes à trois dimensions, puis, écartant cette limitation stricte du nombre des dimensions, on a obtenu la métagéométrie qui envisage des espaces d'un nombre quelconque de dimensions.

Nous allons maintenant étudier succinctement les objections principales qui ont été élevées contre la géométrie générale.

II

LES OBJECTIONS CONTRE LA GÉOMÉTRIE GÉNÉRALE

La première méthode qui se présente à l'esprit pour confondre les partisans de la géométrie générale consiste à chercher une démonstration du *postulatum* d'Euclide, notamment en montrant que les hypothèses contraires conduisent à des contradictions, et c'est bien par là qu'on a commencé ; aujourd'hui encore des esprits souvent ingénieux s'exercent à ce sport, définitivement condamné ainsi que nous allons le voir. Considérés en eux-mêmes, ces essais de réfutation reposent invariablement sur l'admission, implicite ou explicite, d'une proposition équivalente au postulatum : nous avons vu plus d'une de ces propositions dans le paragraphe précédent. A titre d'exemple particulièrement ingénieux, nous avons cité, dans notre *Introduction à la géométrie générale* (p. 50), la démonstration due au mathématicien Carton, et nous en avons fait ressortir le vice essentiel.

Quoi qu'il en soit, ainsi que nous l'avons dit. on est en droit d'affirmer que ces essais sont forcément condamnés à l'insuccès, les géométries non euclidiennes ne pouvant être convaincues de contradiction sans entraîner *ipso facto* la ruine de la géométrie euclidienne.

A ce sujet, tout le monde a vu maintes fois reproduite la célèbre théorie du *Dictionnaire* de M. Poincaré, exposée par lui dans un article de la *Revue générale des sciences pures et appliquées* [1] et reproduite dans son livre sur *la Science et l'hypothèse* (p. 57). Cette théorie est ainsi formulée :

« Considérons un certain plan que j'appellerai fonda-
« mental et construisons une sorte de dictionnaire, en
« faisant correspondre chacun à chacun une double suite
« de termes écrits dans deux colonnes, de la même façon
« que se correspondent, dans les dictionnaires ordinai-
« res, les mots de deux langues dont la signification est
« la même. »

(Suit un extrait du *Dictionnaire*).

« Prenons ensuite les théorèmes de Lobatchewski
« et traduisons-les à l'aide de ce dictionnaire comme
« nous traduirions un texte allemand à l'aide d'un
« dictionnaire allemand-français. *Nous obtiendrons ainsi*
« *des théorèmes de la géométrie euclidienne.* » (Suit
un exemple).

« Ainsi, quelque loin que l'on pousse les hypothèses
« de Lobatchewski, on ne sera jamais conduit à une
« contradiction. En effet, si deux théorèmes de Lobat-
« chewski étaient contradictoires, il en serait de même
« des traductions de ces deux théorèmes, faites à l'aide
« de notre dictionnaire ; mais ces traductions sont des
« théorèmes de géométrie ordinaire. »

Réduit à ces termes, l'argument de M. Poincaré a été souvent invoqué sans que ses admirateurs parussent éprouver le moindre besoin de le compléter ; pour nous,

---

(1) Les *géométries non euclidiennes*, dans le numéro du 15 décembre 1891.

il ne nous satisfaisait guère, et nous avons d'abord regardé comme très juste une critique extrêmement vive qu'en a présentée M. Milhaud dans sa thèse *sur les conditions et les limites de la certitude logique*. Remarquant que M. Poincaré établit son dictionnaire sans paraître s'inquiéter aucunement du sens des vocables mis en regard des termes de la géométrie euclidienne, il formule une objection qui, contestable dans les termes généraux qu'il lui a donnés, semble irréfutable considérée dans les exemples, dont voici le premier :

« Je suppose que, partant d'une proposition acceptée
« de tout le monde, comme : certains nombres sont à la
« fois impairs et premiers (3, 5, 7, 11...), on tire telles
« conséquences logiques qu'il plaira ; puis, pour passer
« de cette chaîne de déductions à une autre, que l'on
« construise le vocabulaire que voici :

« Nombre se traduira	. . . .	Homme
« Impair	—	Vivant
« Premier	—	Mort

« On énoncera alors d'abord : *Certains hommes sont à*
« *la fois vivants et morts.* Puis, viendra une série de
« propositions se succédant en bonne logique, comme
« celles dont elles seront la traduction. Qui songera à
« dire que la correspondance terme à terme de cette
« suite d'énoncés à une suite de déductions arithméti-
« ques garantit l'absence de contradiction de ces énon-
« cés [1] ? »

A s'en tenir à l'exposé de M. Poincaré, il nous semble que l'objection est convaincante ; mais Calinon nous a montré que cet exposé, convenablement complété, a une tout autre signification et une tout autre portée que celle qui lui est attribuée par M. Milhaud. La chose vaut qu'on y insiste.

Le point de départ de Calinon est tout entier dans cette

____

(1) P. 156.

remarque fort simple que, lorsque l'on a constaté que plusieurs problèmes aboutissent au même système d'équations, il suffit d'en traiter un seul par la méthode algébrique, la solution trouvée convenant aux autres, sous réserve du sens particulier à donner aux inconnues dans chaque problème ; c'est là ce qu'il appelle le principe des *transpositions*, principe ne soulevant aucune difficulté en arithmétique. En géométrie, ce principe trouve naturellement à s'appliquer, et même sa forme algébrique peut disparaître, tout en le laissant subsister au fond : c'est ce qui arrive dans la théorie classique des *figures corrélatives*, qui permet de passer sans démonstration d'un théorème à un autre, par une simple substitution de mots. Le dictionnaire de M. Poincaré n'est qu'une application de cette méthode Sa légitimité repose sur le fait que les quantités euclidiennes et non euclidiennes qu'il met en regard sont liées, de part et d'autre, par les mêmes équations fondamentales, *que l'on démontre séparément dans l'une et l'autre géométrie*. Dès lors, si l'on admet que la géométrie euclidienne ne saurait aboutir à une contradiction, on est bien obligé d'admettre qu'il en est de même de celle qui s'en déduit par transposition, puisque l'une et l'autre ne sont que deux énoncés différents d'un même développement analytique.

Poussant la question plus loin que M. Poincaré, Calinon cherche à établir que ce développement analytique commun ne saurait, en effet, aboutir à une contradiction. La géométrie euclidienne repose tout entière sur les quatre données suivantes : 1° il y a une ligne, appelée ligne droite, telle que par deux points il en passe toujours une et une seule ; 2° il y a une surface, appelée plan, telle qu'une droite qui a deux points situés sur cette surface y est située tout entière ; 3° la somme des angles d'un triangle rectiligne est la même pour tous les triangles ; 4° une figure peut se déplacer dans tous les sens en restant égale à elle-même. Or, les trois premières propositions s'expriment par la représentation du plan au moyen d'une équation de la forme :

$$Ax + By + Cz + D = 0,$$

si l'on prend trois axes de coordonnées, et par la représentation de la droite au moyen de deux équations du même genre. Quant à la quatrième proposition, elle est implicitement comprise dans cette autre proposition : les formules relatives au changement des axes de coordonnées sont du premier degré [1].

L'analyse montre aisément que ces équations ne présentent aucune contradiction, d'où il suit que la géométrie euclidienne, qui n'est qu'une traduction des transformations de ces équations, ne saurait non plus en présenter, si l'analyse elle-même n'en présente pas. La méthode de M. Poincaré permet d'étendre cette proposition à la géométrie de Lobatchefsky, à laquelle, du reste, on pourrait appliquer la méthode directe, en partant de ses trois propositions fondamentales, identiques aux propositions 1, 2, 4 de celle d'Euclide.

On se souvient du reste que, dans notre premier chapitre, nous avons rappelé comment de Tilly a établi une triple géométrie numérique qui garantit qu'aucune contradiction ne peut exister dans les trois géométries des espaces isogènes s'il n'en existe pas dans son développement purement analytique.

Nous devons ajouter que les plus avisés parmi les contradicteurs de la géométrie générale ont depuis longtemps renoncé à la réfuter au moyen d'une démonstration du *postulatum*. Toutefois l'un de ces attardés qui ne savent pas renoncer à chercher une démonstration de l'indémontrable, M. Delsol, a abordé la question sous une forme vraiment nouvelle et a su faire preuve, dans une tentative condamnée d'avance, d'une ingéniosité telle que nous ne croyons pouvoir la passer sous silence ;

____

(1) La relativité du mouvement fait qu'un changement d'axes est équivalent à un mouvement de la figure.

mais elle exigerait un tel développement que nous renverrons simplement à son volume intitulé *Principes de Géométrie*, ainsi qu'à l'article que nous lui avons consacré dans la *Revue de Métaphysique et de Morale* de septembre 1904 et à sa réplique insérée dans le numéro de mars 1905.

Etudions donc ce qu'ont dit les adversaires de la géométrie générale qui renoncent à la convaincre de contradiction. Notons toutefois que nous ne rangerons point parmi ces adversaires ceux qui se bornent à l'écarter comme dépourvue d'intérêt. Par exemple, Stuart Mill admet avec le Dr Whewell que « non seulement une définition doit, pour être admissible, se rapporter nécessairement et être conforme à quelque conception distinctement formée dans l'esprit », mais encore que les lignes droites, par exemple, que nous définissons doivent être « celles par lesquelles les angles sont formés, celles par lesquelles les triangles sont limités, celles dont le parallélisme peut être affirmé, etc. ». Mais, pour lui, la raison d'être de cette exigence est que les conclusions qu'on pourrait tirer « d'hypothèses purement arbitraires… nous apprendraient seulement quelles *seraient* les propriétés d'objets qui n'existent pas réellement », « qu'elles n'ajouteraient rien à notre connaissance de la nature ». C'est là un point de vue en quelque sorte utilitaire, qui ne touche point à la portée philosophique des déductions fondées sur des définitions ne répondant pas aux objets réels, et Stuart Mill reconnaît que les conclusions qu'on pourrait tirer de ces hypothèses arbitraires « seraient un exercice intellectuel d'une haute utilité » [1].

(1) Voir cette discussion dans le *Système de logique déductive et inductive*, trad. Peisse, t. I, p. 259 et 260.

La question de l'utilité pratique de la géométrie générale est en dehors de notre sujet. Rappelons, toutefois, que M. Poincaré a triomphé sans peine, grâce à elle, d'une difficulté rencontrée par lui dans cette théorie des fonctions fuchsiennes qui constitue l'un de ses plus beaux titres de gloire.

La théorie de l'*intuition*, telle que l'a présentée Delbœuf dans ses *Prolégomènes*, constitue un moyen ingénieux de prendre pour point de départ les données sensorielles, tout en sauvegardant les droits de la raison dans l'établissement de la géométrie. Nous avons d'abord une intuition de la droite et du plan, puis nous cherchons un attribut qui réponde à cette intuition et permette de la remplacer par un concept [1]. Rien de plus légitime, sans doute, que de procéder ainsi ; mais il est clair qu'en ce faisant on écarte tout concept contraire aux intuitions suggérées par nos impressions sensorielles. Or, écarter de tels concepts, ce n'est aucunement en démontrer l'illégitimité. Aussi Delbœuf s'efforce-t-il de démontrer que la géométrie générale a ses postulats, analogues à ceux d'Euclide ; mais, pour le faire, il commet, selon nous, une très grave erreur sur la nature des définitions fondamentales. D'après lui, la définition ordinaire du plan (surface telle que la droite passant par deux quelconques de ses points y est contenue tout entière, ou surface sur laquelle une droite peut se déplacer dans tous les sens) étant surabondante, cette définition dissimule un postulat, celui de la possibilité de l'existence de cet objet. Or, ajoute-t-il, la définition de la surface identique à elle-même postule bien plus, à savoir la possibilité d'une surface sur laquelle toute figure puisse être déplacée sans déformation [2].

Nous avons reconnu déjà que la définition des surfaces identiques est surabondante ; mais ce défaut n'introduit aucun postulat, puisque poser une définition fondamentale, ce n'est point affirmer la possibilité de son objet, cette définition devant être soumise à l'épreuve des déductions s'appuyant sur elle, et sa légitimité ne devant résulter que de l'absence de contradiction dans ces déductions.

<hr>

(1) P. 175. Delbœuf est resté fidèle à son ancienne conception (voir *Revue philosophique* d'août 1894, p. 129).
(2) *Revue philosophique*, août 1894, p. 132.

Ce n'est donc, à vrai dire, que par une série de malentendus que Delbœuf peut se maintenir en opposition avec la géométrie générale. Il n'en est pas de même d'un adversaire véritable de la géométrie générale, qui s'appuie également sur l'*intuition*, mais autrement comprise.

L'abbé de Broglie a publié dans les *Annales de philosophie chrétienne* une étude dont on ne saurait trop recommander l'examen approfondi[1]. Il s'est bien laissé aller à formuler certaines critiques que l'on pourrait dire à côté[2] ; mais, dans l'ensemble. il a soutenu une thèse bien cohérente, sur laquelle nous devons insister un peu. A la base de la géométrie, il place l'intuition, chargée de nous faire voir la possibilité des ligne et surface prises comme point de départ de la géométrie. « L'intuition précède donc la définition. L'intuition découvre l'objet..., le perçoit tel qu'il est. La définition vient ensuite ; elle exprime par des paroles, de son mieux, les caractères de l'objet perçu ». A cette occasion, l'abbé de Broglie remarque très justement que les nouveaux géomètres ont recours à l'intuition, qui leur livre

---

(1) Avril et juillet 1890, pp. 5 et 340.

(2) Tel est le reproche, renouvelé de Stallo (*La matière et la physique moderne*, p. 167), de faire de l'espace une chose réelle. « Des espaces distincts, dit l'abbé de Broglie. espaces idéaux qui se refusent à recevoir des lignes et des figures idéales, qui se comportent à l'égard de ces figures comme s'ils étaient pleins et elles solides, qu'est-ce que cela signifie ? » Un espace n'étant, pour nous, que la substantialisation verbale des relations spatiales compatibles entre elles, dire qu'une figure ne peut entrer dans un espace, c'est dire qu'elle constitue un système de relations incompatible avec un système plus général, décoré du nom d'espace.

Il nous semble, du reste, que, en dehors de toute thèse métaphysique sur la nature de l'espace, il n'y a rien de choquant à dire qu'un triangle sphérique ne peut entrer sur une sphère idéale dont le rayon diffère de celui de la sphère à laquelle appartient ce triangle également idéal ; si un géomètre euclidien peut parler ainsi à l'occasion de deux espaces à deux dimensions, pourquoi ne parlerait-on pas de même, en géométrie générale, à l'occasion de deux espaces à trois dimensions ?

les notions de surface, de ligne, etc.; mais cette remarque n'est juste qu'en ce que, sans les impressions sensorielles, l'idée de quantité ou de grandeur ne s'associerait pas en nous aux images spéciales qui transforment la science générale de la quantité en science géométrique. Cette intuition, si l'on veut employer ce mot, est bien différente de celle qu'invoquait l'éminent professeur de l'Institut catholique de Paris, car elle donne seulement une *forme* à la science géométrique, sans lui fournir aucune vérité. La discussion est, d'ailleurs, très intéressante, parce qu'elle aborde la question par les grands côtés ; bien loin de se rejeter d'un postulat sur un autre. l'auteur s'est appliqué lui-même à établir qu'on peut démontrer une foule de propositions admises sans preuve dans les traités ordinaires, et il reconnaît nettement le caractère tout particulier du *postulatum* d'Euclide.

Avec beaucoup de raison, il en conclut que ce *postulatum* n'a pour rôle que de compléter la définition insuffisante de la ligne droite ; mais il tient pour absurdes tous les développements qui font abstraction de ce postulat et fait volontiers appel à l'intuition pour établir cette absurdité, par exemple quand il s'agit de condamner la notion d'une sphère retournable. Au fond, d'ailleurs, et malgré les plus énergiques condamnations de l'empirisme, l'abbé de Broglie est bien obligé de s'appuyer sur les données sensibles [1] ; après avoir fièrement parlé des conceptions *a priori* de notre intelligence, il attribue, avec les scolastiques, l'origine de ces conceptions à l'abstraction « dégageant les essences des réalités

---

(1) Un autre partisan de l'intuition, M. Rabier, reconnaît avec une parfaite netteté son infériorité : n'étant, comme le pensait Leibniz, « qu'une sorte de décalque de l'étendue sensible sur notre imagination », elle ne saurait constituer une preuve et ne fait qu'*illustrer* celle-ci. Si donc on la place, comme lui, à la base de la géométrie. celle-ci cesse, à vrai dire, d'être une science démonstrative pour ne plus reposer que sur la sensibilité et l'imagination (voir *Logique,* pp. 273-284).

contingentes,... des faits sensibles la notion de corps et la propriété d'étendue » ; « dans cette idée rationnelle de l'étendue, ajoute-t-il, se trouve comprise l'idée des trois dimensions..., le *postulatum* d'Euclide..., lié à la conception de la majoration possible des grandeurs, sans que les angles changent ».

Ainsi interprétée, la théorie scolastique nous enferme *a priori* dans la connaissance du réel et nous interdit la recherche du possible, puisqu'elle ne nous permet que de dégager des faits sensibles, par abstraction, les propriétés de l'étendue. Si telle était sa véritable portée, nous n'hésiterions pas à la répudier : mais il paraît possible de l'interpréter d'une manière plus large, car l'un des principaux représentants des doctrines scolastiques, M. de Vorges, est venu à notre aide en rappelant le principe de saint Thomas que Dieu peut tout ce qui n'implique pas contradiction (*C. Gent.*, II, 22) : « *Quidquid contradictionem non implicat, Deus potest* »[1]. S'il en est ainsi, les définitions qui ne contiennent aucun élément de contradiction peuvent être incompatibles avec des vérités *de fait*, pourraient comme telles être repoussées par celui qui accorderait à notre espace une existence nécessaire, mais s'imposent, à celui qui ne voit dans notre espace qu'une œuvre de Dieu, comme exprimant une possibilité que celui-ci aurait pu aussi bien réaliser.

Nous devons, cependant, signaler une réponse de l'abbé de Broglie : « L'absence de contradiction dans la suite des déductions, dit-il, ne prouve pas que le point de départ ne contient rien d'impossible, correspond à des objets intelligibles et concevables. » et il cite comme exemple concluant celui des imaginaires : « Les raisonnements et les calculs sur les racines carrées de quantités négatives se suivent sans contradiction ; mais il

---

(1) *Annales de philosophie chrétienne*, sept. 1890, p. 578. Ajoutons une citation de Duns Scot : « *Omnipotentia Dei potest immediate quodlibet quod non claudit contradictionem* » (*Sent.*, lib. 1, dist. 42, q. 2).

n'en est pas moins vrai que tout carré est positif ».

L'objection ne laisse pas d'être spécieuse ; mais elle n'est que cela. Sans insister sur ce que la substitution de la notion de *nombres complexes* à celle d'imaginaires a singulièrement atténué le caractère paradoxal que présentait celle-ci, nous ferons remarquer que, à s'en tenir à l'ancienne notion, les imaginaires sont des écritures purement matérielles, auxquelles on convient d'appliquer mécaniquement les règles de calcul *démontrées* pour les quantités réelles, en sorte que ces règles servent de *définitions* aux opérations sur les quantités imaginaires. Dans ces conditions, il ne saurait y avoir de raisonnement, et tout ce qu'il faut pour ne pas être arrêté dans ces opérations, c'est de n'avoir introduit aucune contradiction dans les règles de calcul ; il ne peut, du reste, y en avoir, puisque ce sont les règles démontrées pour les quantités réelles. Tout autre est le cas de la géométrie générale, car elle raisonne sur des idées, si bien qu'elle forme une suite de déductions régulières, au dire de l'abbé de Broglie ; cette suite tire d'elle-même sa valeur, tandis que la série d'écritures qualifiées d'égalités entre imaginaires n'a d'autre source que les règles relatives aux quantités réelles. La géométrie générale apparaît donc avec une valeur propre, qui ne s'appuie pas sur la géométrie euclidienne, simple cas particulier, tandis que, si les quantités réelles sont aussi des cas particuliers des imaginaires, en un certain sens, elles servent de base essentielle à celles-ci. En un mot, les raisonnements autonomes de la géométrie générale éprouvent la valeur de sa base, tandis que les opérations mécaniques sur les imaginaires ne vérifient que l'absence de contradiction dans les règles de calcul démontrées pour les quantités réelles.

Ampère, parlant de l'indémontrabilité du postulat, disait, aussi lui, que sa certitude résulte de l'intuition ; mais il y ajoutait un qualificatif caractéristique, disant

qu'il s'agit là d'une intuition *synthétique* [1], en sorte
que M. Rabier, qui reconnaît aux axiomes propres ou
postulats le caractère synthétique et les fait dériver de
l'intuition, n'a fait que développer la pensée ainsi indiquée. Suivant de très près Renouvier, il se sépare de lui
en ce qu'il enseigne que les propositions synthétiques ne
peuvent avoir d'autre fondement que l'expérience, qu'elle
soit externe et sensible, ou interne et d'intuition, tandis
que l'illustre chef du néocriticisme invoque les jugements
synthétiques *a priori* de Kant contre la géométrie générale. Ce qu'il y a d'essentiel dans la critique de Renouvier, c'est l'idée que tous les postulats (car, pour lui, il y
en a beaucoup) reposent sur une synthèse de deux catégories différentes, la figure et la quantité, laquelle ne
pourrait qu'être posée *a priori*, à titre d'*impératif géométrique*, analogue à l'impératif catégorique qui sert de
fondement à la morale. Nous ne saurions nous arrêter à
chacun des postulats qu'il énonce ; mais nous signalerons la forme imprévue qu'il donne à celui des parallèles. Il en fait le postulat de la rotation ou du *tour de
l'horizon* : la somme des angles extérieurs d'un polygone
convexe fermé est égale à quatre droits ou, en d'autres
termes, « la révolution périmétrique accomplie suivant
une ligne polygonale fermée fournit la même mesure
angulaire que s'il s'agissait du pivotement sur un point,
sans aucun périmètre ». Assurément, c'est bien là un
équivalent du postulatum d'Euclide, mais un équivalent
imprévu, en ce sens qu'il est bien moins intuitif.

Dire que Renouvier reconnaît l'indémontrabilité du
postulatum, c'est dire qu'il admet l'absence de contradiction dans les développements actuels et futurs de la
géométrie non euclidienne, et dès lors se pose la question de savoir comment il peut écarter la valeur de
cette construction logique vraiment monumentale. Il le
fait par une distinction entre l'absurde et le contradic-

____

(1) *La Philosophie des deux Ampère*, p. 278.

toire. Faute d'avoir, comme il le dit, suffisamment étudié la logique, nous avouons ne pas saisir la distinction, si ce n'est que le terme « absurde » présente une moindre précision et peut, d'après l'usage, s'appliquer, dans les sciences de fait, à ce qui est en désaccord avec une vérité d'expérience qu'on juge bien établie. Mais, dans une science apriorique, absurde et contradictoire nous paraissent rigoureusement synonymes : c'est ainsi que les démonstrations *par l'absurde* reposent sur une *contradiction*.

Au fond, il faut toujours en revenir, sous une forme plus ou moins dissimulée, à invoquer les données sensitives. Répondant, dans la *Revue philosophique* [1], à une première version de la *Philosophie de la règle et du compas*, parue dans la *Critique philosophique* [2], nous reconnaissions, comme nous l'avons fait ci-dessus, l'impossibilité où nous serions d'établir une géométrie si nous ne possédions pas d'images spatiales ; puis, nous ajoutions : « Ce qui nous importe, ce n'est point de ne rien devoir aux notions dues à la forme réelle de notre sensibilité, car nous n'avons jamais contesté qu'elles nous sont indispensables pour la formation d'une géométrie quelconque [3], mais de reconnaître que cette forme pourrait être autre qu'elle n'est, tout en conservant des lois rationnelles générales ne relevant que du principe de contradiction ».

Voici ce que Renouvier nous répondit : « Si la forme réelle de la sensibilité et les notions qui s'y rattachent sont indispensables pour la constitution d'une géométrie *quelconque*, comment admettre l'établissement *logique*

---

(1) Août 1890. *La géométrie générale et les jugements synthétiques a priori.*

(2) Novembre 1889, p. 337.

(3) En relisant cette phrase isolée, nous nous sommes aperçu qu'on peut la mal interpréter : pour établir une géométrie quelconque, on a besoin d'un système d'images, *conforme ou non au nôtre* ; mais il en faut un absolument, car à son défaut on ne ferait que de l'analyse.

d'une géométrie qui serait un système de relations étranger à l'espace ordinaire, indépendant du « postulat des trois dimensions », et dont il n'y a pas d'image ? Peut-il *ne point importer* de ne rien devoir aux notions susdites, alors que *ne leur rien devoir* est justement ce qu'il faudrait et ce qui ne se peut, pour en établir d'autres qui leur sont opposées ? Mais la forme de la sensibilité pourrait être autre qu'elle est ; je le veux bien, c'est une possibilité métaphysique. Dans ce cas, on ne serait pas forcé de supposer la forme d'à présent pour combattre les notions qui lui sont « dues » ! Et cette autre forme pourrait « conserver des lois rationnelles générales », c'est encore possible ; ce qui ne l'est pas, c'est que ces lois pussent, comme dit M. Lechalas, « ne relever que du principe de contradiction ». Ce principe n'a pas la vertu de fournir des propositions premières, attendu que son application en suppose toujours une ou plusieurs auxquelles on se soit interdit de contredire [1] ».

Il semble que Renouvier a interprété notre expression incorrecte dans le sens inexact signalé à la note 3 de la page précédente ; mais il y a plus, et cela nous révèle un nouveau défaut de notre rédaction, puisque notre pensée ne paraît pas avoir été saisie sur un second point : l' « autre forme » de sensibilité que nous supposons fournirait les propriétés permettant de formuler les définitions fondamentales de la géométrie, et c'est en partant de ces définitions que l'application des lois rationnelles, *indépendantes de la forme particulière de la sensibilité*, donnerait le développement de la géométrie correspondant à cette forme. Reste l'aveu de Renouvier, que l'existence d'autres formes de sensibilité est une possibilité métaphysique, et cet aveu nous paraît capital, car il semble qu'il nous donne cause gagnée [2].

(1) *L'Année philosophique*, 2e année, p. 63.
(2) Un autre aveu précieux à recueillir concerne la qualification

En particulier, il ne permet guère de contester que le nombre des dimensions n'a rien de nécessaire ; or, pour qui a admis ce point et en a bien compris la portée, les principes de la géométrie générale ne doivent soulever aucune objection fondamentale, car de la possibilité d'un espace à quatre dimensions découle immédiatement celle de plusieurs espaces, ou plutôt d'une infinité d'espaces à trois dimensions, différant entre eux soit par leurs natures, soit seulement par leurs situations dans l'espace d'ordre supérieur [1].

Or, nous ne voyons vraiment pas ce qu'on peut opposer à la possibilité métaphysique, selon l'expression de Renouvier, d'un système de formes sensibles à quatre variables. Au début de sa vie philosophique, Kant l'avait bien compris : mêlant d'une façon contestable la loi de l'attraction à celle des propriétés de l'espace et du nombre de ses dimensions, il arrivait à concevoir divers espaces possibles, dont la science « serait, sans doute, la plus haute géométrie qu'un entendement fini puisse concevoir » [2].

---

d'*impératifs géométriques* donnée aux postulats. Renouvier, pour la justifier, dit que ce « sont les notions nécessaires à l'esprit pour constituer une géométrie (?), *bien plus pour juger les objets extérieurs et régler les arts de la vie en conséquence* » (*Deuxième année philosophique*, p. 64). Ajoutons que M. Pillon s'est montré fidèle aux inspirations de ce maître, dont il est le disciple indépendant et original, le jour où il a dit que la notion de l'espace et de ses trois dimensions doit être tenue pour contingente, qu'elle dépend des lois de notre sensibilité et que ces lois ne sont pas nécessaires comme celles de la raison : « en d'autres termes, plus précis, dit-il, la sensibilité humaine peut être conçue — nous ne disons pas *imaginée* — régie par d'autres lois, constituée sur un autre plan » (*Quinzième Année philosophique*, p. 101).

(1) L'abbé de Broglie a bien saisi la liaison de ces deux notions ; mais, pour lui, « cette analogie vaine (entre les diverses surfaces et les divers espaces à trois dimensions) est comme une sorte de plan incliné sophistique conduisant au pays des chimères les esprits inattentifs et amis du paradoxe ».

(2) *Pensées sur la véritable mesure des forces vives* (voir l'ouvrage de M. Nolen sur *La critique de Kant*). On ne saurait vraiment trop déplorer la déchéance subie par la pensée du philosophe

Ainsi que nous l'avons dit précédemment, Wallis avait montré qu'on peut postuler indifféremment le principe des parallèles ou l'existence de triangles semblables ; puis Laplace généralisa cette dernière proposition en en faisant le postulat de la possibilité des figures semblables ou de la *relativité des dimensions* [1]. Delbœuf a repris cette idée dans ses *Prolégomènes philosophiques de la géométrie* et a fait admirablement ressortir cette caractéristique de la géométrie classique d'être la seule où l'on puisse *majorer* ou *minorer* une figure quelconque sans en modifier la forme, c'est-à-dire où celle-ci soit indépendante de la grandeur [2]. Cette indépendance de la forme et de la grandeur apparaît au philosophe belge comme une véritable exigence de la raison, en sorte que

de Kœnigsberg, quand de cette pensée si large on rapproche ses conceptions de l'Esthétique transcendantale, où, pour déterminer les caractères de la forme *a priori* de notre sensibilité, il se borne à reproduire, sans aucune critique, les caractères expérimentaux de l'espace, en y ajoutant cette sorte de nécessité que lui confère l'imagination : « On ne peut jamais concevoir, dit-il, qu'il n'y ait aucun espace, quoiqu'on puisse fort bien penser qu'aucun objet n'y est contenu... On ne peut se représenter qu'un seul espace ; et, quand on parle de plusieurs espaces, on entend seulement par là les parties d'un seul et même espace » (*Critique de la Raison pure*, Esth. transc., sect. 1, de l'Espace, § 2). Après une telle déclaration, on n'est pas surpris de voir citer, comme exemple du caractère apodictique des propositions géométriques, celle d'après laquelle « l'espace n'a que trois dimensions » (*Idem*, § 8).

(1) Dans une note à son *Exposition du système du monde* (liv. V, chap. V), Laplace s'exprime ainsi : « Les tentatives des géomètres pour démontrer le *postulatum* d'Euclide sur les parallèles ont été jusqu'à présent inutiles. Cependant personne ne révoque en doute ce *postulatum* et les théorèmes qu'Euclide en a déduits. La perception de l'étendue renferme donc une propriété spéciale, évidente par elle-même, et sans laquelle on ne peut rigoureusement établir les propriétés des parallèles. L'idée d'une étendue limitée, par exemple du cercle, ne contient rien qui dépende de sa grandeur absolue. Mais, si nous diminuons par la pensée son rayon, nous sommes portés invinciblement à diminuer, dans le même rapport, sa circonférence et les côtés de toutes les figures inscrites. Cette proportionnalité me paraît être un *postulatum* bien plus naturel que celui d'Euclide ».

(2) *Prolégomènes*, pp. 129-132.

la géométrie de l'espace unique [1] qui satisfait à cette exigence aurait une valeur absolue, indépendante de tout postulat [2].

Mais non seulement cet éminent penseur a ainsi ramené à un principe hautement philosophique un postulat qui n'était qu'un théorème de géométrie quelconque ; mais, faisant œuvre de géomètre, il a montré comment pourrait effectivement s'établir la science fondée sur cette conception. Partant de cette idée que, selon une remarque de Hegel, la ligne droite et le plan sont d'abord des *intuitions* ou *représentations*, qu'il s'agit de remplacer par des *concepts* rendant possible l'édification de la théorie, il arrive, après une série de considérations où il nous serait difficile de le suivre, en raison des continuelles réserves que nécessiterait la constante négation implicite de la géométrie générale, à poser les définitions suivantes [3] :

« *Le plan est une surface homogène* ;

« *La droite est une ligne homogène* ;

« c'est-à-dire qu'une portion de plan *majorée* engen-
« dre le même plan ; qu'une portion de droite *majorée*
« reproduit la droite » [4].

---

(1) Il est clair que le nombre des dimensions est étranger à la question.

(2) Cet argument en faveur de la géométrie euclidienne peut revêtir bien des formes. C'est lui qu'on retrouve dans les *Considérations sur le Postulatum d'Euclide*, dues à M. Tarry, où l'on voit qu'il serait absurde d'affirmer que la connaissance d'un nombre *t* suffit *seule* à déterminer une longueur, fait qui se produirait dans un espace non euclidien, où il suffit de donner une fraction d'angle droit pour déterminer un triangle équilatéral, dont le nombre *t* permet de tracer le côté.

(3) P. 180. Delbœuf a repris l'exposé de la géométrie suivant ses principes dans la *Revue philosophique* (le commencement se trouve dans le numéro d'avril 1895).

(4) Ainsi que l'indique Delbœuf dans un ouvrage postérieur, Ueberweg a fait remarquer que Leibniz (*Œuvres mathém.*, publiées par Gerhardt, Halle, 1858, 2e part., 1er vol., pp. 183-214) avait donné une définition équivalente : *Recta est linea, cujus pars quævis est similis toti* (voir *Essai d'une logique scienti-*

Préoccupé d'une théorie qui lui est chère, d'après laquelle toute définition doit être génétique, Delbœuf cherche à conférer ce caractère à ces définitions, qui ne sont qu'énonciatives d'une propriété. L'infructueux effort qu'il fait dans ce but mérite d'appeler notre attention, car il l'amène à poser, sans s'en douter, le principe dont découlera toute la géométrie générale. « Comment « engendrons-nous l'espace ? dit-il. Nous prenons le plus « petit espace possible, ce qui ne peut pas devenir moin- « dre, la limite extrême de la contraction de l'espace ; « puis, par le procès inverse, nous dilatons, nous ampli- « fions cet espace… Nous pouvons donc regarder l'homo- « généité comme étant le caractère *génétique* de l'espace, « du plan, de la droite. L'espace, le plan, la droite sont « des déterminations qui s'engendrent d'une façon « homogène. Qu'on prenne un solide, une surface, une « ligne au moment où ils naissent, et que l'on continue « leur mode de génération, le solide deviendra l'espace « infini ; la surface, le plan infini ; la ligne, la droite « infinie. »

Il n'est guère besoin d'insister sur ce que ces définitions ne sont génétiques que dans la forme et ne donnent point les moyens d'engendrer pratiquement leurs objets, de les *tracer*, comme dit Delbœuf lui-même en développant le sens du mot « génétique » [1]. Comment, en effet, se donner le plus petit espace, la plus petite surface, la plus petite ligne possibles, alors que tout espace, toute surface, toute ligne déterminés sont plus grands qu'une infinité d'autres ?

Ces définitions ne sont donc point génétiques, au sens vrai du mot, tel que Delbœuf lui-même l'a précisé ; mais ce n'est pas là un défaut pour les définitions fondamentales, puisqu'elles ne peuvent être qu'énonciatives d'une

fique, p. 225, note 1). Mais il y a loin d'une définition donnée en passant à une théorie régulière. Et la part de Delbœuf reste belle.
   (1) P. 94.

propriété caractéristique. A ce dernier point de vue, elles sont excellentes, bien qu'on leur ait fait un singulier reproche, que nous ne songerions point à mentionner si nous ne l'avions vu renouveler par un géomètre philosophe dont nous aurions attendu plus de clairvoyance. Ce reproche consiste à dire que la propriété énoncée n'est pas suffisamment caractéristique, car la définition de la droite, par exemple, conviendrait à tous les cercles. Il est vrai qu'un arc de cercle majoré donne un autre arc de cercle ; mais ce nouvel arc de cercle ne reproduit point le premier, qui ne peut être superposé à aucune de ses parties.

Il est un autre reproche beaucoup plus sérieux qu'on pourrait formuler contre les définitions que nous discutons : pour majorer une figure, il faut savoir mesurer les lignes et les angles, et la même connaissance est nécessaire pour vérifier si une figure n'en est qu'une autre majorée, d'où il suit que ces définitions posées sans préambule manquent d'une base indispensable. Nous avons vu, dans le chapitre précédent, comment peuvent être résolues ces difficultés : quelque particulière que soit une géométrie, elle ne saurait reposer que sur la critique des notions fondamentales de toute géométrie.

Quoi qu'il en soit, Delbœuf s'est efforcé de montrer, souvent avec beaucoup de bonheur, que, en prenant ces définitions pour point de départ, la géométrie s'établit sans postulat ; sans entrer dans une discussion détaillée, nous dirons simplement que la possibilité d'écarter ainsi toute proposition non démontrée nous paraît certaine, en vertu même de la géométrie générale, dans laquelle aucune ligne, aucune surface, aucun espace, en dehors des droite, plan et espace euclidiens, ne jouissent de l'*homogénéité* telle que la définit le professeur belge.

Aucun espace, venons-nous de dire ; c'est que, en effet, par un coup de fortune comme il n'en arrive qu'aux esprits vraiment géniaux, l'illustre professeur de l'Université de Liége a mis le doigt (oh ! sans s'en douter et sans l'avoir jamais avoué) sur l'idée fondamentale et maîtresse de la géométrie générale.

Ici apparaît bien la supériorité de sa pensée sur celle d'un grand philosophe, Renouvier, qui nous paraît avoir été mal inspiré sur ce sujet de la géométrie. Pour lui, *le volume est la synthèse de l'interposition des points possibles dans un ordre quelconque, entre des systèmes de points régis par la loi de surface* [1], attendu que l'intervalle se remplirait sans aucune loi, à la différence de ce qui a lieu lorsqu'une surface remplit l'intervalle entre deux étendues linéaires. Poser une telle conception à la base de la géométrie, c'est poser en dogme qu'un seul espace est concevable ; comme d'ailleurs on ne l'a point défini, on s'est imposé la nécessité de remplacer, à un instant ou à un autre, la définition manquante par un postulat dont on méconnaît le caractère et qu'on décore du beau nom d'*impératif*, ne pouvant, en présence des résistances qu'il rencontre, que « faire de tristes réflexions sur la difficulté que les hommes trouvent à s'entendre dans l'exercice de la raison » [2].

Combien mieux inspiré a été Delbœuf quand il a donné une définition de l'espace comme il en donnait une du plan, toutes deux aussi indispensables à l'édification d'une géométrie. Sa définition d'ailleurs nous paraît excellente en tant que définition de l'espace euclidien, car elle comprend tout dans une notion d'énonciation brève et de facile compréhension, répondant admirablement à notre notion spontanée d'espace.

Nous savons bien que cette définition est surabondante et justifie, à ce point de vue, le dédain que professent pour elle certains mathématiciens éminents, comme M. Mansion. Il est clair qu'il y aura toujours deux éco-

(1) *Traité de Logique générale et de Logique formelle*, 2e édit., t. I, p. 295.
(2) Même ouvrage, t. II, p. 93.

les, celle des logiciens qui, s'ils veulent être logiques, marcheront sur les traces de M. Hilbert et de M. Pieri, puis celle des intuitifs et des philosophes qui, moins soucieux de la perfection logique (nous ne disons pas de la rigueur), recherchent volontiers une notion générale qui synthétise en elle tout ce que les logiciens éparpillent en une série de petits postulats qui font songer à un jeu de casse-tête chinois. L'idéal serait que cette notion générale ne contînt rien de surabondant; mais, à défaut de cet idéal, la seconde classe d'esprits sait se résigner à la surabondance.

Après avoir ainsi rendu pleine et éclatante justice à la théorie de l'espace homogène, il nous reste à en faire la critique quand elle prétend s'imposer à l'exclusion de tout autre espace. Assurément, la conception de l'indépendance de la forme et de la grandeur est séduisante, et on conçoit qu'on se laisse aller à la proclamer comme une exigence de la raison; mais encore faut-il bien se rendre compte que le champ de son application n'est pas universel : ainsi le plus euclidien des géomètres est bien obligé de renoncer à l'appliquer sur la sphère et en général sur toute surface autre que le plan. Dès lors, pourquoi refuserait-il d'accepter les espaces sphériques à trois dimensions, qui sont absolument assimilables aux sphères et pourraient du reste être inclus dans un espace euclidien à quatre dimensions où l'indépendance de la forme et de la grandeur régnerait aussi bien qu'elle le fait dans l'espace homogène à trois dimensions?

Restent les espaces hypersphériques qui sont plus embarrassants parce qu'on ne saurait les inclure dans un espace homogène. Là le champ de l'homogénéité n'est jamais que partiel, confiné qu'il est, semble-t-il, dans les horisphères et horiespaces que peuvent inclure les espaces et étendues hypersphériques, et cependant ces limites, réelles à un certain point de vue, peuvent s'évanouir si l'on veut. Sur deux hypersphères de paramètres différents, comme sur deux sphères inégales, nous pouvons tracer deux séries de figures semblables, et de même, dans deux espaces hypersphériques de paramètres différents, inclus dans une même étendue hypersphérique, sont contenues deux séries de surfaces semblables. Il ne nous semble pas qu'on puisse réclamer davantage, puisque, quel que soit l'objet géométrique donné, nous pourrons toujours le majorer ou le minorer suivant telle proportion qu'on voudra : pourquoi exiger que ce soit dans le même espace à trois dimensions ?

En d'autres termes, dans un espace homogène quelconque, on peut majorer toutes les figures qui y sont contenues, tandis que, pour majorer toutes les figures contenues dans un espace non homogène à n dimensions, il faut un espace à plus de n dimensions : si l'espace donné est isogène ou si, sans être isogène, il peut entrer dans un espace homogène à $n + 1$ dimensions, ce nombre de dimensions suffit; dans le cas contraire, un espace à $n + 2$ dimensions est nécessaire. On voit qu'en tout cas le principe d'indépendance de la forme et de la grandeur est sauf, puisqu'il est toujours possible de majorer une figure quelconque en recourant à un espace approprié, même quand cette figure ne peut entrer dans aucun espace homogène, quel que soit le nombre de ses dimensions. A titre d'objection contre la géométrie générale, la conception de Delbœuf est donc sans portée.

III

POLÉMIQUES

Nous réunissons sous ce titre de *polémiques* quelques discussions entre partisans de la géométrie générale, et ici nous devons prier le lecteur d'excuser le caractère personnel que va prendre notre exposé. Nos contradicteurs, MM. Mansion et Barbarin, et aussi M. Russell, ont une valeur telle qu'il paraîtra outrecuidant d'entrer en contestation avec eux, et nous avons bien conscience de ce qu'il y a, pour ainsi dire, de malséant de notre part à contester la portée de leurs arguments contre des thèses en faveur desquelles nous ne saurions invoquer aucune autorité comparable : mais n'est-ce pas une exigence de toute discussion scientifique ou philosophique que le plus chétif, quand il croit disposer de bonnes raisons, doive affronter les plus hautes autorités ?

Notre conception fondamentale, on l'a vu, réunit intimement dans une synthèse unique les trois géométries d'Euclide, de Lobatchefsky et de Riemann ; elle est toute pénétrée de la distinction des propriétés intrinsèques et des propriétés relatives des êtres géométriques et se refuse à distinguer en soi ce qui jouit de propriétés intrinsèques identiques. C'est ainsi que, les sphères et plans de Riemann ayant exactement la même géométrie propre que les sphères d'Euclide, nous étions porté à les identifier ; puis, quand nous avons eu montré que la *même* surface donnée au sein d'un espace à quatre dimensions, comme intersection d'un espace euclidien et d'un espace sphérique à trois dimensions convenablement choisi, en même temps qu'elle est une sphère euclidienne, telle que nous la connaissons, si on l'envisage dans le premier de ces espaces, jouit dans l'autre de *toutes* les propriétés d'un plan de Riemann, retournabilité, dualité de centres, etc., nous avons affirmé que sphère euclidienne et plan de Riemann sont une seule et même chose, envisagée dans des milieux différents, que plus généralement sphères euclidiennes, sphères riemanniennes et, pour une raison toute semblable, sphères lobatchefskiennes sont identiques entre elles, le cas particulier des plans de Riemann correspondant à celui où la sphère considérée est grande sphère de l'espace sphérique à trois dimensions. De même encore, l'horisphère des espaces hypersphériques ne se distingue pas, en soi, du plan euclidien.

Tout autre est la conception des géométries non euclidiennes, telle qu'elle est naturellement sortie de sa genèse historique. Etablie pour faire connaître les propriétés des figures que peut recevoir un espace considéré comme essentiellement unique et en dehors duquel on ne concevait pas qu'il pût y avoir d'autres figures, la géométrie euclidienne constituait une science pour ainsi dire fermée, où rien ne préparait à la généralisation des notions sur lesquelles elle repose. Plus tard, lorsque, frappé de l'impossibilité de démontrer le *postulatum* d'Euclide, on songea à faire reposer d'autres géométries sur des hypothèses différentes, on prit modèle sur ce qu'avaient fait les précédents géomètres, et l'on édifia des systèmes différents du premier, mais non moins fermés que lui.

Il résulte de là que les néo-géomètres ont été habitués à concevoir les trois géométries comme absolument distinctes, pouvant présenter sans doute des ressemblances singulières, remarquées dès le début, mais n'en ayant pas moins pour objets des êtres essentiellement différents.

Comme d'ailleurs la géométrie classique était à trois dimensions, les nouvelles, édifiées à son image et ressemblance, furent de même, et la plupart des néo-géomètres se montrèrent hostiles à l'introduction d'une quatrième dimension. Mais, du moment où on écarte celle-ci, les espaces à trois dimensions sont absolument isolés les uns des autres, et aucune comparaison ne saurait être établie entre les dimensions de figures appartenant à des espaces différents. en sorte que le paramètre qui devrait caractériser chaque espace et qui est le carré d'un certain segment de géodésique de cet espace, ne caractérise rien, puisqu'on est dans l'impossibilité de comparer les longueurs appartenant à des espaces différents. On ne saurait donc distinguer que trois espaces, caractérisés par le signe du paramètre ou par sa valeur infinie, et on ne saurait attacher aucun sens à la distinction de plusieurs espaces à paramètres de même signe mais de valeurs différentes.

Nous avons formulé cette réflexion dans une note insérée aux *Annales de la Société scientifique de Bruxelles* (année 1895-96), et M. Mansion a essayé de la réfuter dans le même recueil :

« On peut concevoir, dit-il, des espaces de Riemann et de Lobatchefsky de divers paramètres de la manière suivante : si l'on connaît b, longueur, rapportée à une certaine unité, du côté d'un triangle rectangle isocèle déterminé, dont on ignore s'il est euclidien, riemannien ou lobatchefskien, on pourra supposer, avant toute mesure, que la valeur a de l'hypoténuse a n'importe quelle valeur, égale, inférieure ou supérieure à $b\sqrt{2}$. Cela implique la possibilité de valeurs en nombre infini pour r et l, mais non la possibilité de comparer des longueurs dans deux espaces différents » [1].

Cela signifie qu'on conçoit la possibilité d'espaces différents, mais qu'on est dans l'impossibilité de comparer les longueurs qui les caractérisent : on ne peut donc ramener à une même unité les paramètres des divers espaces, ce qui signifie que la distinction conçue ne peut se traduire dans les formules. C'est, dirons-nous, une aspiration à la quatrième dimension, laquelle seule permet de donner une portée effective à une conception supposant implicitement cette quatrième dimension.

M. Russell a fort bien vu que, s'en tenant aux espaces à trois dimensions, il ne peut les caractériser par des constantes :

« Dans ces espaces (les espaces non euclidiens), dit-il, la constante spatiale est l'unité ultime, le terme fixe de toute comparaison quantitative ; elle est donc elle-même, en tant qu'on la compare à d'autres constantes

---

[1] P. 182, note. r et l sont les paramètres linéaires riemannien et lobatchefskien, c'est-à-dire $\sqrt{k}$ et $\sqrt{k_1}$ d'après les notations que nous avons adoptées.

spatiales, privée de grandeur, puisqu'il n'y a aucune grandeur donnée indépendamment à laquelle on puisse la comparer. La constante spatiale, il est vrai, est une grandeur, en tant que comparée à des grandeurs empiriquement données dans un espace actuel ; si notre espace est non euclidien, nous pouvons, par exemple, comparer la constante spatiale avec le diamètre de l'orbite terrestre. La constante spatiale mesurée par cette comparaison, peut avoir une certaine grandeur. Mais c'est seulement par rapport aux grandeurs contenues dans son propre espace que la constante spatiale a une grandeur, et non par rapport à d'autres constantes spatiales. On n'a donc pas une série de constantes spatiales plus grandes et plus petites, puisque différentes constantes spatiales appartiennent à différents espaces dont un seul peut être actuel et dont on ne peut, par suite, comparer deux » [1].

Nous croyons qu'on peut dire la question jugée aujourd'hui : elle a cet intérêt de montrer qu'une conception courante pendant longtemps chez tous les non-euclidiens postule impérieusement la considération d'une quatrième dimension : on comprendra que nous ayons insisté sur ce point, étant donné le rôle fondamental joué par cette considération dans notre théorie de la géométrie générale.

Arrivons maintenant au point essentiel, celui de l'identité du plan de Riemann avec une sphère d'Euclide, de l'horicycle et de l'horisphère de Lobatchefsky avec la droite et le plan d'Euclide et, plus généralement, de toutes surfaces isogènes de même paramètre dans tous les espaces à trois dimensions où elles peuvent se rencontrer. Le point de départ de cette conception se trouve dans l'œuvre de Delbœuf, qui malheureusement l'a compro-

(1) *Essai sur les fondements de la géométrie*, traduction Cadenal et Couturat, no 79.

mise par certaines applications erronées. On ne saurait néanmoins trop rendre hommage à sa géniale conception du retournement de la sphère, comme de toutes les autres figures contenues dans l'espace à trois dimensions, au moyen d'une rotation dans l'espace à quatre dimensions [1]. Il montre aussi que le plan euclidien. dans un espace méteuclidien. est une sphère de rayon infini, ne jouissant pas de la propriété d'y être retournable.

Jusque-là nous ne pouvons qu'applaudir en fervent disciple ; mais voici où l'erreur apparaît. On sait qu'il est, dans l'espace euclidien, des surfaces à courbure constante négative, notamment les pseudo-sphères, particulièrement étudiées par Beltrami et dont la trigonométrie est naturellement identique à celle des hypersphères de Lobatchefsky. Or, poursuivant sa pensée d'identification, Delbœuf l'étend à ce nouveau cas. Ici il nous est impossible de le suivre, car la pseudo-sphère, si elle est à courbure constante, présente néanmoins des différences capitales avec les hypersphères, à n'envisager que leurs propriétés intrinsèques, et elles ne sont pas des surfaces isogènes. Les géodésiques des pseudo-sphères se coupent en effet deux à deux un nombre infini de fois, et celles des hypersphères au plus une seule fois ; par deux points d'une pseudo-sphère il passe de même une infinité de géodésiques, au lieu d'une géodésique unique ; enfin, si le déplacement d'une figure s'opère, en un sens, sans déformation sur une pseudo-sphère, cette propriété n'est pas absolue, car le déplacement peut faire naître ou évanouir certaines intersections, ou seulement changer les points où elles se produisent et les angles qu'elles engendrent.

On peut, il est vrai, faire évanouir ces différences en

---

(1) *L'ancienne et les nouvelles géometries,* dans la *Revue philosophique* (voir notamment, dans le numéro d'avril 1894, les pages 373 à 377).

considérant une pseudo-sphère sur laquelle une infinité de feuillets seraient enroulés et en faisant abstraction des intersections résultant de la superposition des divers feuillets : c'est ainsi qu'on peut considérer un cylindre de révolution comme ayant identiquement la géométrie du plan. Mais cet artifice, intéressant assurément, ne saurait permettre de poser l'identité des surfaces. Ajoutons que l'arc de géodésique qui joint deux points d'une pseudo-sphère est plus long que la droite euclidienne qui en forme la corde, alors que l'horicycle est plus long lui-même que tout segment d'hypercycle allant également de l'un de ces points à l'autre; mais cette considération oblige à sortir des surfaces étudiées.

A vrai dire, la thèse de Delbœuf, eût-elle été vraie dans son entier, n'aurait constitué en aucune façon une réfutation de la géométrie générale : elle l'eût ramenée à être celle des divers espaces isogènes à trois dimensions inclus dans un espace euclidien à quatre dimensions, ce qui d'ailleurs constituerait évidemment un joli succès pour l'euclidianisme. Mais nous avons vu qu'il n'en est rien, l'identification s'arrêtant aux sphères et horisphères et les espaces de Lobatchefsky ne pouvant entrer dans aucun espace euclidien quel qu'en soit le nombre de dimensions [1].

Reste à examiner les objections opposées à l'identification réduite telle que nous la soutenons. M. Barbarin étant parfaitement d'accord sur ce point avec M. Mansion, nous prendrons son exposé tel qu'il se trouve dans la seconde édition de son livre sur *la Géométrie non euclidienne* de la collection *Scientia* [2]. Son argumentation ne nous visant pas exclusivement, bien qu'il vise nos précédentes publications, il commence par objecter

[1] Il est surprenant de voir un homme aussi averti que M. Meyerson méconnaître un tel théorème, ainsi que le caractère de la *courbure* d'un espace de Lobatchefsky (voir *Identité et Réalité*, p. 28).

[2] Pages 71 à 76.

qu'il n'y a pas de raison pour ne pas identifier le plan riemannien aussi bien à une sphère lobatchefskienne qu'à une sphère euclidienne : nous sommes absolument de cet avis, et l'on a vu que nous identifions les sphères des trois géométries. De même, quand il demande quel argument on opposerait à un lobatchefskien prétendant que le plan euclidien n'est qu'une horisphère, nous répondons qu'il n'y a pas d'argument à opposer, cette proposition étant incontestable à nos yeux, pourvu qu'on ajoute que le plan euclidien est une horisphère de Lobatchefsky envisagée dans un espace où elle soit retournable.

Ensuite M. Barbarin fait remarquer que chacun des trois espaces contient des surfaces à courbure constante positive, négative ou nulle, ce qui, dit-il, « fait ressortir d'une manière saisissante l'indépendance absolue des trois systèmes de géométrie, qui peuvent chacun tout tirer de son propre fonds sans avoir besoin de rien emprunter aux autres ». Le fait géométrique énoncé n'est pas contesté ; mais, ainsi que nous l'avons fait ressortir à l'occasion des pseudo-sphères euclidiennes, ces surfaces à courbure constante ne sont pas isogènes, quand leur courbure est inférieure à celle de la surface retournable de l'espace considéré, et elles n'introduisent aucun élément dans la discussion.

« Entrant ensuite, dit-il, dans la discussion même de l'*objection* soulevée (nous soulignons le mot « objection » car nous ne savons pourquoi ce mot est employé), M. Barbarin s'exprime ainsi :

« Sans doute, le géomètre euclidien *peut interpréter* la géométrie riemannienne sur une sphère, mais cela ne lui donne aucun droit à conclure que cette géométrie ne fait qu'un avec la géométrie sphérique usuelle. Nous avons vu, en effet, dans le chapitre II, que la droite est d'une façon générale l'être géométrique caractérisé uniquement dans l'espace par la définition (4) et les postulats 1, 2, 4 ; en ceci, nulle hésitation ; tous les géomètres, euclidiens ou non, sont parfaitement d'accord. Le plan est aussi, d'une façon générale, l'être géométrique caractérisé par les définitions précédentes et la définition (7). Par toute droite on peut faire passer une infinité de plans. Ajoutons-y le rejet du postulat 6, mais rien de plus, nous aurons défini spécialement la droite riemannienne et le plan riemannien ; par toute droite riemannienne on peut donc faire passer une infinité de plans riemanniens, et dans chacun d'eux cette droite a un centre déterminé et distinct ; mais on peut concevoir la droite sans les plans.

« Or, ce qui précède n'a aucune espèce de sens quand on parle de grand cercle au lieu de droite, et de sphère au lieu de plan. En effet, *sur la sphère*, le grand cercle est bien l'être géométrique défini par les conventions (4), 1, 2 et 4, et il est prouvé de plus qu'il jouit de la propriété exprimée par le rejet du postulat 6, mais sa considération ne peut aller sans celle du pseudo-plan unique qui le renferme, et dont il est impossible de l'abstraire, chaque portion si minime qu'elle soit de ce grand cercle le déterminant tout entier, ainsi que le centre et le rayon de la sphère dont il fait partie. »

Le premier des deux paragraphes que nous venons de reproduire ne provoque qu'une seule réflexion, simple remarque du reste : c'est évidemment par distraction que M. Barbarin parle d'*un* centre sur chaque plan pour la droite riemannienne, car elle en a *deux*; comme il le dit lui-même à la page suivante.

Le deuxième paragraphe appelle au contraire les plus graves réserves. L'idée fondamentale en est qu'à la différence de la droite, qui peut se passer du plan, le grand cercle exige la sphère : cela est incontestable dans l'espace euclidien, mais non dans l'espace sphérique à trois dimensions. Puis il est dit que ce pseudo-plan, prétendu nécessaire, est unique : oui sans doute, si l'on se place dans un espace euclidien (mais alors la sphère n'est même pas un pseudo-plan), non dans l'espace sphérique où il en existe une infinité passant par chaque grand cercle, si bien que la grande sphère peut être retournée par rotation autour dudit grand cercle. Tout le reste de la phrase n'est que le développement de cette idée qu'il ne passe qu'une grande sphère par un grand cercle donné. En un mot, M. Barbarin traite ce cercle comme si on le considérait dans un espace euclidien ; il n'est donc pas surprenant qu'il lui découvre des propriétés tout euclidiennes.

« On aura beau appeler à son aide les ressources de l'analyse et les propriétés factices des hyperespaces... » Cette phrase sert d'introduction à un résumé de notre démonstration, au moyen de la géométrie analytique euclidienne à quatre dimensions, et on y remarquera cette épithète bien gratuite de factice appliquée à la géométrie à quatre dimensions.

L'exactitude de notre calcul est du reste admise, et la conclusion qu'en tire M. Barbarin est la suivante : « On aura seulement prouvé que tous les espaces sphériques euclidiens ou non jouissent de propriétés semblables, car, dans les équations précédentes, x, y, z, v et R sont aussi, à condition de les choisir convenablement, des coordonnées et une constante applicables à un espace sphérique de forme quelconque ».

Pour l'instant, contentons-nous de prendre acte de cette déclaration et continuons notre lecture : « La défi-nition d'une circonférence, d'une sphère, d'un espace sphérique ne peut se concevoir d'ailleurs sans qu'on y ajoute, implicitement ou non, la considération du centre et du rayon de cette circonférence, de cette sphère ou de cet espace sphérique ; or il faut distinguer suivant que l'on entend parler des propriétés *absolues* de ces figures ou des propriétés *relatives*, soit de la circonfé-rence considérée comme grand cercle de la sphère de même rayon, soit de la sphère considérée comme grande sphère de l'espace sphérique de même rayon ».

Nous reconnaissons bien volontiers qu'en posant un

cercle, une sphère, un espace comme des figures euclidiennes, nous les rattachons à un centre et leur reconnaissons un rayon : nous l'avons du reste fait explicitement dans le calcul résumé par M. Barbarin. Quant à la distinction entre les propriétés absolues et les propriétés relatives, nous ne pourrions qu'y applaudir sans réserve, si par « propriétés absolues » M. Barbarin entendait ce que nous avons appelé « propriétés intrinsèques » ; mais telle n'est pas sa pensée, car on va se rendre compte qu'il appelle ainsi les propriétés relatives au contenant euclidien, réservant le terme « relatives » à celles qui apparaissent dans le contenant sphérique. Il continue en effet de la façon suivante :

« Dans le premier cas, les figures considérées n'ont qu'un centre, et les distances de ce centre à leurs divers points sont comptées suivant des droites euclidiennes ; dans le second, ces figures ont deux centres et les distances sont comptées suivant des circonférences ».

Tout cela est parfaitement exact et non contesté ; mais poursuivons notre lecture :

« Il en est tout autrement dans la géométrie riemannienne ; qu'il s'agisse des propriétés absolues ou des propriétés relatives, la droite, le plan, l'espace ont deux centres symétriques par rapport à ces figures... »

Voyez-vous ce que ce terme « absolues » a d'insidieux, car qui oserait parler d'identité entre deux êtres jouissant de propriétés absolues différentes ? Mais ce ne sont là que des propriétés relatives au contenant et nullement des propriétés intrinsèques des êtres eux-mêmes, centre et rayon n'étant pas parties de la sphère, par exemple. M. Barbarin ne fait d'ailleurs que constater, comme nous, que dans les espaces riemanniens, comme dans les espaces sphériques inclus dans des espaces euclidiens d'ordre supérieur, on a deux centres symétriques pour les lignes, surfaces et espaces retournables : ce n'est assurément pas un principe de distinction ; mais il en apparaît un dans la fin de la phrase qui se termine ainsi : « ...et les distances de chacun de leurs points à ces centres sont toujours comptées suivant des droites ».

On éprouve quelque embarras ici, faute d'avoir une définition précise de ce que M. Barbarin entend par propriétés *absolues*. Il est certain que cela ne désigne pas les propriétés intrinsèques ; force nous a donc été, quand on partait d'un espace euclidien, d'appliquer cette expression aux propriétés dans cet espace, premier donné, puis d'entendre par propriétés relatives celles que manifestent les figures dans un espace différent inclus dans ledit espace euclidien. Pour procéder de même ici, on doit entendre par propriétés absolues celles qui se manifestent dans l'espace riemannien, premier donné, puis par propriétés relatives celles qui apparaissent dans les espaces d'ordre inférieur inclus dans le précédent. Considérons les premières : alors il est incontestable que les distances se mesurent suivant des *droites*, les droites de l'espace riemannien donné, tandis que dans l'espace sphérique dit euclidien on les mesurait suivant les grands cercles de cet espace. Mais la question est précisément de savoir si quelque chose différencie ces grands cercles des droites riemanniennes : les uns et les autres sont des lignes fermées possédant deux centres symétriques sur une surface isogène retournable et sur laquelle ils sont eux-mêmes retournables. Ajoutons que nous ne comprenons pas clairement ce que signifient ici les propriétés dites relatives : lorsqu'il était question des figures dites euclidiennes, M. Barbarin pouvait les envisager soit dans un espace euclidien d'ordre supérieur soit dans les espaces sphériques où elles étaient retournables ; mais ici, comme on se place d'emblée dans l'espace où les figures sont retournables, on ne peut ensuite les envisager dans un espace de plus forte courbure puisqu'elles ne pourraient y entrer. Que si l'on envisageait des sphères et des cercles dans ces espaces d'ordre inférieur, les distances y seraient mesurées suivant des cercles et non suivant des droites de l'espace supérieur, en sorte qu'on retomberait dans les conditions énoncées à propos des figures dites euclidiennes [1].

Il nous semble donc difficile de dégager nettement la pensée de M. Barbarin dans cette fin de phrase ; mais assurément on ne saurait y découvrir un argument convaincant. Nous devons maintenant revenir sur une déclaration capitale que nous avons notée au passage : « On aura seulement prouvé, a dit M. Barbarin, que tous les espaces sphériques euclidiens ou non jouissent de propriétés semblables ». Voici encore un mot qui prête à discussion : qu'est-ce à dire « semblables »? s'agit-il d'une simple analogie ou d'une identité? En fait, c'est d'une identité qu'il s'agit, si nous ne nous amusons pas à donner des noms différents aux mêmes faits géométriques. En d'autres termes, pour maintenir une distinction, il faut dire qu'il s'agit d'espaces isométriques différents ; mais où est le principe de distinction ? et comment s'y prendra-t-on pour empêcher l'espace riemannien d'entrer dans un espace euclidien? il faudrait assurément pour cela ajouter quelque chose à la notion d'espace riemannien. L'eût-on fait qu'on serait fort peu avancé, car l'espace riemannien ainsi différencié pourrait être inclus dans un autre d'ordre supérieur isométrique de

(1) La terminologie de M. Barbarin pourrait donner lieu à d'autres remarques. Après avoir défini l'hypercycle comme équidistante d'une droite lobatchefskienne, il montre que cette ligne jouit de la propriété que les médiatrices de toutes ses cordes ont une normale commune; or, sur la sphère, les petits cercles, équidistants des grands cercles, jouissent de la même propriété que M. Barbarin prend alors comme définition de l'hypercycle, ce qui lui permet de dire que toute circonférence riemannienne est un hypercycle riemannien. Bien entendu, sur toutes les sphères d'Euclide et de Lobatchefsky il en est exactement de même, mais les médiatrices n'y sont plus des géodésiques de l'espace ou des droites. M. Barbarin est donc en droit de refuser à ces petits cercles le nom d'hypercycles, et voilà créée une nouvelle et essentielle distinction entre le monde riemannien et le monde euclidien !

8

l'espace euclidien. Et alors nous posons la question :
Quand vous parlez d'un espace euclidien, comment
faites-vous pour ne pas parler indistinctement de tous les
espaces isométriques ? on ne fait jamais la géométrie
d'un espace spécial, mais celle de tous les espaces isométriques. Or l'espace sphérique que vous appelez euclidien
est isométrique de l'espace riemannien, et vous n'avez
aucun principe de distinction entre eux : tous deux répondent à la totalité de la classe des espaces isométriques.
Pour distinguer deux tels espaces, il faudrait les inclure
dans un même espace d'ordre supérieur et leur attribuer
dans cet espace des propriétés distinctes : c'est ainsi par
exemple qu'on distingue d'un plan un cylindre à direc-
trice infinie ouverte, comme un cylindre parabolique, en
les étudiant non plus en eux-mêmes, ce qui les fait
apparaître indiscernables, mais dans un espace à trois
dimensions. Aussi longtemps qu'on ne fera pas de même
pour les espaces riemanniens et les espaces sphériques
euclidiens, on ne pourra établir que des distinctions
purement verbales, et nous ajouterons que, si, un jour, on
réalise cette distinction, ce sera en introduisant dans la
notion d'espace riemannien une particularisation qui
aujourd'hui n'y figure pas, et la notion générale actuelle
n'en subsistera pas moins avec son indiscernabilité de la
notion d'espace sphérique prétendu exclusivement euclidien.

CHAPITRE IV

PORTÉE PHILOSOPHIQUE DE LA GÉOMÉTRIE GÉNÉRALE

Avant de quitter cette esquisse d'une étude de l'espace géométrique, nous voudrions en faire ressortir très brièvement la portée.

La géométrie traditionnelle peut être considérée comme conforme aux indications de l'expérience et à nos intuitions sensibles, ceci étant dit sans préjuger le rôle de l'expérience dans son élaboration. D'autre part, par sa forme déductive, la géométrie apparaît comme une science apodictique. D'où l'on a été naturellement induit à penser qu'elle formait un ensemble nécessaire, s'imposant à notre raison avec une autorité souveraine [1].

Mais l'impossibilité où l'on se trouvait de démontrer une proposition telle que le *postulatum* d'Euclide, qui a toute l'apparence d'un théorème ordinaire, a été, nous l'avons vu, l'objet des préoccupations des géomètres, qui, importunés de cet élément indémontrable, ont cherché depuis bien des siècles à l'éliminer, mais n'ont jamais pu le faire qu'en le remplaçant par un autre postulat équivalent. Les uns ont fait cette substitution en pleine connaissance de cause, se rendant compte qu'ils remplaçaient une proposition indémontrée par une autre ; les autres se sont abusés eux-mêmes et ont cru donner des

---

(1) « Le géomètre n'est pas libre de mettre en doute si les trois angles d'un triangle sont égaux ou non à deux droits » (Claude Bernard, *Introduction à l'étude de la médecine expérimentale*, liv. I, ch. II, § 3).

démonstrations du *postulatum* non appuyées sur d'autres postulats.

Nous avons d'ailleurs vu que c'est à bon droit que l'on a ainsi attribué une importance spéciale à ce postulat ou à ses remplaçants, bien que les géomètres qui se sont efforcés d'établir une science purement déductive aient eu besoin de recourir à une vingtaine de postulats. Il est bien évident en effet que les géomètres classiques ont dû partir d'une certaine notion de l'espace, notion qu'on peut résumer dans la formule : variété (ou diversité) isogène à trois dimensions. Tous les postulats autres que le postulatum d'Euclide ne font guère qu'exprimer les propositions élémentaires qui traduisent cette conception générale et permettent de construire toute la géométrie suivant les règles de la logique sans aucun recours à son objet.

Si l'on s'en tient à cette notion de variété isogène, on ne pourra jamais en déduire le *postulatum* d'Euclide, ainsi qu'il résulte notamment de la géométrie numérique, si magistralement établie par le général de Tilly, et de la comparaison du dictionnaire, posée trop sommairement par M. Poincaré, mais répondant au fond à un argument irréfutable.

Avant même que cette impossibilité eût été établie, bien des penseurs y ont cru ; mais deux tendances différentes se sont alors manifestées. Les uns, ne voyant aucune nécessité d'admettre une proposition non démontrée, ont admis des propositions opposées et ont cherché ce que produirait l'introduction de ces nouveaux postulats dans la géométrie : ainsi sont nées les géométries non-euclidiennes dont le développement sans contradiction vint vérifier l'indémontrabilité du *postulatum*, sans constituer d'ailleurs une preuve véritable de cette indémontrabilité.

D'autres, comme Kant, ont fait de l'espace une forme *a priori* de notre sensibilité, s'imposant à nous en dehors de toute expérience. Dans cette conception se trouve d'abord une pensée qui nous paraît incontestable, c'est que l'idée de diversité dont nous parlions tout à l'heure ne suffit pas à fonder ce qu'on a, jusqu'à ces derniers temps, toujours entendu par géométrie : elle permet bien d'établir une géométrie purement numérique ou une géométrie purement logique ; mais ces sciences restent étrangères à toute image spatiale, faisant apparaître les choses comme en dehors et à côté les unes des autres. Mais, si la diversité doit nous apparaître sous une forme sensible, nous ne voyons aucune nécessité que cette forme soit imposée *a priori* dans tous ses détails et que ses déterminations ne soient pas conditionnées par l'expérience.

Au fond de cette divergence, il pourrait bien y avoir surtout une opposition entre idéalisme et réalisme, même hypothétique comme le nôtre. Si nos sensations ne répondent à rien d'extérieur, chacun de nous les reçoit comme des données de sa propre nature ; si au contraire il existe des phénomènes objectifs auxquels répondent nos sensations, suivant une loi de correspondance d'ailleurs inconnue, il est naturel de penser qu'à des phénomènes différents répondraient des sensations différentes, qui elles-mêmes pourraient s'organiser suivant des formes différentes. On remarquera d'ailleurs que cette conception donne une base à l'unité des images géométriques de tous les hommes, tandis que, dans l'hypothèse inverse, cette unité n'a qu'une réalité de fait, qui chaque jour pourrait se trouver contredite.

Nous comprenons donc fort bien que M. Pillon, étant idéaliste [1], considère la géométrie euclidienne comme liée aux lois de notre sensibilité ; mais on a vu que cela ne l'empêche aucunement de reconnaître le caractère contingent de cette géométrie, ces lois étant elles-mêmes

(1) Il est vrai que M. Pillon admet un monde extérieur composé d'êtres sensibles dont les sensations sont en rapport avec les nôtres, mais il se refuse à admettre que nos sensations aient une base dans les rapports existant entre ces êtres sensibles.

contingentes : elles nous sont imposées, mais non avec
le caractère de nécessité des lois de la raison. Cette distinction est essentielle, et, par le fait de l'avoir posée,
M. Pillon nous apparaît à peu près comme un allié. Bien
que Kant ne semble pas l'avoir méconnue, il paraît y
avoir loin de sa pensée à celle de M. Pillon. Rappelons en
effet quelques-unes de ses affirmations. Après avoir
posé le principe que la représentation de l'espace ne
peut pas être tirée expérimentalement des rapports des
phénomènes extérieurs, l'expérience extérieure n'étant
elle-même possible qu'au moyen de cette représentation,
il en tire comme conséquence la certitude apodictique de
tous les principes géométriques, y compris le nombre
des dimensions de l'espace, et la possibilité de leur construction *a priori* [1].

Il ajoute ensuite : « L'espace n'est pas un concept
discursif, ou, comme on dit, un concept universel de
rapport des choses en général, mais une pure intuition » [2]. Or nous avons vu que la géométrie numérique s'établit en dehors de toute intuition, présentant
seulement plus de généralité que la géométrie euclidienne : si donc celle-ci ne peut prétendre être un concept universel, du moins le rôle de l'intuition ne serait
que de particulariser ce concept, en faisant poser un
choix entre les diverses déterminations de ce concept
universel. Tel étant le rôle restreint de l'intuition, on est
fondé à se demander sur quoi peut reposer cette affirmation qu'elle doit se trouver en nous *a priori*, c'est-à-dire
avant toute perception d'un objet ; or Kant nous donne
cette raison que « les propositions géométriques sont
toutes apodictiques, c'est-à-dire qu'elles impliquent la
conscience de leur nécessité », ajoutant comme exemple

---

(1) Il est vrai que ces dernières affirmations ont disparu dans la
2e édition, mais elles semblent bien conformes à la doctrine pro-
fessée.

(2) *Esthétique transcendantale*, §§ 2, 4. Nous citons d'après la
traduction Tremesaygues et Pacaud.

la proposition que l'espace n'a que trois dimensions [1]. N'est-on pas en droit de dire que cette conscience de la nécessité de toutes les propositions géométriques pourrait bien n'être que la conséquence d'une expérience continue, confirmée durant de nombreuses générations, expérience qui a façonné notre imagination et l'oblige à mouler ses représentations dans l'un des cadres tracés par la raison ?

Les premiers néo-géomètres qui ont eu l'idée de philosopher ont été bien plus loin dans ce sens et ont prétendu appuyer toute la géométrie sur l'expérience : « Les disciples de la nouvelle école, dit Stallo, se placent fermement sur le terrain empirique ; leur toute première proposition, c'est que toutes les vérités géométriques sont d'origine empirique, que tout ce que nous savons de l'espace ou de ses propriétés est ce que nous en apprend l'expérience sensible » [2]. Puis le savant américain fait justement remarquer ce qu'il y a de piquant à voir les néo-géomètres ériger un édifice transcendantal sur des fondements empiriques, tandis que les plus illustres champions de la vieille croyance géométrique, en défendant les données familières de l'expérience sensible et en combattant ce qu'ils appellent « les divagations de la géométrie transcendantale », invoquent l'origine non empirique de notre idée d'espace et de ses relations essentielles.

C'est à bon droit que Stallo s'égaie de cette attitude des deux écoles si nettement en contradiction avec ce que devrait inspirer à chacune d'elles sa thèse fondamentale. Rien n'est plus compromettant pour les doctrines rationalistes que cette obstination à prétendre imposer également le résultat de déductions rigoureuses et des propositions toutes semblables, que l'impuissance où l'on

---

(1) Assurément ce ne saurait être une de ces propositions axiomatiques, indispensables pour que l'expérience soit possible.
(2) *La matière et la physique moderne*, p. 166.

est de les démontrer conduit seule à transformer en intuitions ou en jugements synthétiques *a priori*.

Frappé de cette considération, dès le début de nos études sur cet ordre de sujets, nous avons en diverses occasions essayé de faire ressortir combien la géométrie générale offre un terrain solide à la défense de la raison.

« Les formes géométriques possibles, disions-nous par exemple dans la première édition de cet ouvrage, ne sont point limitées à celles qui peuvent prendre place dans notre univers, à celles que notre imagination peut se figurer. Il en est d'autres, conçues par la raison, qui pourraient être réalisées dans un autre univers, meubler, pour ainsi dire, d'autres imaginations. Entre l'infinité de géométries également rationnelles, la raison ne saurait faire un choix ; mais l'expérience peut révéler celle qui est réalisée dans notre univers, nous pouvons demander à notre imagination les formes dont elle vit. Ainsi l'homme, placé sur la terre, la crut d'abord plane, puis reconnut qu'elle est sphérique : c'est à l'expérience qu'il dut demander la nature de la surface sur laquelle il vivait. A l'expérience aussi nous devons demander dans quel espace à trois dimensions nous sommes plongés. La seule différence consiste en ce que nos ancêtres avaient l'expérience de diverses surfaces, tandis que nous n'expérimentons qu'un seul espace, ce qui nous induit à le croire nécessaire ; mais la raison nous ouvre les yeux et nous fait comprendre que notre imagination ne saurait limiter les formes possibles. La raison dépasse donc de beaucoup la réalité extérieure et notre sensibilité, et l'indémontrabilité de certaines propositions ne fait que prouver que celles-ci sont le simple énoncé des propriétés particulières à notre espace ».

Nous soutenions alors cette thèse avec toute l'ardeur qu'on met à exprimer une pensée qu'on n'a encore vue exposée nulle part, du moins de façon nette et précise. Aujourd'hui nous la soutenons avec non moins de conviction ; mais nous savons, grâce à M. Russell, que tout ce qu'elle a d'essentiel avait été dit avec une admirable précision, dès 1844, par Grassmann, dans l'introduction philosophique de son *Ausdehnungslehre*. Il y émit en effet l'idée que la géométrie, improprement regardée comme une science pure, est en réalité une branche des mathématiques appliquées, puisqu'elle traite d'un objet qui n'est pas, comme le nombre, créé par l'entendement, mais qui lui est donné et qui, par suite, n'est pas complètement soumis à ses seules lois. Mais il doit être possible, disait-il, de construire une branche de mathématiques pures, c'est-à-dire une science dont l'objet serait entièrement une création de l'esprit, et qui pourtant traiterait de l'étendue comme le fait la géométrie, mais de l'étendue en tant que conçue et non en tant qu'empiriquement perçue dans la sensation ou dans l'intuition.

Et voici maintenant comment M. Russell commente cette vue de Grassmann : « A ce point de vue, dit-il, la controverse entre les kantiens et leurs adversaires perd toute raison d'être, puisque la distinction entre les mathématiques pures et appliquées ne réside pas dans la distinction entre le subjectif et l'objectif, mais entre ce qui est purement intellectuel, d'une part, et tout ce qui ne l'est pas, d'autre part. Or Kant a soutenu avec la plus grande énergie que l'espace n'est pas une construction intellectuelle, mais une intuition subjective. Par suite, d'après la distinction de Grassmann, la géométrie appartient aux mathématiques appliquées aussi bien dans l'opinion de Kant que dans celle de ses adversaires. Et la distinction de Grassmann est, à mon avis, la plus importante pour l'épistémologie et celle qu'on doit adopter pour distinguer l'*a priori* de l'empirique. Car ce qui est purement intuitif peut changer sans renverser les lois de la pensée, sans rendre la connaissance formellement impossible ; mais ce qui est purement intellectuel ne peut changer sans que les lois de la pensée changent et que toute notre connaissance s'écroule en même temps »[1].

Assurément, il faut interpréter librement la pensée de Kant pour la faire aboutir à une telle conclusion ; mais n'avons-nous pas vu des néo-criticistes y arriver ? Renouvier, avec peine, par une sorte d'aveu émis difficilement, M. Pillon avec une parfaite netteté de pensée.

Notons simplement ici que certains partisans de la géométrie générale nient, contrairement à ce que nous avons admis dans ce qui précède, la possibilité d'une influence de nos perceptions sur nos conceptions géométriques. Nous ne discuterons pas en ce moment cette thèse, nous réservant de le faire lorsque, après avoir étudié le rôle de l'espace et du temps en mécanique, nous disposerons de tous les éléments d'appréciation dans la question de la géométrie de notre univers.

Mais revenons à la question de la géométrie générale au point de vue philosophique : doit-on la considérer comme contraire à la notion relative de la grandeur ? Nous avons vu que telle est au fond la principale objection élevée contre elle, la seule, à vrai dire, qui ait une portée réelle. Il est parfaitement exact que, dans un espace non euclidien, un nombre détermine une grandeur, ainsi que l'a fait ressortir M. Tarry[2]. M. Barbarin lui oppose une objection qui, sous sa plume surtout, nous paraît dépourvue de toute portée. On se souvient que M. Tarry avait fait remarquer qu'il suffit de donner une fraction d'angle droit t, différente de 2/3, pour déterminer le côté du triangle équilatéral ayant ses angles égaux à cette fraction d'angle droit. Or, M. Barbarin répond qu' « il y a une infinité de triangles équilatéraux ABC où le rapport de l'angle BAC à l'angle droit égale un nombre donné t », ajoutant que le nombre t ne fait connaître que le rapport de AB au paramètre U du plan

(1) *Essai sur les fondements de la géométrie*, p. 173.
(2) Voir p. 96, note 2.

considéré. Or, comme nous l'avons fait remarquer avec insistance, ce paramètre U n'a de sens comme caractérisant un espace et son plan que si l'on se place dans un espace à quatre dimensions, permettant de comparer les paramètres des divers espaces à trois dimensions. Or, M. Barbarin écarte absolument cet ordre de considérations, en sorte que U ne peut s'exprimer qu'en fonction d'une longueur prise dans l'unique espace à trois dimensions considéré et ne saurait aucunement caractériser cet espace.

Alors même, du reste, qu'on accepte les espaces à plus de trois dimensions, on se heurte à une difficulté : nous avons vu que les espaces lobatchefskiens ne peuvent entrer dans un espace homogène d'un plus grand nombre de dimensions, en sorte qu'il faut toujours se placer dans un certain espace lobatchefskien, dans lequel le nombre donné déterminerait une longueur.

Donc nous arrivons à cette conclusion qu'admettre les géométries non-euclidiennes, c'est accepter qu'un nombre puisse déterminer une longueur dans l'espace supposé donné, quel qu'il soit, pourvu qu'il ne soit pas euclidien, c'est-à-dire homogène ; mais cela ne signifie pas, bien entendu, que le nombre mesurant une longueur ne soit pas fonction d'une unité de mesure arbitrairement choisie. Là apparaît ce qu'il y a d'un peu captieux dans l'argument de M. Tarry, lequel n'ajoute absolument rien à l'argument tiré de l'impossibilité de majorer une figure sans la déformer. Comme nous l'avons déjà dit, cette exigence de la possibilité de la majoration dans un monde donné ne nous paraît pas imposée par la raison ; tout ce que celle-ci est en droit d'exiger, c'est qu'on puisse *concevoir* la majoration. Or rien n'est plus facile grâce à la conception d'espaces d'ordre supérieur : il suffit d'inclure l'espace donné dans un espace supérieur de courbure algébriquement plus petite pour qu'on puisse à volonté y majorer ou minorer le monde donné et par suite toutes les figures qu'on peut y tracer (voir p. 100).

Ainsi se trouve justifiée la réponse opposée par M. Barbarin à M. Tarry, mais à condition d'abandonner sa conception de trois géométries isolées et limitées à trois dimensions, qui ne permet pas, non seulement de comparer les longueurs de deux espaces d'espèces différentes, mais même de concevoir deux espaces différents de même espèce. Ajoutons que ce morcelage désastreux ne paraît avoir d'autre raison d'être qu'une habitude d'esprit, contractée sous l'influence de la genèse historique des géométries non euclidiennes.

Supposons, disions-nous dans la préface de notre Introduction à la géométrie générale, un pays sans relation avec le reste du monde et imaginons le réseau de ses voies de communication. Il est aisé de comprendre que ce réseau, du moins par ses artères principales, ne conduira point aux limites de ce pays : créé pour en desservir les besoins intérieurs, les seuls connus, il ne sera naturellement aucunement aménagé pour répondre à des relations internationales. Telle est l'image, ajoutions-nous, de la géométrie euclidienne à trois dimensions. Etablie pour faire connaître les propriétés des figures que peut recevoir un espace que l'on considérait comme essentiellement unique et en dehors duquel on n'admettait pas qu'il pût y avoir d'autres figures, elle constitue une science fermée, où rien ne prépare à la généralisation des notions sur lesquelles elle repose.

Lorsque, plus tard, frappé de l'impossibilité de démontrer le *postulatum* d'Euclide, on songea à faire reposer une autre géométrie sur une hypothèse différente, on prit modèle sur ce qu'avaient fait les précédents géomètres, et l'on édifia un système différent du premier, mais non moins fermé que lui ; puis une troisième hypothèse engendra une troisième géométrie également close.

Ainsi habitués à voir trois géométries indépendantes l'une de l'autre, les néo-géomètres se refusent à passer librement de l'une à l'autre et à admettre leur unité synthétique : nos efforts, jusqu'ici infructueux en général, tendent à faire disparaître ce préjugé, qui n'a que la valeur d'une habitude, en mettant en lumière, d'une part, la possibilité d'établir les trois géométries en partant d'un espace à quatre dimensions à courbure négative, les horisphères et les sphères jouant sans aucune différence les rôles des plans d'Euclide et de Riemann, quand on les considère dans un espace à trois dimensions approprié, et, d'autre part, les avantages de généralité et de satisfaction philosophique qu'entraîne cette unification de conception.

A ces considérations d'ordre général, nous ajouterons quelques réflexions sur un détail qui avait frappé Kant de façon si exceptionnelle qu'il n'a cessé d'y revenir tout au long de sa carrière philosophique : nous voulons parler du paradoxe des figures symétriques. Voici d'abord en quels termes il le formule au paragraphe XIII des *Prolégomènes à toute métaphysique future* :

« Si deux choses sont parfaitement identiques dans toutes les parties qui peuvent toujours être connues en soi (dans toutes les déterminations appartenant à la quantité et à la qualité), il doit se faire cependant que l'une peut être placée dans tous les cas et sous tous les rapports à la place de l'autre, sans que cette substitution occasionne la plus légère différence appréciable [1]. Il en est ainsi en réalité des figures planes en géométrie ; mais des figures symétriques, malgré ce parfait accord interne, prouvent qu'au point de vue externe, l'une ne peut absolument pas prendre la place de l'autre : ainsi deux triangles sphériques de deux hémisphères opposés, qui ont pour base commune un même arc de l'équateur, peuvent être parfaitement égaux quant aux angles et aux côtés, en sorte que dans l'entière description d'un seul, il n'y ait rien qui ne convienne en même temps à la

----

(1) Il semble que, dans cette phrase, le mot « cependant » est de trop.

Nous citons d'après la traduction Tissot.

description de l'autre ; et cependant l'un ne saurait être mis à la place de l'autre (c'est-à-dire sur l'hémisphère opposé), car ici se trouve une différence interne des deux triangles qu'aucun entendement ne peut cependant donner comme intrinsèque, et qui ne se manifeste que par le rapport externe dans l'espace ». Suivent des exemples plus familiers : mains ou oreilles et image d'un objet dans une glace.

Ce paradoxe a véritablement obsédé la pensée de Kant, qui en parle dans son opuscule de 1768 *sur le premier fondement de la différence des régions dans l'espace,* dans sa dissertation de 1770 *sur la forme et les principes du monde sensible et du monde intelligible,* dans ses *Prolégomènes* de 1783 et dans ses *Premiers principes métaphysiques de la science de la nature* de 1786 (chap. 1er, défin. II, scolie 3).

Nous n'insisterons pas sur les conclusions tirées par Kant de ce paradoxe, car la géométrie générale le fait s'évanouir, et nous nous bornerons à noter que peut-être ces conclusions ne sont-elles pas contradictoires entre elles comme on l'a souvent affirmé. Sans doute, dans les deux premiers écrits que nous venons de citer, il prétend établir que l'espace est absolu ; puis, dans les deux autres, qu'il est relatif ; mais il s'agit de bien saisir la portée de ces termes. Or il nous semble que M. van Biéma a su montrer qu'en l'espèce ils ne sont pas contradictoires. Il s'agit en effet d'établir l'*intuitivité* de l'espace, puis sa *subjectivité,* deux thèses qui s'excluent si peu qu'elles se trouvent unies dans l'*Esthétique transcendantale.* « Mon but, dit Kant en 1768, est de rechercher si... on ne pourrait trouver une preuve évidente de ce que l'espace absolu est indépendant de l'existence de toute matière et possède lui-même, comme fondement premier de la possibilité de l'existence de la matière, une réalité propre » [1]. Cette notion d'espace absolu,

____

(1) *Conceptus spatii itaque est intuitus purus,* dit la disser-

ajouterons-nous, est si bien conciliable avec sa subjectivité qu'on la retrouve tout au long des *Premiers principes métaphysiques de la science de la nature*, postérieurs à la *Critique de la raison pure* et où la subjectivité de l'espace est du reste si bien affirmée que le paradoxe des figures symétriques y sert à l'établir.

Quoi qu'il en soit, le paradoxe énoncé par Kant est bien fait pour troubler : comme il le dit fort bien, tous les éléments intrinsèques des deux figures symétriques sont identiques et, ajoutons-le, disposés dans le même ordre. Ainsi, si nous désignons par A, B, C, A′, B′, C′ les angles des deux triangles sphériques et par a, b, c, $a′$, $b′$, $c′$ leurs côtés, non seulement on aura :

$$A = A′,\ B = B′,\ C = C′,\ a = a′,\ b = b′,\ c = c′ ;$$

mais ces éléments se succéderont dans le même ordre : des sommets A et A′ partent les côtés b et $b′$, à la seconde extrémité desquels se trouvent les angles C et C′ formés avec ces côtés par les côtés a et $a′$, qui aboutissent eux-mêmes aux sommets des angles B et B′ ; enfin les côtés c et $c′$ relient ces derniers sommets aux sommets A et A′. Voilà bien une complète identité géométrique établie, et cependant la géométrie classique est radicalement impuissante à opérer la superposition de ces figures identiques : Kant a complètement raison dans l'énoncé du paradoxe.

Pour apprécier la valeur de la solution que donne la géométrie générale, telle que nous la concevons, nous indiquerons quelles réfutations ou explications du paradoxe ont été données en dehors d'elle par des hommes éminents.

M. Mansion commence par compléter la désignation de ce qu'on a appelé, dit-il, « le *paradoxe* [de l'équivalence] *des objets symétriques* ». Nous ne savons sur quoi il se

tation de 1770. Voir sur tout cela *l'Espace et le Temps chez Leibniz et chez Kant*, par M. van Biéma, pp. 242, 275 et 305.

fonde pour ajouter les mots mis par lui-même entre crochets ; mais ils lui donnent beau jeu pour convaincre Kant d'une scandaleuse ignorance. Le paradoxe des objets symétriques n'existe pas, dit-il, supprimant les mots « de l'équivalence » ajoutés par lui, et alors il a tort, car sa démonstration suppose ce complément. Pour cette fois, M. Mansion a parlé à côté de la question [1].

Voici maintenant M. Couturat qui, parlant de l'argument des *Prolégomènes*, dit : « Cette prémisse suppose qu'il n'y a pas entre les éléments des figures d'autres relations que des relations *de grandeur* : or c'est là une erreur. Il y a aussi des relations *d'ordre*, et ce sont ces relations d'ordre qui diffèrent, ou plutôt qui sont inverses dans les figures symétriques » [2]. Or, si Kant n'a peut-être pas insisté suffisamment sur la question de l'ordre, nous avons vu qu'il est bien le même dans les figures symétriques : ce qui diffère, c'est le sens dans lequel on parcourt les divers éléments de la figure ; or ce sens n'a aucune signification intrinsèque et n'en a qu'au point de vue de la position dans l'espace. Le paradoxe subsiste donc intégralement.

M. Milhaud, au contraire, a bien vu que Kant avait eu égard à l'identité des rapports où se trouvent tous les éléments des figures symétriques ; aussi fait-il une réponse plus satisfaisante. Il fait remarquer que la géométrie analytique permet d'établir l'impossibilité de la superposition [3], réponse plus satisfaisante, disons-nous,

---

(1) Nous parlons ici de sa communication au Congrès de philosophie de Heidelberg (1908), intitulée *Gauss contre Kant* (voir *Revue néo-scolastique* de novembre 1908, p. 449).

(2) *La Philosophie des mathématiques de Kant*, mémoire lu à la Sorbonne à l'occasion du centenaire de la mort de Kant, inséré dans la *Revue de métaphysique et de morale* de mai 1904 et en appendice aux *Principes des mathématiques* (voir dans ce volume p. 292).

(3) *La connaissance mathématique et l'idéalisme transcendantal* dans le numéro de la *Revue de métaphysique* cité à la note précédente.

parce qu'elle donne une preuve analytique du fait, mais preuve que Kant aurait pu dire n'être que la traduction du fait spatial, preuve dont on ne saurait dire d'ailleurs qu'elle constitue une explication. Aussi trouvons-nous que M. van Biéma s'en contente trop facilement.

Au contraire, il nous semble que, pour qui a lu notre chapitre consacré à la géométrie métrique, toute difficulté doit disparaître. La superposition de deux figures symétriques exige un retournement dans un espace d'ordre supérieur à celui de l'espace nécessaire pour inclure la figure, lorsque la symétrie existe par rapport à un espace d'ordre impair ou pair, l'espace contenant étant d'ordre pair ou impair : ainsi la figure plane, symétrique d'une autre par rapport à une droite, doit être retournée à travers un espace à trois dimensions ; une figure à trois dimensions, telle qu'un trièdre, symétrique par rapport à un point ou à un plan, exige un retournement dans un espace à quatre dimensions, et il en est de même d'un triangle sphérique, si l'on se place en géométrie euclidienne, parce que la sphère n'est pas retournable dans un espace euclidien à trois dimensions. On voit donc que les figures symétriques sont réellement superposables, comme l'exigeait le raisonnement de Kant, mais que leur superposition exige un mouvement dans un espace d'ordre supérieur. Dès lors, toutes les fois qu'on aura affaire à des figures épuisant les dimensions de l'espace donné, ce mouvement ne pourra être réalisé, et la superposition sera impossible.

Nous croyons que cette solution, si complète et si élégante, du paradoxe des figures symétriques a été donnée pour la première fois par Delbœuf dans son étude sur *L'ancienne et les nouvelles géométries* (voir *Revue philosophique* de 1894, sem. I, p. 373). Elle nous paraît constituer un service très réel, bien que de caractère négatif, rendu à la philosophie par la géométrie générale.

9

CHAPITRE V

LE TEMPS ET L'ESPACE EN MÉCANIQUE

La mécanique comprend deux sciences distinctes : la cinématique, que Kant désignait sous le nom de phoronomie [1], et la dynamique, à laquelle on réserve parfois, non sans quelque raison, nous le verrons, le nom même de mécanique. Quant à la statique, si souvent étudiée à part, elle n'est à vrai dire qu'un cas particulier de la dynamique. Il convient d'étudier séparément les deux sciences spéciales qui constituent l'ensemble de la mécanique, car le temps et l'espace lui-même y apparaissent sous des caractères bien distincts.

I

CINÉMATIQUE

« La cinématique étudie le mouvement au point de vue géométrique. Elle introduit cependant une notion nouvelle : le *temps*, dont on ne tient pas compte dans les mouvements qu'étudie la géométrie ordinaire » [2]. Ainsi s'exprime un traité de mécanique que nous citions dans notre première édition et qui reste un des meilleurs qu'on puisse étudier.

(1) Voir les *Premiers principes métaphysiques de la science de la nature*, traduction Ch. Andler et Ed. Chavannes.
(2) *Mécanique générale*, par A. Flamant, p. 110.

Précisons d'abord ce que signifie l'expression « au point de vue géométrique », qui sert à délimiter l'objet de la cinématique. Elle marque que cette science envisage le mouvement en lui-même et abstraction faite des circonstances dans lesquelles il se produit et qui peuvent l'influencer : c'est là ce qui distingue la cinématique de la dynamique.

Ensuite M. Flamant constate avec raison que le temps n'est pas susceptible de définition ; puis il continue dans les termes suivants qui sont de nature à provoquer bien des réflexions : « Le temps, comme l'espace, est partout « semblable à lui-même et *infini*. Nous ne pouvons « nous en faire une idée précise qu'en y supposant des « repères ou époques fixes, à partir desquels nous mesu- « rons, au moyen d'une unité arbitraire, les distances « d'autres repères ou époques déterminés. — L'unité « de temps sera un intervalle de temps compris entre « deux instants bien définis... L'unité de temps la plus « généralement usitée en mécanique est la *seconde* : « intervalle entre deux passages successifs, par la verti- « cale, d'un pendule simple dont la longueur serait, à « Paris, de 8 m. 99384 ».

L'auteur n'est pas sans remarquer ce que ces repères peuvent soulever de difficultés, et il ajoute en note : « Je n'examinerai pas la question, surtout métaphysi- que, de savoir si cette hypothèse est ou non compatible avec la réalité. J'admets, provisoirement, qu'il puisse exister pour l'espace et pour le temps des repères fixes par rapport auxquels j'étudie les lois du mouvement que l'on appelle le mouvement absolu. Ces lois serviront à établir celles des mouvements relatifs, ou par rapport à des repères mobiles, les seuls que nous puissions réelle- ment observer ».

Ainsi voilà bien précisé qu'on va chercher à établir les lois d'un mouvement reconnu inobservable pour en déduire celles des mouvements observables. Cela ne manque pas d'étrangeté. Mais, continuant, nous voyons

définir l'unité de temps sans qu'on nous ait dit à quoi se
reconnaissent des temps égaux, ce qui était, semble-t-il,
la seule question fondamentale, car il importe assez peu
que l'échelle du temps soit plus ou moins grande. Eh !
bien, après toutes ces bizarreries [1], voici une singularité
qui n'est pas moins remarquable : tout cela ne jouera
aucun rôle dans l'établissement des lois de la cinématique, ou du moins il n'en restera que l'introduction d'une
variable indépendante en fonction de laquelle varieront
les coordonnées des points considérés.

Mais alors que vient faire la notion de temps dans la
cinématique pure ? nous pouvons l'en écarter et faire de
cette science une science purement géométrique. Delbœuf avait bien vu que tel est son véritable caractère ;
mais il en a seulement glissé une indication au milieu
de l'exposé d'une théorie de la mécanique dont nous
n'avons pas saisi les avantages [2]. A Calinon appartient,
croyons-nous, l'honneur d'avoir mis le premier cette
vérité en pleine lumière et d'avoir donné une exposition
conforme de la cinématique [3].

Précisons bien la pensée fondamentale de cette simple
application de la géométrie. Soient deux courbes S et T,
sur lesquelles les positions des divers points sont déterminées par leurs distances s et t à deux points pris pour
origines des arcs. On peut établir une relation point par
point entre ces deux courbes, de telle sorte qu'à tout
point de l'une en réponde un de l'autre ; c'est ce qu'on

---

(1) Notons bien qu'il ne s'agit pas d'une critique de l'ouvrage de
M. Flamant qui vaut mieux que la plupart. Nous aurions pu
prendre comme exemple le *Cours de Mécanique* de M. Appell et
nous y aurions vu de même qu'on n'observe que des mouvements
relatifs, mais qu'il est préférable de commencer par l'étude du
mouvement absolu. Nous y aurions vu aussi que la cinématique
résulte de la combinaison des deux idées d'espace et de temps et
aurions constaté qu'on y parle de l'unité de temps sans dire comment se distinguent des temps égaux.

(2) *Essai de Logique scientifique*, p. 154.

(3) *Essai critique sur la Mécanique* (Berger-Levrault, 1885).

obtiendra en posant une relation entre s et t, telle que
$s = f(t)$. Dans tout cela, non seulement il n'y a pas de
temps, mais il n'y a même pas de mouvement ; cela
n'empêche aucunement, si l'on appelle *vitesse* d'un point
de la courbe S la dérivée de l'arc s qui y répond par rapport à l'arc t correspondant [1], tirée de l'équation précédente, et *accélération* du même point la dérivée seconde
de s, cela n'empêche pas, disons-nous, de démontrer tous
les théorèmes de la cinématique. Il suffira, pour leur rendre leur signification ordinaire, de concevoir deux mobiles décrivant simultanément les arcs s et t et de prendre
comme mesure du temps la longueur de l'arc t : la cinématique pure n'est donc, analytiquement, qu'une application particulière d'un simple exercice de géométrie.

Ainsi, les théorèmes de la cinématique sont également indépendants du choix des repères par rapport
auxquels seront mesurés les mouvements et de celui du
mouvement-unité qui servira à mesurer le temps. Insis-
tons sur ceci que, lorsque nous parlons du choix d'un
système de repères ou d'axes de coordonnées, nous ne
voulons pas parler du choix qu'on peut faire entre deux
systèmes en repos l'un par rapport à l'autre, car ce choix
ne change rien aux mouvements, et que, lorsque nous
parlons du choix d'un mouvement-unité servant à mesurer les temps, il ne s'agit pas, ainsi que nous l'avons
déjà marqué, du choix de l'*échelle* du temps, mais bien
du choix à faire entre des mouvements quelconques,
dans lesquels les rapports des espaces parcourus simultanément varient d'un moment à l'autre d'une façon
absolument quelconque. En résumé, la cinématique pure
nous apparaît comme un corollaire de la géométrie, présentant exactement le même caractère qu'elle au point
de vue des postulats : il y aura des cinématiques non-

---

(1) Nous rappelons que la dérivée d'une fonction est la limite
vers laquelle tend le rapport de l'accroissement de la fonction à
celui de la variable indépendante, lorsque ce dernier tend vers
zéro.

euclidiennes correspondant aux géométries non-euclidiennes [1], et, si l'on veut, on pourra construire des cinématiques résultant de la combinaison des coordonnées spatiales avec plusieurs variables qualifiées de temporelles [2].

Si le choix des repères et celui du mouvement-unité ne changent rien à la cinématique théorique, il est clair qu'ils présentent une grande importance au point de vue de la cinématique appliquée ou description cinématique de l'univers : le changement du mouvement-unité modifie la valeur des vitesses et fait varier à la fois la valeur et la direction des accélérations ; quant au changement de repères, il modifie la forme des trajectoires [3] et change la direction et la valeur des vitesses et des accélérations.

Il est assez remarquable que le choix du mouvement-unité ne paraît pas avoir jamais donné lieu à de grandes divergences : c'est qu'en effet les besoins scientifiques se sont ici trouvés d'accord avec les confuses impressions de la sensibilité et n'ont eu qu'à les systématiser. On sait qu'il en a été tout autrement du choix des repères, qui a donné lieu à de tragiques débats.

L'origine de ces désaccords se trouve dans le fait que les apparences inspirent invinciblement, avant toute critique, un choix que les besoins scientifiques conduisent ensuite à écarter ; mais, si le débat était resté confiné dans ses limites naturelles, il n'aurait sans doute pas troublé le monde : d'une part, la foule aurait continué à rapporter, comme elle le fait encore et comme le font les savants dans bien des cas où cela est plus commode, à rapporter, disons-nous, le mouvement à la terre, considérée comme repère, tandis que, d'autre part, les

____

(1) Voir les *Etudes de mécanique abstraite* de de Tilly (Mémoires in-8° de l'Académie royale de Belgique, t. XXI, 1870).

(2) Voir l'*Etude de cinématique à deux et à trois dimensions*, de Calinon.

(3) C'est-à-dire que, la trajectoire restant la même, son apparence ou ses équations varient.

savants seraient arrivés, après des tâtonnements plus ou moins longs, à adopter comme repères le système des étoiles fixes ou mieux un système purement idéal en différant peu, le premier n'étant pas absolument invariable. Nous verrons que ce choix est tout particulièrement imposé par la dynamique ; mais c'est sur le terrain de la cinématique que le débat s'est historiquement engagé, et par suite il y a intérêt à ne pas en ajourner l'examen [1].

Dans la première édition de cet ouvrage, nous avions emprunté à M. Mansion les éléments du rapide aperçu historique que nous avions esquissé. Aujourd'hui, sans négliger sa très intéressante étude [2], nous disposons de deux autres, beaucoup plus importantes et se complétant l'une l'autre, publiées simultanément par M. Duhem [3]. Nous nous appliquerons cependant à être bref.

Dans son *Commentaire* sur le traité *De Cœlo* d'Aristote, Simplicius formule ainsi la tradition platonicienne sur le but de l'astronomie : « Platon, dit-il, admet en principe que les corps célestes se meuvent d'un mouvement circulaire, uniforme et constamment régulier ; il pose alors aux mathématiciens ce problème : Quels sont les mouvements circulaires, uniformes et réguliers qu'il convient de prendre pour hypothèses, afin que l'on puisse sauver les apparences présentées par les planètes ? »

---

(1) Traitant de la mécanique dans le livre sur la *Méthode dans les sciences* qu'a publié M. Thomas, M. Painlevé donne l'impression que c'est la dynamique qui a inspiré les coperniciens ; mais il paraît incontestable qu'elle n'a pu que les confirmer dans leur choix de repères, inspiré par des considérations d'ordre cinématique : on pourra s'en convaincre en lisant ce qui suit.

(2) *Sur les principes fondamentaux de la géométrie, de la mécanique et de l'astronomie* (Gauthier-Villars, 1893).

(3) *Essai sur la notion de Théorie physique de Platon à Galilée*, dans les *Annales de Philosophie chrétienne* (mai à septembre 1908) et *Le Mouvement absolu et le Mouvement relatif*, dans la *Revue de Philosophie* (septembre 1907 à mai 1909). La première de ces études a paru en volume isolé.

Renchérissant sur les conditions imposées aux mathématiciens, Aristote voulait que, pour satisfaire à la *physique*, chaque mouvement circulaire et uniforme eût lieu autour du centre du monde, occupé par une terre immobile.

Les Grecs se rendirent parfaitement compte qu'il est possible de « sauver les apparences » (σώζειν τὰ φαινόμενα) par des combinaisons différentes de mouvements circulaires et uniformes. C'est ainsi qu'Hipparque prouva qu'on peut également représenter la marche du soleil en supposant qu'il décrit un cercle excentrique au monde, ou bien en admettant qu'il est porté par un cercle épicycle, pourvu que la révolution de cet épicycle s'effectue dans le temps que son centre parcourt un cercle concentrique au monde. Parlant de ces deux hypothèses, Théon de Smyrne fait ressortir avec insistance la vanité des discussions des mathématiciens sur le choix à faire entre deux hypothèses qui sauvent également les apparences, et Posidonius déclare qu'il est indifférent pour l'astronome de savoir ce qui est immobile. Ptolémée et Proclus ne cherchent également, en astronomie, qu'à sauver les apparences.

Il ne faudrait pas croire cependant que ce point de vue pragmatiste ait été universellement adopté, car Dercillyde, par exemple, prétend imposer aux astronomes une hypothèse conforme aux principes et rejette avec exécration la supposition d'Héraclide de Pont, qui, dit-il, arrête les corps en mouvement et met en mouvement les corps qui sont immobiles.

Quoi qu'il en soit, ce fut la tendance dominante des penseurs grecs de séparer l'astronomie de la physique et de laisser à la première toute liberté pour sauver les phénomènes. Aussi vit-on naître les systèmes les plus variés, y compris le système héliocentrique.

Mais alors on se demande comment les anciens n'ont pas préféré celui-ci au système géocentrique. « Il y a deux raisons à cette préférence, dit M. Mansion, l'une d'ordre pratique, l'autre d'ordre philosophique. Au point de vue des prédictions astronomiques et du calcul des coordonnées géographiques terrestres, les anciens ont dû se placer, comme nous, au point de vue géocentrique. Dès lors il était naturel de rédiger le code de l'astronomie à ce point de vue, et c'est ce qu'a fait Ptolémée dans l'*Almageste*, avec une perfection qui a rendu très difficile le retour au système héliocentrique ».

La raison philosophique donnée par M. Mansion est précisément la séparation nette de l'astronomie et de la physique ; or, il nous semble, au contraire, que la croyance générale à l'immobilité *vraie* de la terre fut pour beaucoup, malgré cette séparation théorique, dans la préférence pour le système géocentrique ; en tout cas, on ne voit pas comment l'indépendance de l'astronomie et de la physique ou cosmologie pouvait induire à faire concorder l'hypothèse astronomique avec la doctrine physique.

Le génie réaliste des Arabes les fit chercher à construire des modèles mécaniques du système de Ptolémée, et cela rendit plus manifeste l'écart entre son système et les idées aristotéliciennes, d'où la réaction menée par Averroès contre l'épicycle et l'excentrique qu'il déclare impossibles : « Il est donc nécessaire, concluait-il, de se livrer à de nouvelles recherches au sujet de l'astronomie véritable, dont les fondements sont des principes de physique... En réalité, l'astronomie de notre temps n'existe pas ; elle convient au calcul, mais ne s'accorde pas avec ce qui est ». Si Averroès ne remplit pas lui-même son programme d'une astronomie reposant sur des hypothèses conformes à la nature des choses, c'est-à-dire à des principes tirés de la physique d'Aristote, son vœu fut accompli par son condisciple Al-Bitrogi, mais, il est vrai, de façon fort incomplète : ses déductions s'arrêtèrent bien avant que leurs résultats fussent susceptibles d'être comparés aux observations.

Mis ainsi en présence des admirables constructions

géométriques de Ptolémée et des constructions aristotéliciennes insuffisantes d'Al-Bitrogi, les scolastiques
chrétiens du moyen âge se divisèrent. On vit Bernard
de Verdun et Roger Bacon, d'accord pour chercher l'expression de la réalité dans ces constructions, se diviser
dans leur choix, non sans que le dernier éprouvât bien
des difficultés causées par l'insuffisance des constructions
arabes. Mais saint Bonaventure revint à l'enseignement
des docteurs hellènes sur le caractère de l'astronomie, et
saint Thomas d'Aquin formula, avec une précision singulière, ce qu'on peut considérer comme l'aboutissement de
la doctrine de l'école aristotélicienne, élargie sous l'influence de la critique. Ses conclusions se résument dans
les passages suivants :

« Les suppositions que les astronomes ont imaginées
ne sont pas nécessairement vraies ; bien que ces hypothèses paraissent sauver les phénomènes (*salvare appa-
rentias*), il ne faut pas affirmer qu'elles sont vraies, car
on pourrait peut-être expliquer les mouvements appa-
rents des étoiles par quelque autre procédé que les hommes n'ont point encore conçu » [1].

« Au centre d'un corps qui se meut circulairement, il
faut que quelque chose demeure immobile. Il est manifeste, en effet, que tout mouvement circulaire a lieu
autour d'un centre fixe, car ce que nous nommons centre
n'est pas quelque chose qui subsiste en soi ; c'est un
accident appartenant à une chose corporelle ; ce centre
ne peut être que le centre d'un certain corps. Ce corps
fixe doit être une partie du monde... Mais il ne peut
faire partie de l'orbe mobile, c'est-à-dire du corps
céleste... Ce qui se trouve au centre est éternellement
immobile, de même que le ciel se meut éternellement...
Or ce qui est naturellement immobile au centre est la

---

(1) *Expositio in libro Aristotelis de Cœlo et Mundo, in* lib. II,
lectio XVII.

terre... Si donc le ciel tourne d'une éternelle révolution, il faut que la terre existe » [1].

Mais ce principe aristotélicien ne s'applique pleinement qu'à la dernière sphère céleste : « Il semble, dit saint Thomas, que les corps célestes ne sont pas tous mus de mouvement circulaire. En effet, selon Ptolémée, les mouvements des planètes s'accomplissent selon des épicycles et des excentriques, et ces mouvements-là ne se font point autour du centre du monde qui est le centre de la terre ; ils se font autour de certains autres centres. Il faut observer à ce propos qu'Aristote n'admettait pas qu'il en fût ainsi ; il supposait, comme les astronomes de son temps, que tous les mouvements célestes sont décrits autour du centre de la terre. Plus tard, Hipparque et Ptolémée imaginèrent les mouvements des épicycles et des excentriques pour sauver ce qui se manifestait au sens dans les corps célestes. Cela n'est donc point chose démontrée ; c'est seulement une certaine supposition. Si toutefois cette supposition était vraie, les corps célestes continueraient à se mouvoir autour du centre du monde pour le mouvement diurne, qui est le mouvement de la sphère suprême ; celle-ci entraîne tout le ciel dans sa révolution » [2].

Tel est, peut-on dire, le point d'aboutissement de l'aristotélisme, retouché sous l'influence de la critique scientifique. Nous allons étudier maintenant un mouvement intellectuel tout différent, qui devait préparer l'œuvre de Copernic.

Au crépuscule de la philosophie grecque, dans la première moitié du vi[e] siècle, brilla à la tête de l'école d'Athènes Damascius, dont le disciple Simplicius nous a conservé une théorie bien intéressante. D'abord l'univers est en un lieu et est par suite capable de mouvement local ; puis le mouvement ne nécessite pas l'exis-

<hr>

(1) Même ouvrage, *in* lib. II, lectio IV.
(2) Même ouvrage, *in* lib. I, lect. III.

tence d'un terme fixe : « Bien que l'on n'identifie le lieu ni à un corps fixe, ni à un espace immobile, rien n'empêche les corps célestes de se mouvoir » [1].

La position d'un corps en effet peut changer sans qu'aucun autre corps garde une position invariable, en sorte que le mouvement local ne suppose l'immobilité d'aucun corps. Toutefois, si rien n'était immobile, nous ne pourrions reconnaître les changements de lieu. C'est le *lieu naturel* de l'univers qui demeure immobile et sert de repère, mais ce repère n'est réalisé d'une manière actuelle par aucun corps concret ; les divers corps qui composent l'univers n'ont pas actuellement leur disposition naturelle ; le terme immuable auquel les mouvements sont rapportés n'est pas un corps sensible ni palpable ; c'est un être idéal que, seule, la science physique définit et détermine.

Cette pensée était trop loin de l'inspiration aristotélicienne alors dominante, et la science était trop incapable de remplir le programme qui lui était tracé pour qu'elle pût produire alors les fruits qu'elle devait porter. Ce n'est que plusieurs siècles plus tard que se fit entendre un écho, d'abord affaibli, de cette pensée. La première attaque contre la doctrine aristotélicienne se produisit à la Faculté de Paris et porta contre l'affirmation que l'immobilité de la terre n'est pas seulement de nécessité physique, mais de nécessité logique. C'est en 1277 qu'une assemblée de docteurs en Sorbonne « et autres prud'hommes », réunie sur la demande du pape Jean XXI, condamna toutes les propositions refusant à Dieu le pouvoir d'accomplir un acte, tel que la motion du ciel en ligne droite, sous prétexte que cet acte est contraire à la physique d'Aristote et d'Averroès.

Duns Scot et toute l'école franciscaine marcha dans la voie ainsi ouverte, qui déliait de l'obligation métaphysi-

___

(1) Simplicii *Commentaria in octo libros Aristotelis de Physico Auditu*, lib. IV, cap. V.

que de prendre la terre pour repère ceux qui ne prétendent pas seulement sauver les phénomènes.

Guillaume d'Occam paraît avoir repris la conception
fondamentale de Damascius, pour qui un corps idéal
suffirait comme repère ; mais c'est à Walter Burley, qui
enseigna également à Paris au XIVe siècle, que nous
paraît revenir l'honneur d'avoir donné de la précision à
ces idées, renouvelées de ce philosophe grec. Il reprend
avec une parfaite netteté la notion d'un mouvement de
translation de l'ensemble du ciel, et, d'autre part, il précise la notion d'immobilité *par équivalence*, familière à
l'école franciscaine : laissant au *lieu* sa signification aristotélicienne de premier contenant ou de surface ultime
du contenant, il s'attache à l'*ubi* qui n'est que la distance
d'un corps aux autres corps qui sont immobiles, mais
qui peuvent être suppléés par un corps seulement conçu :
le changement de l'*ubi* constitue le mouvement local, et
deux lieux équivalents sont deux lieux spécifiquement
distincts, mais qui, dans le corps logé, conservent le
même *ubi*.

Toujours à Paris, Albert de Saxe soutient que, « pour
qu'un corps se meuve, il n'est pas nécessaire que, d'un
instant à l'autre, il se comporte différemment par rapport à un objet extrinsèque ; il suffit, dit-il, qu'il se comporte différemment d'une manière intrinsèque » [1]. Développant cette pensée, Marsile d'Inghen ajoute que le corps
animé d'un mouvement local « se comporte de telle
sorte qu'il changerait sa position par rapport à un corps
immobile, s'il en existait un » [2].

Ces idées novatrices furent discutées partout ; elles
furent généralement combattues, mais trouvèrent des
adeptes tels que Gaëtan de Tiène, qui professait à Padoue
vers le milieu du XVe siècle ; en tout cas, ces discussions

---

(1) *Quæstiones in libros de Cælo et Mundo, in* lib. IV.
(2) *Quæstiones super VIII libros Physicorum, in* lib. IV,
quæst. III.

ébranlaient le respect aveugle pour la doctrine aristotélicienne.

M. Duhem affirme que cette Ecole de Paris, dite *terminaliste*, restait fidèle à la doctrine que l'astronome ne doit
s'occuper que de sauver les phénomènes : il ne nous semble pas qu'il le démontre. En tout cas, la critique de la physique aristotélicienne que répandait cette Ecole avait, nous
l'avons dit, cet effet indéniable de libérer les esprits d'un
préjugé métaphysique et de les préparer à accueillir des
conceptions sur les mouvements vrais absolument contraires aux conceptions aristotéliciennes. Aussi ne doit-
on pas être surpris de voir Copernic, une fois en possession de repères sauvant les phénomènes d'une façon si
élégante, admettre qu'il avait découvert les mouvements
vrais des astres. M. Mansion croit lui faire grand honneur en le défendant contre une telle imputation ; mais
déjà, dans notre première édition, nous faisions remarquer que les textes cités par lui contenaient une phrase
condamnant sa thèse [1]. Aussi n'avons-nous pas été surpris de voir M. Duhem, navré de voir une telle défail-
lance chez un si grand homme, démontrer nettement
que Copernic a attribué à l'astronomie autre chose qu'une
utilité pratique, une valeur comme connaissance de
l'univers.

Mais il mourut au cours de l'impression de son œuvre
immortelle, et Osiander y mit une préface anonyme vraiment conforme aux principes, proclamant bien haut
qu'aucun raisonnement ne permet à l'astronome d'atteindre aux hypothèses véritables des mouvements
célestes. Ce point de vue fut d'abord adopté assez généralement, non seulement par les astronomes, qui auraient
pu y voir surtout une garantie de tranquillité, mais
aussi par les philosophes et les théologiens. C'est ainsi

(1) *Vides ergo quod ex his omnibus probabilior sit mobilitas
terræ quam ejus quies, præsertim in quotidiana revolutione,
tanquam terræ maxime propria (Sur les Révolutions des orbes
célestes*, lib. I, cap. VIII)

qu'on voit Mélanchton, qui soutenait le repos de la terre par des raisons tirées de la physique aristotélicienne et par les textes sacrés, déclarer très exactes les théories de Copernic, et c'est ainsi également que Grégoire XIII ne vit nulle difficulté à accomplir la réforme du calendrier au moyen de calculs faits à l'aide de tables construites d'après lesdites théories.

Mais avec le temps les idées se modifièrent, et l'on vit se développer l'hostilité des philosophes et des théologiens contre les hypothèses coperniciennes, en même temps que les coperniciens du reste prenaient une attitude moins réservée qu'Osiander. M. Duhem a grand' peine à comprendre cette évolution, et pourtant rien ne nous paraît plus explicable. On ne doit pas perdre de vue en effet que, de part et d'autre, on est en présence d'hommes profondément convaincus de la réalité d'un repos et de mouvements absolus, selon notre expression actuelle, d'un repos et de mouvements vrais, comme on disait plutôt alors. Or il semble *a priori* que qui croit à cette réalité doit bien difficilement déclarer l'investigation de la nature inutile à la découverte de ces mouvements vrais. Cependant on ne peut méconnaître que la théorie pragmatiste de la science était arrivée à se concilier la majeure partie des maîtres de la pensée : c'est un fait à expliquer.

Les principes fondamentaux de la physique de l'école aristotélicienne avaient été naturellement tirés des données fournies par une première observation : les corps sublunaires tombent en ligne droite ; les corps célestes se meuvent circulairement. D'où deux physiques bien distinctes. Mais nous avons vu comment, pour sauver les phénomènes, on avait éprouvé bien des embarras et comment on avait reconnu qu'il était possible de le faire de plusieurs façons : de là un scepticisme bien naturel sur la portée physique (ou métaphysique) de ces solutions variées. C'est dans cet esprit détaché que Copernic paraît avoir essayé de diverses façons la mise en mouvement de la terre, Cicéron lui ayant appris que plusieurs penseurs de l'antiquité l'avaient fait : ce n'étaient encore que de simples imaginations destinées à sauver les phénomènes ; mais, « en donnant à la terre, continue-t-il, les divers mouvements que je lui attribue plus loin en cet ouvrage [1], une observation longue et répétée m'a montré que les phénomènes relatifs à chacun des autres astres errants découlaient d'un calcul par lequel on rapportait à la terre les mouvements des astres en tenant compte de la circulation de chacun d'eux ; elle m'a montré, en outre, que l'ordre et les grandeurs des astres, des divers orbes et du ciel lui-même se trouvaient, par là si étroitement liés entre eux qu'il devenait impossible, en aucune des parties du ciel, de déplacer quoi que ce soit, sans mettre la confusion en chacune des autres parties et dans leur ensemble ».

Comment, en bonne logique, l'hypothèse héliocentrique n'eût-elle pas paru *plus probable* que les autres à Copernic, selon son expression même ? Aidée par la préface d'Osiander, l'habitude acquise put bien empêcher quelque temps qu'on ne suivît l'inventeur jusqu'à cette conclusion ; mais peu à peu la même pensée devait s'imposer, soit pour provoquer des adhésions, soit pour exciter des résistances motivées par l'impression du danger couru par la doctrine aristotélicienne. De là les discordes que raconte M. Duhem et de là la déclaration de 1616, par laquelle les théologiens du Saint-Office déclarèrent les deux hypothèses de l'immobilité du soleil et du double mouvement de la terre *stultæ et absurdæ in philosophia* et l'interdiction faite à Galilée d'enseigner *d'aucune manière* la doctrine de Copernic, c'est-à-dire même en en limitant l'objet au but de sauver les phénomènes.

Mais il est des hommes à l'esprit pondéré qui, au milieu des ardeurs de la lutte et ne prévoyant que trop

---

(1) *Sur les Révolutions des orbes célestes.*

les conséquences qu'elle peut avoir, se souviennent à propos de la doctrine qui, séparant par une cloison étanche la science et la métaphysique, permet de tout concilier. Ces hommes sont le cardinal Bellarmin et le cardinal Barberini, futur pape Urbain VIII. « Dire qu'en supposant la terre en mouvement et le soleil immobile, on sauve toutes les apparences mieux que ne pourraient le faire les excentriques et les épicycles, c'est très bien dire ; cela n'offre aucun danger et cela suffit au mathématicien. Mais vouloir affirmer que le soleil demeure réellement immobile au centre du monde, qu'il tourne seulement sur lui-même sans courir d'orient en occident, que la terre occupe le troisième ciel et qu'elle tourne avec une grande vitesse autour du soleil, c'est chose fort périlleuse ». Puis Bellarmin ajoute que, si l'on avait de tout cela « une démonstration certaine. », « il faudrait procéder avec beaucoup de circonspection... Mais qu'une telle démonstration existe, poursuit-il, je ne le croirai pas tant qu'on ne l'aura pas démontré » [1].

De son côté, dans un entretien avec Galilée que rapporte Oregio, le cardinal Barberini, « accordant tout ce qu'il avait conçu, lui demanda s'il était hors de la puissance et de la sagesse de Dieu de disposer et de mouvoir d'une autre manière les orbes et les astres, et cela cependant de telle sorte que tous les phénomènes qui se manifestent dans les cieux, que tout ce que l'on enseigne touchant les mouvements des astres, leur ordre, leur situation, leurs distances, leur disposition, puisse néanmoins être sauvé.

« Si vous voulez déclarer que Dieu ne pourrait ni ne saurait le faire, il vous faut démontrer que tout cela ne pourrait, sans impliquer contradiction, être obtenu par un système autre que celui que vous avez conçu ; Dieu peut, en effet, tout ce qui n'implique pas contradiction ; comme d'ailleurs la science de Dieu n'est pas inférieure

____
[1] Lettre à Foscarini.

à sa puissance, si nous déclarons que Dieu a pu le faire,
nous devons déclarer qu'il l'a su ».

M. Duhem admire sans réserve ces paroles du cardinal
Barberini, et de fait elles sont en soi des plus exactes ;
mais il est indispensable de les compléter en laissant
pleine liberté aux savants de chercher la théorie la plus
vraisemblable et en ne leur imposant pas d'arriver à la
certitude ou de se taire ; or, bien que Galilée ait peut-
être été imbu du préjugé qu'on peut établir la vérité d'une
théorie à l'aide d'un *experimentum crucis*, il se contenta
de soutenir que son système avait en sa faveur plus de
90 0/0 des raisons. D'autre part, il serait inadmissible
qu'on ne pût attaquer une théorie que lorsqu'on serait en
mesure d'en démontrer rigoureusement la fausseté : à
supposer qu'on le pût, il serait toujours possible, par
des retouches et au prix de terribles complications, d'en
sauver l'essentiel et d'écarter ainsi toute théorie rivale.
Le savant, dans la recherche des théories, marche au
vraisemblable, et ce n'est que peu à peu, par l'effort successif de toute une lignée de penseurs, que la valeur
d'une hypothèse peut se dégager. Sans doute, la thèse
pragmatiste sur la valeur de la science accorde toute
liberté aux savants ; mais, indépendamment de ce que,
si ceux-ci croyaient eux-mêmes à cette théorie, toute
source d'hypothèses fécondes serait tarie par leur absence
même de foi en leur valeur, il est inévitable en fait que,
le jour où une hypothèse paraît beaucoup plus féconde
que l'hypothèse métaphysique autorisée, une foule
d'esprits pensants se détachent de celle-ci, comme cela
s'est vu à l'occasion de l'hypothèse de Copernic.

C'est qu'en effet, comme nous l'avons déjà vu, cette
théorie métaphysique n'est au fond qu'une théorie scientifique reposant sur les premières données des sens, et
c'est toujours à celles-ci qu'on en revient comme dernier
argument ; le cardinal Bellarmin, dont nous avons
constaté le pragmatisme scientifique, affirme sans am-
bage que l'expérience montre clairement que la terre est

immobile et que l'œil ne se trompe pas quand il juge que le soleil se meut, de même qu'il ne se trompe pas quand il juge que la lune et les étoiles se meuvent [1]. Or, nous le demandons, quelle raison peut-on avoir d'accorder cette autorité au témoignage des sens, naïvement interprété, pour nous faire pénétrer la réalité des choses, et de ne lui en reconnaître aucune quand il a été soumis à une critique préalable?

Dans toute cette discussion, nous nous sommes placé au point de vue commun des coperniciens et de leurs contradicteurs, qui croyaient également à l'existence de mouvements vrais. Il nous faut maintenant revenir à notre propre conception qui, on le verra, n'admet que des mouvements relatifs. Alors, avec M. Duhem, nous devons reconnaître que les mouvements auxquels on peut être tenté d'appliquer la qualification de vrais ne sont que des mouvements rapportés à un trièdre de référence tel que les lois expérimentales du mouvement soient représentées par la mécanique théorique le plus exactement et le plus simplement qu'il se peut faire ; mais nous sommes en droit de dire que ce trièdre nous ouvre la connaissance la plus complète qui puisse être des mouvements de l'univers (cela, bien entendu, dans la mesure où ce trièdre donne réellement le système de lois le plus simple) [2].

En vain M. Duhem prétendrait-il que la théorie du caractère purement relatif des mouvements réduit toute la question au point de vue pragmatique. Celui-ci en effet (qu'on nous permette d'anticiper sur l'étude de la

(1) Ici nous quittons M. Duhem pour une citation plus complète de M. l'abbé Vacandard (*Études de critique et d'histoire religieuse*). Puisque nous parlons de cette œuvre remarquable, nous devons déclarer que la note de la page 352 traduit très inexactement notre manière de voir sur les idées de M. Poincaré.

(2) Il est bien entendu que, en parlant d'un trièdre de référence, M. Duhem, comme nous-même, n'entend pas parler d'un trièdre unique, tous les trièdres en repos les uns par rapport aux autres étant équivalents au point de vue en question.

dynamique) conduirait à adopter, selon les cas, tel ou tel trièdre de référence, car, lorsque la force centrifuge composée résultant du mouvement de la terre ne produit dans un phénomène terrestre qu'un effet insignifiant, il est beaucoup plus commode de prendre des repères liés à la terre elle-même, et même, lorsque l'influence de cette force tombe au-dessous de toute mesure, un bon pragmatiste doit refuser de reconnaître aucune supériorité théorique au trièdre de référence astronomique.

L'intellectualiste, au contraire, croit qu'il existe un trièdre de référence par rapport auquel les lois des mouvements sont vraiment plus simples que par rapport à tout autre, le trièdre, pourrait-on dire, par rapport auquel Dieu pense le monde.

Et que devrait dire un idéaliste ne croyant à l'objectivité d'aucun mouvement? pour lui, tout n'est que représentation, il s'agit d'une réalité purement spirituelle à laquelle il ne peut s'agir que de conférer le plus haut caractère d'intelligibilité.

Donc, quelque système général de métaphysique qu'on adopte, on ne saurait méconnaître la « valeur de savoir » qui s'attache au choix des repères. De là vient que, tout en jugeant erronée la croyance de ceux qui admettent que la terre tourne *vraiment* autour du soleil d'un mouvement *absolu*, nous avons pu dire, dans la première édition de cet ouvrage, que l'émotion causée par la condamnation de Galilée fut légitime, car ce n'était rien moins que tout l'avenir de la science qui était en jeu, comme nous le verrons en traitant de la dynamique : ainsi qu'il arrive souvent, la masse s'émut justement en se trompant sur le vrai point en cause. C'est pour cela encore que M. Poincaré a été quelque peu effrayé du sens donné par certains à sa formule que les diverses hypothèses sont, non pas plus vraies, mais plus commodes les unes que les autres et a conclu son livre sur *la Valeur de la science* en disant : « La vérité, pour laquelle Galilée a souffert, reste donc la vérité, encore qu'elle n'ait pas tout à fait le même sens que pour le vulgaire, et que son vrai sens soit bien plus subtil, plus profond et plus riche » (p. **273**).

A vrai dire, ce coup d'œil sur l'histoire du choix des axes a été une digression, et il nous faut achever de préciser la question scientifique, au point de vue de la cinématique. Il ne suffit pas, pour obtenir la simplification voulue, de rendre le centre du soleil immobile. Supposons en effet qu'on prenne, par exemple, des axes invariablement liés au soleil, de façon à supprimer le mouvement de rotation qu'il possède avec les axes en usage : c'en sera fait des lois de Képler. Etant donné en effet que les plans des écliptiques des diverses planètes ne coïncident pas avec celui de l'équateur solaire, on voit que les orbites ne seraient même plus des courbes planes, et, quant à la loi des vitesses angulaires, elle ne serait plus vérifiée, alors même que les écliptiques coïncideraient avec l'équateur solaire. Pour que les lois de Képler soient vérifiées, il faut que les axes des coordonnées soient invariablement reliés aux astres qu'on appelle étoiles fixes, et dont les distances angulaires restent invariables.

Mais un bon choix d'axes ne suffit pas pour que cette vérification ait lieu : il faut encore choisir convenablement le mouvement-unité servant à la mesure des temps. Si l'on prenait, par exemple, le mouvement angulaire de la terre autour du soleil, il en résulterait, non seulement que les vitesses de rotation des astres sur eux-mêmes ne seraient plus constantes, mais encore que les vitesses de leurs révolutions autour du soleil ne seraient plus données que par des formules très compliquées.

Donc, à s'en tenir à la simple description cinématique des phénomènes, on est amené à un choix déterminé du système d'axes et du mouvement-unité, si l'on veut pouvoir exprimer par des formules simples les phénomènes astronomiques. Et alors se pose cette question : l'existence d'un système d'axes et d'un mouvement-unité jouissant, à l'exclusion de tous autres [1], de la propriété de produire cette simplicité ne montre-t-elle pas qu'on doit admettre l'existence du mouvement absolu, comme du temps absolu ?

Il est incontestable que le choix des axes et du mouvement-unité a cessé de présenter ce caractère arbitraire que lui laissait la cinématique pure, et nous reconnaissons volontiers que, pour qui pose l'existence du mouvement et du temps absolus à titre de postulat, il est naturel de conclure que ces systèmes privilégiés nous les font connaître. Mais nous ne saurions admettre que leur existence constitue un argument de quelque valeur en faveur de la réalité même du mouvement et du temps absolus. A supposer, en effet, que la description cinématique de l'univers puisse être réduite à des lois ou des formules simples, il est inévitable que cette simplicité soit rigoureusement subordonnée à un choix convenable des axes et du mouvement-unité ; si donc l'auteur de la nature a voulu faire une œuvre intelligible, pour ainsi dire, il n'a pu le faire que par rapport à des axes et à un mouvement-unité déterminés. D'où l'on doit conclure que cette subordination est absolument indépendante de l'hypothèse d'un mouvement et d'un temps absolus.

Nous ne devons pas nous dissimuler que, aux yeux de bien des personnes, rien n'est plus arriéré que de parler de la simplicité des lois de la nature. Les critiques que l'on a faites de cet ordre de considérations ont un fondement incontestablement sérieux. Quand Descartes, par exemple, accorde une supériorité de simplicité à la division d'un intervalle par la proportion arithmétique à sa division par la proportion géométrique, il se trouve

---

(1) Nous rappelons encore une fois que ne sont distincts ni deux systèmes d'axes immobiles l'un par rapport à l'autre, ni deux mouvements-unités où à deux espaces égaux de l'un répondent toujours deux espaces égaux de l'autre.

contredit par les lois de l'acoustique, en sorte que
M. Bouasse peut se demander en quoi consiste la simplicité d'une formule [1]. Mais ne voit-on pas ce qu'il y a
d'exagéré à forcer cette objection, car qui pourra contester que le système héliocentrique ne fournisse une
expression plus simple des mouvements du système
solaire que le système géocentrique ? On pourrait cependant objecter que la simplicité dont nous nous targuons
n'est qu'une illusion, dissipée par une étude précise des
faits, les lois de Képler étant de simples approximations.
Nous verrons, à propos de la dynamique, que ces divergences entre les faits et les formules simples qui étaient
censées les exprimer ne sont que la conséquence d'une
simplicité d'ordre supérieur, en sorte que, si elles constituent bien un motif pour se montrer très réservé dans
l'application du principe de simplicité, elles sont fort loin
d'en infirmer la valeur.

Nous ne concevons guère, d'ailleurs, comment on peut
méconnaître la haute portée philosophique de ce fait qu'il
est possible de reconnaître un ordre approximatif dans
un ensemble fort complexe [2]. M. Bouasse reconnaît
d'ailleurs que le principe de simplicité a été, dans la pratique, d'une fécondité admirable, *tant qu'il s'est agi de
déblayer le terrain de la science.* Si nous traduisons ces
dernières expressions par : *tant qu'il s'est agi de reconnaître les lois les plus fondamentales,* nous compren-
drons fort bien comment cette fécondité a dû s'atténuer
grandement, lorsqu'on a cherché des lois plus spéciales,
dont les effets, se perdant dans l'ensemble, n'impriment
plus à l'univers cette simplicité approximative qu'il doit

(1) *Introduction à l'étude des théories de la mécanique,* p. 94.
(2) Nous songeons forcément, en maintenant ce passage de la
première édition, à la critique que M. Bergson a depuis faite de
l'idée de *désordre,* en la ramenant à celle d'un ordre autre que
celui qu'on attend. Quelque ingéniosité et même quelque profondeur qu'il ait mises dans cette critique, nous croyons qu'il subsiste
bien une distinction de valeur entre ce que notre esprit peut et ce
qu'il ne peut pas penser (voir l'*Evolution créatrice,* pp. 239-258).

aux principes fondamentaux. Pour être dès lors d'une utilité moins immédiate, à titre de principe directeur des hypothèses et non de méthode de démonstration, bien entendu, il n'en conserve pas moins sa haute portée philosophique.

Un exemple, donné par M. Bouasse pour en faire la critique, nous paraît, au contraire, en faire bien ressortir l'intérêt. Observant que la simplicité des expressions mathématiques qui expriment une loi dépend essentiellement du choix des variables, il fait de cette remarque l'application suivante : Si Gay-Lussac avait étudié la dilatation des gaz avec un thermomètre rempli d'eau, il serait arrivé à une formule très compliquée. « C'est, dit-il, une chance heureuse pour Gay-Lussac que le mercure se dilate à peu près comme les gaz ; et, s'il a découvert la loi qui porte son nom, ce n'est pas le moins du monde, comme il le croyait, parce que les lois de la nature sont simples, mais parce que le hasard avait voulu qu'on remplît les thermomètres avec du mercure. »

N'en déplaise à M. Bouasse, si Gay-Lussac n'avait pas eu cette heureuse chance, il n'aurait dépendu que de lui de corriger une pratique vicieuse et de marcher systématiquement à la découverte de ses lois : pour cela, il n'aurait eu qu'à faire la critique des divers thermomètres, comme l'ont faite Dulong et Petit.

Étant donnés divers thermomètres composés de substances différentes et gradués séparément par la division en parties égales de l'espace compris entre les deux points fixes communs, un désaccord caractérisé s'observe pour les températures intermédiaires. D'où l'on est en droit de conclure que l'adoption de l'un quelconque de ces thermomètres, pour définir des intervalles égaux de température, est absolument arbitraire ; et, de même que, si l'on prend au hasard le mouvement-unité destiné à mesurer le temps, on ne peut espérer arriver à une expression simple des mouvements, de même ici la science de la chaleur devra presque forcément rester plongée dans la confusion. Il faut donc trouver d'abord une grandeur susceptible d'une mesure naturelle, non de pure convention ; cette grandeur, c'est la quantité de chaleur. Quelle que soit la nature de celle-ci, quelle que soit la réalité qui se cache sous cette expression de quantité de chaleur, il est certain, par exemple, que la combustion de deux grammes de carbone en développe deux fois ce que produit la combustion d'un seul gramme dans les mêmes conditions. En possession de cette grandeur naturelle, on peut reprendre l'examen des thermomètres et chercher si quelque substance ne subirait pas des dilatations égales par l'absorption successive de quantités égales de chaleur ; or, c'est précisément une propriété que présente très sensiblement le mercure, du moins entre 0 et 100°. Gay-Lussac aurait donc pu fort bien substituer le thermomètre à mercure à tel autre qui eût été en usage ; mais il a fait plus encore en reconnaissant que les gaz eux-mêmes jouissent mieux que le mercure de la propriété que nous venons de mettre en évidence, et c'est de là qu'est sorti le thermomètre à air.

On voit ainsi, sur un exemple choisi par un adversaire de l'idée de simplicité des lois de la nature, comment on peut arriver à dégager plus ou moins cette simplicité, par l'adoption de variables rationnelles.

D'autre part, il serait peu logique de prétendre que l'habileté du savant fait seule la simplicité de la formule : la loi naturelle est comme un cristal régulier que l'on dégage du cristal brut, non comme la statue qu'on tire d'un bloc de marbre. Chaque loi a, d'ailleurs, sa forme la plus simple répondant à certaines variables, et cette forme est elle-même d'une plus ou moins grande complexité ; le fait qu'on arrive à une formule vraiment simple a, notons-le, une réelle portée, car, si l'on n'avait que des formules très complexes, on pourrait croire, étant donné d'ailleurs leur caractère approximatif, qu'il n'existe, en réalité, aucune loi.

Ici, nous devons mentionner une objection que nous avait opposée Calinon : la simplicité des formules ne dépend pas seulement du choix des variables, mais aussi des symboles et notations que l'on adopte. C'est ainsi que, en algèbre, par exemple, les formules qui expriment les n inconnues d'un système de n équations du premier degré sont très simples, avec la notation du déterminant, et très compliquées sans cette notation ; de même, la différentielle d'ordre n d'une fonction de deux variables s'exprime très simplement, au moyen d'un symbole reposant sur la connaissance du développement de la puissance $n^{\text{ième}}$ de la somme de deux nombres [1].

Etant donné que l'application de ce système de simplification dans les écritures peut être développée indéfiniment, au moins en théorie, car dans la pratique il surchargerait bientôt la mémoire, il semble qu'on puisse dire que toute formule, si complexe soit-elle, est susceptible d'être réduite à une expression simple.

Pour juste que soit cette ingénieuse remarque, elle ne nous paraît infirmer aucunement les réflexions précédentes. Il s'agit, en effet, ici, d'une simplification purement extérieure et d'ordre mnémotechnique, permettant de remplacer une longue écriture par une courte, qui n'en est que le signe conventionnel. C'est à peu près comme si l'on prétendait avoir rendu très simple le rapport de la circonférence au diamètre, le jour où on l'a représenté par l'unique lettre π. Ces simplifications, de pure surface, peuvent avoir une grande utilité pratique ;

---

(1) Cette différentielle peut s'écrire :

$$\left(\frac{\partial f}{\partial x}\, dx + \frac{\partial f}{\partial y}\, dy \right)^n,$$

étant convenu qu'on développe cette puissance suivant la formule du binôme et qu'on considère, dans ce développement, les exposants des dérivées partielles comme représentant des indices.

mais elles laissent subsister toute la complexité réelle, dont on élude seulement en partie les inconvénients.

D'où nous croyons être en droit de conclure que la vieille notion de la simplicité des lois de la nature ne présente pas un caractère illusoire et vaut toujours la peine d'être discutée. Quoi qu'il en soit, il demeure incontestable que la description cinématique de l'univers est grandement simplifiée par l'adoption d'axes invariablement liés au système des étoiles fixes et par celle de la rotation de ce système comme mouvement-unité servant à la mesure du temps.

II

DYNAMIQUE

Tandis qu'il existe une cinématique pure, simple corollaire de la géométrie, la dynamique repose sur des observations nouvelles de nature à faire connaître d'après quelles lois les divers corps influent sur leurs mouvements respectifs. Ces observations, du reste, sont bien loin de faire ressortir ces lois d'une façon évidente, et rien n'est plus intéressant que de suivre dans *la Mécanique* d'Ernst Mach, ou mieux encore dans *les Origines de la Statique* de M. Duhem, la façon dont l'esprit humain est arrivé à dégager les principes fondamentaux de la mécanique.

Cette étude historique fait admirablement ressortir ce fait que l'on s'inspire de l'expérience pour poser un certain nombre de postulats ou d'axiomes permettant d'obtenir ensuite, par voie déductive, la série des propositions : c'est ainsi qu'avait procédé Euclide pour la géométrie, et c'est ainsi qu'on procédera toujours pour constituer une science déductive de la nature [1]. Cette

(1) M. Russell a consacré à la mécanique la dernière partie de

histoire de la statique fait bien ressortir, du reste, la dépendance où cette science est de la dynamique. Aristote l'avait reconnu nettement, prenant pour point de départ des propositions incorrectes qui, amendées successivement par Jordanus de Némore et par un inconnu, auteur d'un traité *de Ponderibus* et que M. Duhem appelle le « Précurseur de Léonard » [1], aboutirent au principe des déplacements virtuels [2]. Comme l'a dit Vailati : « Pour rencontrer une œuvre en laquelle la statique se trouve aussi absolument concentrée autour du principe des travaux virtuels, encore que ce principe ne soit conçu que d'une manière partielle et imparfaite ; une œuvre, dirai-je, où la statique soit assujettie d'une manière si despotique à ce principe ; une œuvre où l'on refuse, d'une manière si rigoureuse, toute initiative, tout droit d'intervention à l'intuition directe, dont la méthode d'Archimède faisait si largement usage ; pour rencontrer une telle œuvre, dis-je, il faut venir jusqu'à l'opuscule que Descartes a intitulé : *Explicatio machinarum atque instrumentorum quorum ope gravissima quæque pondera sublevantur* [3] ; cet opuscule est en effet la première tentative qui ait été faite, après le traité dont

son livre *The Principles of Mathematics*, mais il n'a pas donné à celle-ci l'ampleur de la partie consacrée à la géométrie. Le général de Tilly, dans sa *Mécanique abstraite*, dont nous avons parlé à propos de la cinématique, a développé aussi une dynamique relative à un espace lobatchefskien.

(1) Le traité *De Ponderibus* que M. Duhem attribuait à un auteur du xiiiᵉ siècle était attribué à une source grecque par Vailati. Un examen plus approfondi a permis au savant français de reconnaître que la première partie du traité, sur quatre, a seule une origine médiévale, les trois autres étant venues de la Grèce par l'intermédiaire des Arabes. C'est du reste à la première partie que nous faisons ici allusion.

(2) Pour qu'un point matériel soit en équilibre, il faut et il suffit que, pour tout déplacement virtuel infiniment petit de ce point, le travail virtuel des forces qui lui sont appliquées soit nul.

(3) Cet opuscule, écrit à la demande de Huygens, l'a été en français (voir les *Œuvres* de Descartes publiées par Ch. Adam et P. Tannery, t. 1, p. 495).

nous parlons, pour construire l'édifice entier de la statique sur le plan que devait réaliser la *Mécanique analytique* de Lagrange » [1].

D'autre part, l'école d'Archimède, à laquelle fait allusion Vailati, faisait reposer sa théorie sur quelques lois simples, relatives à l'équilibre; mais Stevin, qui fut le premier à développer sérieusement l'œuvre du grand syracusain, eut recours, pour résoudre le problème du plan incliné, à un principe tout dynamique, celui de l'impossibilité du mouvement perpétuel.

Une autre école enfin, issue de certains commentaires anciens sur Aristote, devait aboutir au principe de Torricelli, voisin d'ailleurs de celui des travaux virtuels : « Un système pesant dont le centre de gravité se trouve aussi bas que possible est assurément en équilibre ».

Ce qui frappe le plus, dans cette histoire, c'est le fait que l'on prend pour axiomes ou postulats des propositions difficilement dégagées de nombreuses erreurs et qui n'ont rien de particulièrement évident, si bien que des écoles très diverses peuvent se développer parallèlement ; mais, finalement, toutes ces écoles aboutissent à une science unique où les mêmes propositions sont, à volonté, des théorèmes ou des postulats. Dans sa confusion apparente, cette histoire est une admirable illustration de la théorie des sciences naturelles déductives, telle que nous l'avons exposée dans notre premier chapitre.

Le défaut d'évidence est un caractère constant des postulats de la mécanique, qu'il s'agisse de la mécanique rationnelle classique ou des branches plus récentes de cette science. On ne saurait trop recommander, à ce sujet, l'étude du beau livre de M. Meyerson, *Identité et Réalité*, où il oppose d'une façon frappante l'insuffisance

---

(1) *Il principio dei lavori virtuali da Aristotele a Erone d'Alessandria* (Academia reale delle scienze di Torino, vol. XXXII, séance du 13 juin 1897). Cité par M. Duhem.

des justifications expérimentales de ces principes [1] à la ferme adhésion qu'ils obtiennent des savants une fois qu'ils ont été nettement formulés. C'est une manifestation de cette foi indéfectible des savants dans l'intelligibilité de la nature : elle les expose sans doute à des adhésions prématurées, dont le moindre inconvénient ne sera pas de les exposer à faire des constructions fort artificielles pour sauver un principe admis à la légère, mais en même temps elle les soutient, les pousse en avant et est une condition indispensable du progrès. M. Poincaré a pu décocher de spirituelles épigrammes contre ces grands principes, mais, mieux que tout autre, il sait qu'on ne saurait se passer d'en poser. On se souvient comment un homme qui n'est pourtant pas un rêveur et dont la science est incontestable, le colonel Hartmann, a prétendu fonder une mécanique nouvelle, expliquant mieux la nature que ne le fait l'ancienne [2]. Ce n'est là qu'un des symptômes de l'état de crise où se trouve actuellement la science, crise provoquée par la nécessité d'élargir certains moules qui ne peuvent plus enfermer la totalité des faits découverts ; mais, chose remarquable, nous ne croyons pas que personne ait éprouvé le besoin de modifier ni le choix des repères ni la mesure du temps tels qu'ils résultent de la mécanique classique. Nous sommes donc en droit de reprendre à peu près l'exposé que nous donnions dans la première édition, sans trop nous inquiéter si, par exemple, la notion de masse subit des attaques assez vives, bien qu'elle continue à ressortir, avec les caractères que nous allons indiquer, de l'étude de l'immense majorité des phénomènes.

En mettant en tête du présent paragraphe le mot de dynamique, nous avons semblé annoncer que la science

(1) Principe d'inertie ou conservation du mouvement, conservation de la matière, conservation de l'énergie.

(2) Voir la *Revue d'artillerie* de 1896 et le *Bulletin de la Société française de Philosophie*, d'avril 1905.

dont nous allons parler repose sur l'introduction de la notion de *force* ; mais tel n'est pas le mode d'exposition auquel nous ferons allusion, car, pour nous, la notion de force est tout à fait accessoire et ne saurait être placée logiquement à la base d'une science. Une notion nouvelle va apparaître, et notre rôle va se borner à montrer comment elle se dégage de l'expression mathématique des phénomènes de mouvement. A propos de la cinématique, nous avons vu comment s'établit cette expression, au moyen d'un système de coordonnées et d'un mouvement-unité servant à mesurer le temps ; nous avons vu aussi que le choix de ce système et de ce mouvement n'est point indifférent, mais que, convenablement fait, il permet d'obtenir des formules beaucoup plus simples. Sans rien préjuger des conséquences de ce choix, nous nous y attacherons provisoirement, vu qu'il est toujours plus facile de travailler sur des expressions moins compliquées.

Si l'on étudie ainsi les mouvements des corps, en ne considérant plus chaque mouvement en lui-même, mais en cherchant à démêler l'influence mutuelle des divers corps sur leurs mouvements respectifs, on arrive à formuler la loi suivante : « Si des corps quelconques A, B, C... sont mis successivement deux à deux en relation, soit par le choc, soit dans les autres circonstances où le mouvement se produit, telles que l'électrisation, l'effort musculaire, la détente d'un ressort faisant-partie de l'un d'eux, etc., les vitesses qu'ils se communiquent mutuellement sont dans des rapports marqués par des nombres constants affectés à chacun d'eux... Chaque corps, chaque point matériel a ainsi, au point de vue du mouvement, une sorte d'*équivalent mécanique*, coefficient numérique, inversement proportionnel à la vitesse qui lui est imprimée dans des circonstances données. Ce coefficient, parfaitement déterminé pour chaque corps, lorsque l'on a choisi pour unité celui qui s'applique à un corps donné, porte le nom de *masse* du corps ou du point matériel [1] ». Telle est la notion nouvelle qui donne naissance à la dynamique, en la différenciant de la cinématique.

Ceci posé, nous emprunterons encore à M. Flamant l'énoncé de la loi générale au moyen de laquelle s'expliquent tous les phénomènes de la production du mouvement :

« Les corps se meuvent comme des systèmes de points ayant, à chaque instant, des accélérations réciproques, c'est-à-dire dont les composantes, suivant leurs lignes de jonction deux à deux, sont constamment égales et directement opposées pour les deux points dont chaque ligne mesure la distance, ces accélérations étant variables avec les grandeurs de ces lignes, mais indépendantes des vitesses des divers points, et les nombres de points de chaque système étant proportionnels aux masses des corps qui leur sont assimilés » [2].

Cet énoncé paraîtra peut-être un peu touffu ; aussi en allons-nous extraire l'énoncé de la loi spéciale dite de l'égalité de l'action et de la réaction, en y introduisant la notion de points de masses inégales. Comme le dit Calinon, cette loi comprend deux propositions :

1° Deux points quelconques échangent des accélérations dirigées en sens inverses suivant la droite qui les joint ;

2° Ces accélérations sont entre elles dans le rapport inverse des masses des deux points.

Pour faire la critique de ces deux propositions, nous n'avons qu'à résumer le travail de notre ami, qui, croyons-nous, a été le premier à faire cette critique et l'a faite de main de maître. La première proposition nous met en présence de quantités appartenant toutes à la cinématique, puisque la masse en est absente ; mais elle n'en constitue pas moins un principe de dynamique,

(1) Flamant, *Mécanique générale*, pp. 312 et 313.
(2) P. 314.

parce qu'elle étudie les mouvements de deux points comme influencés l'un par l'autre, non par suite d'une *liaison* comme on en imagine en cinématique, mais par une loi intime que révèle l'expérience. Or, cette loi, exprimant une propriété des directions des accélérations, ressentira le contre-coup de tout ce qui influe sur ces directions. Mais nous avons vu (p. 134) que le changement du système d'axes modifie ces directions, à moins que le nouveau système ne soit animé d'un mouvement de translation uniforme par rapport au premier. D'où l'on doit conclure que la première partie de la loi de l'égalité de l'action et de la réaction est essentiellement subordonnée au choix des axes. La même conclusion s'impose à l'égard du choix du mouvement-unité, dont dépend également la direction des accélérations (voir p. 134).

La seconde partie de la loi, d'après laquelle les accélérations échangées sont inversement proportionnelles aux masses, s'effondrera en même temps que la première ; mais il faut bien remarquer que l'expression, beaucoup plus complexe, qui se substituera à la relation exprimant cette inverse proportionnalité continuera à contenir les masses des points, avec leurs mêmes valeurs. Il en résulte que cet *équivalent mécanique* de chaque point matériel, dont parlait M. Flamant, a une portée, une valeur générale indépendante du choix des axes et du mouvement-unité. En attribuant ainsi à chaque point un coefficient caractéristique, on crée toute une série de théories, applications apodictiques de la géométrie, comme l'était déjà la cinématique pure : il suffit de mentionner à ce sujet les théories des centres de gravité, des moments d'inertie et des puissances des points.

Ces théories établies, rien n'empêche d'étudier d'une manière entièrement mathématique les mouvements qui vérifient la loi de l'égalité de l'action et de la réaction, absolument comme en cinématique pure on étudiait également *a priori* des mouvements particuliers, tels que ceux qui sont uniformément variés. On pourrait donc dire que la dynamique, caractérisée par l'introduction de la masse, a un caractère aussi apodictique que la cinématique, si l'attribution d'un coefficient constant à chaque point ne devait pas être légitimée expérimentalement. La justification de cette attribution apparaît comme absolue, en ce sens qu'elle ne dépend aucunement du choix des axes et du mouvement-unité servant à la mesure du temps. C'est donc une loi essentielle du monde matériel, bien différente en cela de la loi de l'égalité de l'action et de la réaction, complètement subordonnée à ce double choix. On voit donc quel intérêt il y a à ne pas mêler confusément, comme on le fait dans tous les traités, des propositions de portées si différentes [1].

L'importance du choix des axes et du mouvement-unité se trouve singulièrement accrue par le succès remporté au point de vue dynamique. Non seulement il apparaît comme la condition nécessaire d'un principe qui semble à beaucoup comme la base de la science de l'enchaînement des mouvements; mais, en permettant de reconnaître la loi des échanges d'accélération entre les astres, il fait voir que, si la description cinématique ne conduisait qu'à une simplicité approximative, cela tenait à ce que les divers astres du système solaire réagissent tous mutuellement les uns sur les autres : l'action dominante du soleil imprime à l'ensemble un caractère d'unité, mais les actions secondaires des autres astres altèrent cette simplicité, qui réapparaît pleine et entière dans la loi unique régissant toutes ces actions mutuelles. Ainsi Képler a formulé ses lois sans trop se préoccuper des petits écarts ; Newton a déduit de ces lois cinémati-

---

(1) Si nous avions, selon les vieux usages, parlé des forces au lieu des accélérations, rien n'eût été changé, puisque les forces sont précisément égales au produit des masses par les accélérations et ont les directions de ces dernières. Toutefois, au cas du choix d'un autre système d'axes et d'un autre mouvement-unité, il serait peut-être plus rationnel de désigner sous le nom de force le produit de la masse par l'expression complexe dont nous parlions tout à l'heure.

ques approchées une loi dynamique; puis Le Verrier a confirmé la rigueur de cette loi en montrant, de la façon que l'on sait, qu'elle explique admirablement les dérogations aux lois de Képler. Si les savants d'autrefois avaient professé le superbe dédain qu'on oppose aujourd'hui à la simplicité des lois de la nature, Képler se serait perdu dans des déterminations précises et incohérentes, d'où aucune loi n'aurait pu être extraite. En cherchant le simple, il a mis en évidence l'action prépondérante du soleil, et la loi de cette action, une fois découverte, s'est trouvée universellement applicable.

Ainsi le choix des axes et du mouvement-unité fait d'après le seul examen cinématique de l'univers, qui avait permis de sauver de façon si heureuse les phénomènes de cet ordre, compte un nouvel et éclatant succès ; non seulement il permet de donner une description simple des phénomènes, mais il permet aussi de les enchaîner suivant des lois causales qui s'étendent aussi bien aux phénomènes sublunaires qu'aux phénomènes célestes. C'est la grande gloire que M. Duhem, si sévère à certains égards pour Képler et Galilée, leur reconnaît bien haut : grâce à eux, nous demandons aux hypothèses de la physique de sauver à la fois tous les phénomènes de l'univers.

Il nous reste à examiner quelles conclusions il est permis de tirer des succès de la mécanique au point de vue de la nature de l'espace et du temps, de leur caractère relatif ou absolu. Newton a dit, dans une page vraiment frappante de ses *Principes de la Philosophie naturelle :* « Si on fait tourner en rond un vase attaché à une corde jusqu'à ce que la corde, à force d'être torse, devienne en quelque sorte inflexible ; si on met ensuite de l'eau dans ce vase et qu'après avoir laissé prendre à l'eau et au vase l'état de repos, on donne à la corde la liberté de se détortiller, le vase acquerra par ce moyen un mouvement qui se conservera très longtemps : au commence-

ment de ce mouvement, la superficie de l'eau contenue
dans le vase restera plane, ainsi qu'elle l'était avant que
la corde ne se détortillât ; mais ensuite, le mouvement du
vase se communiquant peu à peu à l'eau qu'il contient,
cette eau commencera à tourner, à s'élever vers les bords
et à devenir concave, comme je l'ai éprouvé, et, son
mouvement s'augmentant, les bords de cette eau s'élèveront de plus en plus, jusqu'à ce que, ses révolutions
s'achevant dans des temps égaux à ceux dans lesquels
le vase fait un tour entier, l'eau sera dans un repos relatif par rapport à ce vase. L'ascension de l'eau vers les
bords du vase marque l'effort qu'elle fait pour s'éloigner
du centre de son mouvement et on peut connaître et
mesurer le mouvement circulaire vrai et absolu de cette
eau, lequel est entièrement contraire à son mouvement
relatif : car dans le commencement où le mouvement
relatif de l'eau dans le vase était le plus grand, ce mouvement n'excitait en elle aucun effort pour s'éloigner de
l'axe de son mouvement : l'eau ne s'élevait point vers
les bords du vase, mais elle demeurait plane, et par conséquent elle n'avait pas encore de mouvement circulaire vrai et absolu ; lorsque ensuite le mouvement relatif de l'eau vint à diminuer, l'ascension de l'eau vers les
bords du vase marquait l'effort qu'elle faisait pour s'éloigner de l'axe de son mouvement ; et cet effort, qui allait
toujours en augmentant, indiquait l'augmentation de son
mouvement circulaire vrai. Enfin ce mouvement vrai fut
le plus grand lorsque l'eau fut dans un repos relatif dans
le vase. L'effort que faisait l'eau pour s'éloigner de l'axe
de son mouvement ne dépendait donc point de sa translation du voisinage des corps ambiants, et par conséquent le mouvement circulaire vrai ne peut se déterminer par de telles translations » [1]. Ce sont là « les effets
par lesquels on peut distinguer le mouvement absolu du
mouvement relatif », et l'on peut en conclure que « l'es-

[1] Traduction du Chastellet, Paris, 1759, p. 13.

pace absolu, sans relation aux choses externes, demeure toujours similaire et immobile » [1].

Tous les arguments en faveur de l'espace absolu tirés de la mécanique sont de même ordre que celui de Newton : tels sont ceux qui reposent sur la force vive et ses effets, sur le renflement de la terre à l'équateur ou sur le pendule de Foucault et le gyroscope [2] ; tel est aussi au fond celui que M. Boussinesq tire du fait que l'indépendance des accélérations par rapport aux vitesses est liée au choix des axes [3]. Entre tous, le pendule prête aux développements oratoires.

On sait que, sur la demande de la Société astronomique de France, ce pendule a été solennellement réinstallé au Panthéon en 1902 ; le jour de l'inauguration, le 22 octobre, M. Chaumié, ministre de l'Instruction publique, et M. Camille Flammarion, ont à l'envi célébré la mise en évidence d'un mouvement dont on était déjà certain, disaient-ils, mais que nous ne pouvions observer.

Cherchons à dégager nettement la portée réelle de ces arguments qu'on voit tour à tour traités de nuls et d'irréfragables. D'abord nous ne trouvons pas grande valeur dans certaines argumentations de Mach contre les raisons données en faveur du caractère absolu de l'espace. Contre l'expérience du vase de Newton, il dit : Elle « nous apprend que la rotation relative de l'eau par rapport au vase n'éveille pas de forces centrifuges apparentes, mais que celles-ci sont éveillées par son mouvement relatif par rapport à la masse de la terre et aux autres corps célestes ; elle ne nous apprend rien de plus. Personne ne pourrait dire ce que l'expérience aurait donné si la paroi du vase avait été rendue plus épaisse et plus massive,

---

(1) *Id.*, p. 8.
(2) Voir la belle argumentation de Vicaire en faveur du mouvement absolu dans les *Annales de la Société scientifique de Bruxelles*, année 1893-1894, 2e partie, p. 283.
(3) *Etude sur divers points de la philosophie des sciences.*

jusqu'à avoir une épaisseur de plusieurs lieues. Nous n'avons devant nous qu'une expérience unique et nous avons à la mettre d'accord avec l'ensemble des faits qui nous sont connus, mais non pas avec les fictions que l'on imagine » [1].

De même, à l'égard de l'argument tiré de l'aplatissement des corps célestes qui est indépendant des autres corps, alors que, en leur absence, d'après la thèse relativiste, la rotation est indiscernable du repos, il objecte : « Dans l'expérimentation mentale, on peut modifier des circonstances accessoires pour permettre à de nouveaux côtés d'un phénomène de se détacher de l'ensemble. Mais on ne peut supposer *a priori* que l'univers entier est sans influence. Si, en l'excluant, on aboutit à des contradictions, c'est une preuve de plus en faveur du mouvement relatif qui, s'il soulève aussi des difficultés, ne conduit au moins à aucune contradiction »[2].

Ces raisons nous paraissent singulièrement faibles ; notamment, en ce qui concerne le vase tournant, nous ne voyons pas comment on peut dire qu'il s'agit d'une expérience unique, attendu qu'on peut considérer cette expérience comme représentative d'une infinité d'autres expériences, de toutes les expériences qui mettent en jeu la force centrifuge, pourrait-on dire.

D'autre part, à propos de l'expérience du Panthéon, M. Pasquier, s'appuyant sur les déclarations des maîtres contemporains, d'après lesquels, « quand on dit qu'un corps est en repos ou en mouvement, cette proposition n'a aucun sens si l'on n'indique pas quels sont les autres corps par rapport auxquels on définit le repos ou le mouvement », conclut que, « quand on dit que l'expérience du pendule de Foucault est une preuve de la rotation de la Terre, on parle d'une façon inintelligible »[3].

(1) *La Mécanique*, traduction Bertrand, p. 225.
(2) *Id.*, p. 490.
(3) *Revue des questions scientifiques*, d'avril 1903, p. 512. Ajoutons que M. Pasquier reconnaît hautement le privilège excep-

Cette manière de s'exprimer nous paraît tout à fait exagérée, car, comme le dit Mach, tous les arguments de ce genre valent « si nous prenons *a priori* l'espace absolu pour point de départ »[1], et dès lors il n'est pas permis de dire que les croyants en cet espace tiennent un langage inintelligible, et nous revenons à ce que nous avons dit à l'occasion de la cinématique ; mais ce que nous disions alors se trouve singulièrement renforcé au point de vue de sa valeur scientifique par le fait de la concordance des repères et du mouvement-unité auxquels conduit l'étude dynamique de l'univers avec ceux que désigne son étude cinématique.

En ce qui concerne le mouvement-unité servant à la mesure des temps, nous avons indiqué que son choix n'a pas donné lieu aux vives discussions qu'a soulevées celui des repères ; aussi est-on très porté à croire qu'on peut donner des temps égaux une définition véritable, atteignant une réelle égalité naturelle Mais Delbœuf a présenté une critique décisive du cercle qu'implique une telle croyance : « Qu'est-ce que l'unité de temps, dit-il ? Elle est arbitraire, dit Laplace ; on prend par exemple la seconde. Mais toutes les secondes sont-elles de même valeur ? Pour vérifier un mouvement uniforme, il me faut d'abord une division uniforme du temps. Mais, quel que soit le moyen par lequel je crois obtenir cette division uniforme, sa construction se fonde nécessairement sur les lois de la mécanique, et admettre ses indications comme sûres, c'est admettre implicitement comme vraies ces mêmes lois qu'il s'agit pourtant de vérifier. Si, par exemple, je divise le temps par le mouvement oscillatoire du pendule, d'où sais-je que les oscillations du pendule sont isochrones ? par les lois de la mécanique. Donc partir de l'isochronisme des oscillations du pendule pour

tionnel dont jouissent les repères liés aux étoiles fixes (même Revue, juillet 1903, p. 213).

(1) *La Mécanique*, p. 225.

vérifier les lois de la mécanique, c'est faire une pétition
de principe. Bien mieux, admettons, même hypothéti-
quement, la vérité des lois mécaniques ; il faut encore,
pour que les oscillations soient isochrones, que la masse
et la vitesse de rotation de la terre restent constantes. Il
faudrait même que, pendant l'expérience, la terre, le
soleil, la lune et tous les corps célestes restassent immobiles, car la pesanteur à la surface de la terre dépend de
tout l'ensemble du système céleste... Nous pouvons dire
après cela, croyons-nous, que la constatation du mouvement uniforme est impossible »[1].

Cette critique est irréfutable, et cependant les partisans du temps absolu peuvent y échapper par une modification convenable de leur thèse. Sans doute, peuvent-
ils répondre, nous ne saurions affirmer *a priori* que
toutes les conditions du mouvement soient les mêmes
lors des oscillations successives d'un pendule ; mais,
comme nous n'apercevons aucune différence qui semble
devoir exercer une influence appréciable, nous posons
l'hypothèse de l'identité des diverses oscillations et,
comme conséquence, l'égalité des temps durant lesquels
elles se produisent. Cette hypothèse, l'expérience la confirme, non seulement par la fécondité de ses conséquences, fécondité que l'étude qui précède a mise en

---

(1) *Essai de logique scientifique*, p. 256. Delbœuf ajoute que le
même cercle vicieux se retrouve dans la définition de la masse.
La critique est sans doute exacte, appliquée aux définitions
usuelles, mais non appliquée à la définition que nous en avons
donnée, après M. Flamant et Calinon, puisqu'elle est indépendante
du choix des axes et du mouvement-unité.

M. Goedseels a formulé avec une grande précision l'argument
de Delbœuf reproduit ci-dessus : « Comme nous ne connaissons
les causes que par leurs effets, a-t-il dit, et les effets que par les
mesures de leurs éléments constitutifs, notamment le temps mis
par leurs éléments à s'accomplir, il nous est impossible de constater l'identité de deux phénomènes sans mesurer leurs durées. Il
en résulte que la définition de l'égalité des durées par celle des
phénomènes présente un cercle vicieux » (*Annales de la Société
scientifique de Bruxelles*, année 1893-94, 1ᵣₑ part., p. 8).

lumière, mais aussi par l'accord des divers modes de
mesure du temps fondés ainsi sur l'hypothèse de mouvements ou uniformes ou périodiquement variés, tous ces
modes étant d'accord pour désigner les mêmes intervalles de temps comme égaux.

Une telle réponse a, selon nous, une valeur très réelle
et ne permet pas d'écarter les définitions courantes des
temps égaux avec autant de dédain que le font Delbœuf
et Calinon ; mais nous l'avons déjà réduite à sa vraie
portée. Sans doute, si l'on admet *a priori* l'existence de
temps égaux, on est en droit de soutenir qu'on les a mis
en évidence ; mais, par contre, si nous nions cette existence, les succès si caractéristiques dont se prévalent nos
contradicteurs n'ont rien qui puisse nous émouvoir. Il a
été démontré, en effet, que les lois qui président à la production et à l'enchaînement des mouvements sont *nécessairement* liées au choix du mouvement-unité. Pour
arriver à faire ce choix vraiment privilégié, qui seul
peut faire régner l'ordre au sein des mouvements si complexes de la matière, la première chose à faire était d'essayer des mouvements qui présentassent des caractères
d'harmonie, tant pour nos sens que pour notre raison :
le succès obtenu s'interprète également dans l'une et l'autre hypothèses [1].

Le présent chapitre peut donc se résumer ainsi : la
recherche de lois simples exprimant l'enchaînement des
phénomènes de la nature conduit à rapporter tous les
mouvements à un système d'axes défini, à une transla-

(1) M. Georges Sorel a essayé de montrer que, grâce à la
thermo-dynamique, on peut « concevoir un étalon de temps rigoureusement invariable » (*Deux nouveaux sophismes sur le temps*,
dans les *Annales de philosophie chrétienne* de décembre 1892,
p. 252). Mais, comme il le dit lui-même, son raisonnement n'a de
valeur que si on admet la réalité physique de l'énergie ; or, le
temps figurant explicitement dans l'expression de l'énergie, il est
bien clair que celle-ci ne peut être constante qu'avec un choix convenable du mouvement-type ; l'argument est donc sans portée
philosophique.

tion uniforme près, et à mesurer les temps au moyen d'un mouvement-unité strictement déterminé. Les partisans du mouvement et du temps absolu peuvent voir un succès dans ce résultat ; mais les adversaires des mêmes conceptions sont fondés à soutenir que la relativité du mouvement et du temps n'en subit aucune atteinte.

Dans ce qui précède, nous avons généralement admis que le mouvement diurne de la terre fournit exactement la mesure du temps qui correspond aux lois dynamiques simples ; or, il est fort probable que la rotation de la terre éprouve, par rapport au mouvement-unité théorique, un certain ralentissement par suite du frottement des eaux de la mer et peut-être du noyau liquide central : d'autre part, il est bien certain que les étoiles dites fixes se déplacent les unes par rapport aux autres, leurs distances angulaires variant très lentement. Il est donc intéressant d'indiquer comment peuvent se définir et se déterminer les axes et le mouvement-unité théoriques ; c'est ce qu'a fait M. Goedseels avec une grande précision. On admet qu'il existe au moins une manière de mesurer le temps et un système d'axes tels que les corps de l'univers se meuvent conformément à la loi de la gravitation universelle, à la loi de l'égalité entre l'action et la réaction et à la loi de l'indépendance des forces. Partant de là, on détermine comment les astres doivent se mouvoir par rapport au système d'axes, et l'on rencontre dans ces calculs des constantes et une variable indépendante t. Si n est le nombre des constantes, on fait $n + m$ observations à m époques différentes, et l'on obtient ainsi $n + m$ équations entre les n constantes et les m valeurs de t.

Si ces équations sont incompatibles ou ne fournissent pas, pour t, m valeurs croissant avec l'ordre des observations, les hypothèses faites sont absurdes ; si elles fournissent, au contraire, des valeurs convenables pour les inconnues, il est possible que les hypothèses répondent à la réalité, mais il faut encore qu'on puisse faire croître t de manière à faire concorder à chaque instant l'univers calculé avec l'univers réel.

Tous ces calculs sont faits à l'avance par les bureaux des longitudes et consignés dans les éphémérides; jusqu'à présent on a pu réussir à maintenir l'accord entre la théorie et l'observation, grâce aux corrections de réfraction, d'aberration, etc., et cela avec une mesure du temps différant extrêmement peu de celle qui résulte de la révolution d'une étoile quelconque. La mesure théorique du temps est donc celle que donnent les éphémérides calculées en se basant sur l'hypothèse de la gravitation universelle[1].

Voilà pleinement réalisée la conception théorique due au génie de Damascius [2].

En terminant ce chapitre, nous n'ajouterons qu'un mot au sujet des théories nouvelles qui tendent à renverser la notion d'une masse constante et qu'on pourrait être tenté de considérer comme sapant par la base, par la proposition qu'il ne peut y avoir de mobile animé d'une vitesse supérieure à celle de la propagation de la lumière, toute théorie considérant comme indiscernables deux

---

(1) *Annales de la Société scientifique de Bruxelles*, année 1893-94, 1re part., pp. 9 et 10.

(2) On sait que Carl Neumann, après avoir fait ressortir l'inanité du mouvement absolu, a formulé, à titre de premier principe de la théorie de Galilée et de Newton, la proposition suivante : « En une région inconnue de l'univers, il existe un corps également inconnu (qu'il appelle le corps *Alpha*), qui est un corps absolument rigide, un corps dont la figure et les dimensions demeurent invariables au cours du temps » et auquel, ajoute-t-il, on doit rapporter les mouvements. Puis à la question de savoir si ce corps est doué d'une existence réelle et concrète, il répond que cette existence peut faire l'objet d'une supposition aussi légitime, aussi certaine que l'hypothèse de l'éther lumineux, ce qui, d'après M. Duhem, signifie pour Neumann, comme pour lui-même, que le corps Alpha est une conception mathématique abstraite, dépourvue de toute existence objective et concrète.

systèmes de repères ne différant que par une translation rectiligne et uniforme. Nous ferons simplement remarquer que ces théories expliquent et la variation de la masse et la limitation de la vitesse d'un mobile par la considération d'un éther supposé fixe et par rapport auquel sont estimés les mouvements des corps. Il est clair que ces mouvements n'ont aucune analogie avec des mouvements dans un espace vide. Nous ajouterons que certains savants, tout en niant la possibilité de vitesses supérieures à celle de la lumière, soutiennent l'impossibilité de déterminer aucune vitesse par rapport à l'éther, posant ainsi, au point de vue expérimental, un principe de relativité beaucoup plus étendu que celui que nous soutenons. M. Poincaré, qui est un partisan déclaré de ces nouvelles conceptions appuyées sur les expériences de Michelson et systématisées par l'hypothèse de Lorentz et Fitz-Gerald, énonce sa pensée avec une remarquable précision : « Il est impossible, dit-il, d'échapper à cette impression que le principe de relativité est une loi générale de la nature, qu'on ne pourra jamais, par aucun moyen imaginable, mettre en évidence que des vitesses relatives, et j'entends par là non pas seulement les vitesses des corps par rapport à l'éther, mais les vitesses des corps les uns par rapport aux autres »[1]. On voit que, si les nouvelles théories tendent à ébranler la notion de masse, elles confirment le principe de relativité et même l'étendent d'une façon qui limiterait l'investigation scientifique d'une façon bien regrettable puisqu'elle lui interdirait tout un ordre de questions dont la légitimité est indéniable pour tous ceux qui ne limitent pas la science à un objet purement pragmatique.

---

(1) *Science et Méthode,* p. 240.

CHAPITRE VI

LA GÉOMÉTRIE DE NOTRE UNIVERS

M. Poincaré répète volontiers que nos expériences ne nous font connaître que les rapports des corps entre eux, nullement ceux des corps avec l'espace ou les rapports mutuels des diverses parties de celui-ci. Ceci, comme on le verra dans le paragraphe III du présent chapitre, n'aboutit à rien moins qu'à la négation de l'existence de relations spatiales déterminées entre les corps. Pour nous ces relations existent, mais l'espace, comme nous essaierons de le montrer, n'est qu'un système de relations entre ses points, et ceux-ci ne sont réalisés que dans les corps ; dès lors ce ne sont que les phénomènes présentés par ces derniers qui peuvent nous éclairer sur les relations de fait pouvant exister entre les points de l'espace, lesquels n'ont pas de réalité propre. La critique de la portée réelle de ces expériences resté sans doute à faire ; mais nous ne saurions admettre la négation de l'existence de relations spatiales formulée *a priori* par M. Poincaré.

Réservant cette critique de l'expérience que nous mentionnions à l'instant, nous admettrons l'identité de ce qui paraît identique à nos sens et admettrons par suite la possibilité de déplacer des solides sans déformation. Nous commencerons d'ailleurs par la question qui peut recevoir la réponse la plus précise, celle du nombre des dimensions de l'espace.

I

NOMBRE DES DIMENSIONS DE L'ESPACE

Il peut y avoir doute sur ce nombre, mais du moins ici il n'est pas de solution approchée, puisque ce nombre est forcément entier.

L'expérience courante montre que nous pouvons déterminer la position d'un point au moyen de trois coordonnées et que trois sont nécessaires. De là il est permis de conclure que notre espace est à trois dimensions ou, si l'on aime mieux, qu'il en est ainsi des phénomènes spatiaux observés par nous.

Si l'on veut un exposé plus méthodique, nous pouvons revenir à la géométrie numérique du général de Tilly, dont nous avons donné une idée sommaire au second paragraphe du premier chapitre du présent ouvrage, géométrie qui se transforme en géométrie métrique quand on en fait l'application au moyen du déplacement d'une figure supposée rester identique à elle-même pendant son mouvement. Dans la correspondance que nous avons échangée avec lui, cet illustre géomètre nous a indiqué, par exemple, comment on s'apercevrait que l'on a attribué un trop grand nombre de dimensions à un espace.

Supposons qu'opérant sur une surface plane on y prenne trois points fixes fondamentaux :

$$A\,(x_a,y_a,0), \quad B\,(x_b,y_b,0), \quad C\,(x_c,y_c,0).$$

Alors un point 1 sera donné soit par ses trois distances arbitraires aux points fondamentaux (1A, 1B, 1C), ce qui déterminera ses coordonnées, sauf le signe de z, soit directement par ses coordonnées arbitraires x, y, z, ce qui déterminera les intervalles 1A, 1B, 1C. Nous pourrons prendre ainsi autant de points que nous voudrons et choisir arbitrairement, outre les trois distances fondamentales, celles de ces points aux points fondamentaux, et les équations des lieux de ces points pourront être celles de droites, de plans, de sphères..., bien qu'on ne soit pas sorti du plan donné, et jamais on ne se heurtera à aucune contradiction. Mais, si, au lieu de prendre arbitrairement les intervalles AB, BC, AC, 1A, 1B, 1C, on les mesure au moyen de corps solides, on trouvera que z est égal à zéro, et le fait se renouvellera pour tous les points choisis, ce qui révèlera que l'espace expérimenté n'a que deux dimensions. De même, nous trouverons des sphères numériques à trois dimensions dans notre espace, mais si nous calculons leurs quatrièmes coordonnées, nous les trouverons constamment nulles, si nous mesurons les intervalles fondamentaux au lieu de leur attribuer des valeurs arbitraires.

Ce genre d'argumentation ne touche pas ceux qui, avec M. le Dr de Cyon, cherchent une origine purement physiologique à notre notion d'espace. Dans une série d'études, résumée dans un article de la *Revue philosophique*[1], cet auteur s'est efforcé de montrer que le nombre trois, attribué aux dimensions de l'espace, est dû uniquement à ce que tel est le nombre de nos paires de canaux semi-circulaires, auxquels serait due la notion de direction[2]. On remarquera d'abord, avec M. Cou-

<hr>

(1) *Les bases naturelles de la géométrie d'Euclide* (année 1901, 2e sem., p. 1).

(2) On trouvera une critique de la théorie de M. de Cyon dans le livre de M. Poincaré sur la *Valeur de la Science* (p. 133 et s.). Nous y noterons cet argument aux allures téléologiques :

« Les organes des sens sont destinés à nous avertir des *changements* qui se produisent dans le monde extérieur. On ne comprendrait pas pourquoi le créateur nous aurait donné des organes destinés à nous crier sans cesse : Souviens-toi que l'espace a trois dimensions, puisque le nombre de ces trois dimensions n'est pas sujet au changement. » En l'espèce cet argument nous paraît sans portée, car les canaux semi-circulaires auraient pour objet de nous donner des directions repérant la position variable de notre corps par rapport au monde environnant : le nombre des dimensions ne serait qu'une conséquence du nombre de ces canaux.

turat, que partir du fait que notre organisme présente des canaux placés dans trois plans perpendiculaires, c'est admettre dès l'abord que notre espace a au moins trois dimensions. Ce fait étant présupposé, il s'agit de savoir s'il en a davantage ; or l'expérience imaginée par le général de Tilly montre que nos opérations ne sortent pas d'un espace à trois dimensions, ce fait pouvant d'ailleurs s'expliquer non seulement par une telle limitation effective de l'espace, mais aussi par une impossibilité pratique, résultant de notre constitution physiologique, de sortir d'un espace à trois dimensions.

Mais il y a bien des faits qui tendent à montrer que tous les phénomènes sont enfermés dans un espace à trois dimensions. Sans doute, en vertu de l'hypothèse, nous ne pourrions en percevoir que la partie qui se déroulerait dans cet espace ; mais si, objectivement, ils s'étendaient dans un champ à quatre dimensions, nous devrions à chaque instant voir paraître et disparaître les corps qui nous entourent, alors qu'une sorte d'axiome de la science est que rien ne se perd et que rien ne se crée dans la nature. Or, si l'on se souvient qu'un espace à trois dimensions est infiniment mince au sein d'un espace à quatre dimensions, comme l'est une surface au sein d'un espace à trois dimensions, on conçoit combien incessamment varieraient les corps occupant notre espace si, se mouvant dans un espace à quatre dimensions, ils ne faisaient que traverser celui de notre perception.

On est donc amené à rejeter la conception d'un univers à quatre dimensions ; toutefois, les raisons qui précèdent ne portent pas contre une hypothèse qui, tout en admettant l'existence d'une quatrième dimension, en restreint singulièrement le rôle en n'attribuant qu'une valeur excessivement petite à l'épaisseur présentée par les phénomènes suivant cette dimension. Dans une curieuse communication faite au Congrès de philosophie de 1900 [1],

(1) *La combinaison chimique au point de vue de la théorie de la connaissance*. Bibliothèque du congrès, t. III, p. 529.

M. Kozlowski s'est placé en quelque sorte entre les théories irréductibles des scolastiques et des chimistes modernes au sujet de la combinaison. On sait que, pour les premiers, les composants disparaissent, n'ayant plus d'existence qu'en puissance dans le composé, tandis que les seconds, particulièrement les atomistes, considèrent les éléments comme toujours subsistants dans le composé. Or, dit M. Kozlowski, il est impossible de distinguer des parties hétérogènes dans l'étendue d'un corps composé ; d'où il résulte que, si l'on affirme la subsistance des composants, on doit affirmer aussi qu'ils occupent une seule et même place, et il arrive finalement à formuler l'hypothèse que les divers corps simples ne sont que des formes d'ondes d'une certaine substance ou éther chimique, qui se combinent, en se superposant, plus ou moins comme le font les ondes lumineuses.

Dans toute cette conception, ingénieuse et discutable, on ne voit pas apparaître l'idée d'une quatrième dimension ; mais M. Maurice Boucher, s'emparant de cette idée que « la combinaison a lieu lorsque deux corps occupent une seule et même place », se demande si cette occupation d'une seule et même place dans l'espace à trois dimensions ne pourrait pas se produire par superposition suivant une quatrième dimension [1]. Il développe ingénieusement cette pensée et fait valoir plus loin [2] diverses autres conceptions hypothétiques intéressantes où la quatrième dimension, pour ainsi dire infinitésimale, sert de principe d'explication.

Le malheur est que nous ne voyons dans tout cela que des vues de l'esprit, curieuses assurément, mais ne conduisant à aucun progrès scientifique. On pourrait concevoir mieux. La stéréochimie, comme on sait, fait valoir des raisons très sérieuses pour montrer que la

(1) *Essai sur l'hyperespace, le temps, la matière et l'énergie,* 2ᵉ édition, p. 107.

(2) Chapitre VIII, *le Monde réel et l'espace à 4 dimensions,* pp. 185 et suiv.

molécule d'un composé du carbone ne peut résulter d'une répartition dans un plan des atomes composants ; si l'on montrait que, de même, pour certains composés, toute répartition dans un plan ou dans un espace à trois dimensions est inadmissible, tandis que la répartition dans un espace à quatre dimensions expliquerait les phénomènes observés, un grand pas serait évidemment fait.

Pour préciser ce point, rappelons brièvement la base de la théorie du carbone tétraédrique [1]. Elle repose sur les trois faits suivants :

1° Le carbone est généralement quadrivalent, c'est-à-dire est susceptible de s'unir à quatre atomes d'hydrogène ;

2° Les quatre valences du carbone sont équivalentes, c'est-à-dire que les liens qui unissent les quatre atomes étrangers à celui de carbone sont les mêmes : en d'autres termes, si l'on substitue un atome d'un troisième corps à l'un des atomes d'hydrogène, on obtiendra toujours ainsi le même corps ;

3° La molécule que constitue le groupement CR^4 est dans un état d'équilibre stable, c'est-à-dire que deux atomes rattachés à l'atome de carbone ne peuvent échanger librement leurs positions respectives sans l'intervention d'une force extérieure : dans l'hypothèse contraire, un corps répondant à la formule $CRR'R''R'''$ n'existerait que sous forme de mélange d'isomères en nombre infini, tandis qu'en fait un pareil composé est toujours susceptible d'exister sous deux formes douées de propriétés différentes.

Voyons quels schémas sont susceptibles de satisfaire à ces trois principes.

Parmi les formules planes représentant le groupement CR^4, la suivante répond seule aux conditions voulues :

---

(1) Nous résumons l'exposé de M. Freundler dans *La Stéréochimie* (collection *Scientia*).

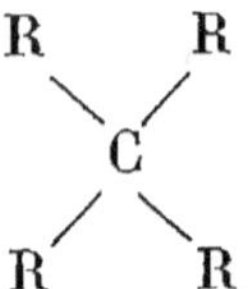

Les atomes ou groupements R sont situés sur un cercle, dont l'atome de carbone occupe le centre, et aux extrémités de deux diamètres formant un angle quelconque. Mais, quel que soit cet angle, les substitutions d'autres atomes aux atomes R vont faire apparaître une difficulté invincible. Remplaçons en effet deux atomes R par deux atomes R' : nous pourrons obtenir deux formes absolument distinctes :

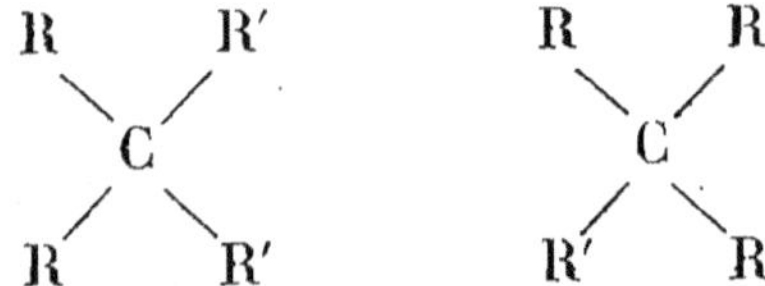

Donc il doit y avoir deux isomères répondant à la formule $CR^2(R')^2$; mais on n'a jamais pu les découvrir.

L'impossibilité de représenter le groupement CR^4 par une formule plane étant ainsi démontrée, on voit aisément qu'il peut correspondre à la répartition des quatre atomes ou groupements R aux sommets d'un tétraèdre régulier dont le centre serait occupé par l'atome de carbone, car la substitution de deux autres atomes à deux atomes R ne peut entraîner aucune isomérie. La condition primitivement posée est donc satisfaite ; mais une nouvelle condition s'impose : le schéma doit permettre de prévoir l'existence de deux isomères répondant à la formule $CRR'R''R'''$. Or cette existence est la conséquence immédiate du schéma, puisqu'on peut placer les lettres R de façon que les deux tétraèdres forment deux figures symétriques, non superposables.

Or on sait que, si la stéréochimie compte de brillants succès, permettant d'expliquer un grand nombre de faits, elle se heurte d'autres fois aux plus graves difficultés. Il serait très intéressant de rechercher si l'introduction d'une quatrième dimension ne serait pas de nature à les résoudre. Il est tout au moins un fait qu'on expliquerait aisément au moyen de la quatrième dimension, sans qu'il fût nécessaire d'attribuer à une molécule plus de trois dimensions. On sait en effet que l'azote trivalent paraît ne pouvoir engendrer que des composés dissymétriques quand les trois groupements associés sont distincts, et alors ces composés devraient posséder le pouvoir rotatoire, ce que ne confirme pas l'expérience. On a été amené à expliquer cela en disant que le troisième principe servant de base à la théorie du carbone tétraédrique n'est pas applicable ici, c'est-à-dire que la molécule ne présenterait pas de constitution stable, en sorte que, les groupements R, R', R'' se trouvant au même instant dans toutes les positions possibles autour de l'atome d'azote, l'ensemble formerait un milieu, sinon symétrique, du moins absolument homogène, dans lequel toutes les dissymétries partielles s'annuleraient mutuellement. Or le même résultat serait obtenu sans admettre l'instabilité de configuration, si l'on supposait que les molécules sont mobiles dans un espace présentant une quatrième dimension assez développée pour permettre leur retournement. Seulement on se demanderait alors pourquoi les isomères des composés du carbone sont généralement stables et ne présentent qu'exceptionnellement des phénomènes de racémisation spontanée, pourquoi la dissolution d'acide tartrique droit ou gauche conserve son pouvoir rotatoire au lieu de se transformer en un mélange d'acide droit et d'acide gauche, mélange inactif par neutralisation mutuelle.

On voit que, si l'hypothèse d'une quatrième dimension ne jouant de rôle que dans l'ordre, pour ainsi dire, des infiniment petits permet d'entrevoir certaines explications intéressantes, elle n'a pas encore acquis de titres scientifiques suffisants. Comme nous l'avons déjà dit, il nous paraîtrait particulièrement intéressant de chercher à en faire l'application à la stéréochimie, qui, si solide en apparence, n'est pas destiné à durer, d'après M. Freundler qui l'a si bien résumée. Il y a quelque chose de déconcertant dans le spectacle que présentent ces théories si fructueuses qui se renversent les unes les autres : « la stéréochimie, dit ce savant, est actuellement arrivée à un point où, d'une part, elle a donné tout ce qu'elle pouvait donner et où, d'autre part, ses imperfections de jour en jour plus apparentes nécessitent sa transformation complète ». Qui sait si l'hypothèse de la quatrième dimension ne pourrait pas fournir le point de départ de cette transformation ?

II

LE PARAMÈTRE SPATIAL DE NOTRE UNIVERS

Etant admis qu'en l'absence de causes physiques spéciales les corps se déplacent en restant géométriquement identiques à eux-mêmes (et les déplacements des corps dits solides nous invitent à l'admettre), la question du choix de la géométrie traduisant les phénomènes spatiaux se réduit à déterminer, en fonction d'une longueur existant dans l'univers, le paramètre caractéristique de cette géométrie.

Or les expériences que nous pouvons faire sur notre globe nous induisent toutes à admettre l'infinité de ce paramètre, c'est-à-dire à adopter la géométrie euclidienne. La liste de ces expériences est indéfinie. Il y a d'abord la possibilité de construire des figures semblables, non pas sur la surface même de la terre où, dès qu'on expérimente en grand, on constate l'inexactitude de l'hypothèse, ce qui précisément fait déclarer que cette surface n'est pas plane, mais dans l'espace à trois dimensions et sur les surfaces retournables ou planes. Corrélativement, la somme des angles de tout triangle y est égale à deux droits, l'équidistante d'une droite est une droite et une transversale fait avec ces deux droites des angles correspondants égaux. Ajoutons cette expérience indiquée par M. Russell, qui permet d'assigner, sans grande exactitude d'ailleurs, certaines limites à la constante spatiale : « Prenez, dit-il, un disque de taille ordinaire — soit une pièce de monnaie — portant un point marqué sur l'épaisseur. Faites-lui accomplir, le long d'une ligne droite, une révolution complète et mesurez ainsi la longueur de la circonférence. De cette manière on peut déterminer le rapport de la circonférence d'un cercle à son diamètre, d'où la valeur de la constante spatiale peut être déduite » [1]. Ainsi que le fait remarquer M. Russell, l'intérêt de cette grossière expérience consiste en ce qu'elle ne comporte que la mesure de distances.

Quoi qu'il en soit, il est certain que l'étude de tous les phénomènes terrestres conduit à conclure que le paramètre est extrêmement grand par rapport aux distances mesurées sur notre globe, si grand qu'il n'y a aucune raison pour ne pas le traiter comme infini dans les formules de la géométrie. On est donc ainsi naturellement amené à adopter la géométrie euclidienne.

Mais un doute surgit naturellement sur la valeur définitive de ce choix : nous avons vu en effet que les figures extrêmement petites par rapport au paramètre spatial sont toujours sensiblement euclidiennes, en sorte que, si notre univers a une géométrie sphérique, ou riemannienne, comme ses dimensions, et par suite son paramètre, sont extrêmement grandes par rapport aux figures terrestres, celles-ci ne peuvent manquer d'apparaître comme euclidiennes. Ce raisonnement ne peut s'étendre au cas où l'espace serait lobatchefskien, car, étant infini, il ne présenterait aucun lien entre son éten-

____

(1) *Revue de métaphysique et de morale*, 1898, p. 760.

due et la longueur de la racine carrée du paramètre ; mais il reste toujours qu'un paramètre très grand par rapport aux dimensions terrestres, mais non infini, ne pourrait être évalué qu'au moyen de figures également très grandes.

Il a donc fallu étendre le champ des recherches aux figures formées par les divers astres ; mais ici se présente une difficulté des plus graves, car nous ne pouvons mesurer que des longueurs sur la terre et des angles dont les sommets y soient situés : toutes les autres mesures ne sont que déduites de formules qui précisément supposent le choix préalable d'un paramètre ; il semble donc qu'on soit enfermé dans un inévitable cercle vicieux. Voyons cependant s'il ne serait pas possible de fonder sur les mesures effectives des inductions vraisemblables.

Commençons par les astres composant le système solaire. Si l'on vise l'un d'eux de deux points suffisamment éloignés sur la surface terrestre, les deux rayons lumineux, à leur arrivée dans les appareils, ont des directions sensiblement différentes, en sorte que, si cela vous plaît, vous pouvez en déduire la distance de l'astre en adoptant tel paramètre que vous voudrez, chaque valeur du paramètre conduisant à une distance corrélative ; mais c'est là un vain travail. Si l'on se borne à une seule expérience, les tracés à attribuer aux deux rayons lumineux sont seulement assujettis à avoir une tangente donnée aux points d'observation et à se couper en un point ; mais on peut multiplier les points d'observation, et l'on devra imposer à tous les rayons de converger vers un même point, variable sans doute avec le système géométrique adopté, mais unique dans chaque système. Or cette condition ne saurait être vérifiée en général : l'étant dans l'hypothèse de droites euclidiennes, elle ne l'est pas dans celle de droites de Lobatchefsky ou de Riemann. Il est vrai qu'on peut se demander si les rayons lumineux suivent des géodésiques de l'espace, et Calinon, dans un article de la *Revue philosophique* [1], nous présente, sans sortir de l'espace euclidien, un système de transformation point par point conservant les angles et où des courbes se substituent aux rayons rectilignes ; mais dans ce système, il nous le dit lui-même, les points correspondant à ceux qui sont à la surface de la terre ne diffèrent des points primitifs qu'à des infiniment petits du second ordre près, attendu que cet astre est infiniment petit lui-même. Or, c'est là une énonciation qu'on ne saurait accepter quand on fait intervenir les autres astres du système solaire, les dimensions de notre planète n'étant point alors sans influence appréciable sur les observations.

Nous devons reconnaître toutefois qu'il existe une très réelle indétermination : au système de droites euclidiennes figurant les rayons lumineux, on peut substituer, en effet, une infinité de systèmes isométriques, où angles et longueurs sont les mêmes, et entre lesquels les observations optiques ne permettent de faire aucun choix, car, de même que, à rester enfermé sur un cylindre parabolique, il est impossible de le distinguer d'un plan, de même un espace à trois dimensions, isométrique de l'espace euclidien, lui est absolument identique pour qui reste enfermé dans cet espace. On se trouve donc en présence d'une indétermination rigoureusement irréductible qui subsisterait alors même qu'on pourrait suivre les rayons lumineux et mesurer leurs longueurs et leurs angles en tous points. Après avoir constaté cette indétermination, nous allons discuter celles qu'on prétend y ajouter.

Nous avons vu tout à l'heure que les dimensions de la terre sont assez grandes pour que les observations des directions des rayons lumineux provenant des astres du système solaire permettent de considérer l'hypothèse

[1] *L'indétermination géométrique de l'univers*, numéro de décembre 1893.

des droites euclidiennes comme plus vraisemblable que celles qui en diffèrent d'une façon pratiquement appréciable. Le même système, en passant du point de vue géométrique au point de vue dynamique, conduit une seconde fois à la même conclusion. Parlant de la loi de la gravitation, Calinon déclare qu'on pourrait l'exprimer, comme toute autre loi physique, au moyen d'une autre représentation géométrique de l'univers, et, s'il se bornait à cela, son assertion serait incontestable ; mais il ajoute que le choix du système euclidien se justifie seulement par des raisons de simplicité et de commodité, *de même que, dans l'étude analytique d'une courbe, on adopte telles coordonnées parce que cela conduit à des calculs plus courts et à des formules plus élégantes.*

Ceci est encore vrai, sans doute, mais cache un fait très important. D'où vient qu'une loi aussi simple que celle de Newton dans le système où les rayons lumineux sont représentés par des droites euclidiennes prend une forme extrêmement complexe dans un autre système ? Il y a une première raison, d'ordre purement mathématique, tenant à ce que les formules de la géométrie des droites d'Euclide sont généralement les plus simples entre celles de toutes les géométries possibles ; mais cette raison ne suffit pas et ne saurait empêcher qu'une loi pût avoir une expression plus simple dans une géométrie non euclidienne. Qu'on suppose, en effet (et rien n'empêche de le faire), que la loi de Newton réponde à un système non euclidien et qu'on cherche sa traduction dans le système où les rayons lumineux sont représentés par des droites euclidiennes : on arrivera à une expression beaucoup plus complexe, ce qui montre bien que la simplicité des lois n'est pas liée forcément à celle des systèmes géométriques. Il faut donc reconnaître qu'il existe une *harmonie* entre les réalités physiques et un système spécial de représentation.

Calinon ne fut pas convaincu par ces considérations que nous lui avions soumises, et il essaya de nous démontrer que l'adoption de la géométrie euclidienne réalise forcément la double simplification dont nous parlons, ou plutôt qu'il n'y en a qu'une. Mais sa démonstration ne s'applique qu'au cas où les distances entre les masses matérielles considérées sont « infiniment petites » par rapport au paramètre de l'espace. Or, dans ce cas, il est incontestable que la simplification d'ordre purement mathématique est seule possible, et que, par suite, le système euclidien doit donner forcément les formules les plus simples. Dire, en effet, que les distances sont infiment petites par rapport au paramètre, ·c'est dire que la précision des mesures ne saurait permettre de distinguer cet espace de l'espace euclidien, bien qu'on admette en principe la possibilité de cette distinction ; alors l'harmonie dont nous parlions existe avec un espace faisant partie d'un groupe dont les limites dépendent de la précision des mesures, mais qui comprend, par hypothèse, l'espace euclidien. Pratiquement, cette harmonie existe pour tous ces espaces expérimentalement indistincts, et, par suite, il n'y a plus que des propriétés d'ordre purement mathématique qui puissent rendre plus simple l'expression des phénomènes dans l'un de ces espaces ; on peut donc prévoir que l'espace euclidien répondra forcément à cette condition [1].

Nous arrivons donc par une double voie, par l'étude purement géométrique et par l'étude dynamique des phénomènes naturels, à cette conclusion que, dans l'étendue du système solaire, les rayons lumineux ont, sous réserve des systèmes isométriques, la forme de droites euclidiennes, c'est-à-dire que le paramètre de

---

(1) Nous pourrions citer à l'appui de notre thèse, la conclusion même de l'article de Calinon : « Sachons, dit-il, que, dans le domaine des faits physiques et astronomiques actuellement observés, cette géométrie particulière a l'avantage d'une grande simplicité ; mais sachons aussi que nous avons le droit de chercher dans d'autres géométries la loi qui exprimerait, par exemple, de la façon la plus simple, les attractions à grandes distances, entre le soleil et les étoiles fixes ».

l'espace auquel appartiennent ces droites est, pour nos instruments, infiniment grand par rapport aux distances du soleil et des planètes.

Si nous considérons maintenant les étoiles, notre base de mesure n'est plus la surface de la terre, mais l'orbite qu'elle décrit autour du soleil, puisque nous avons vu que nous sommes en droit de considérer comme conformes à la réalité les résultats du calcul euclidien, en ce qui concerne le système solaire. Mais, pour la presque totalité des étoiles, cet agrandissement de la base est sans utilité, puisqu'il n'en existe qu'un très petit nombre qui aient une parallaxe annuelle mesurable ; pour toutes celles-là, dès lors, on se trouve exactement dans le cas étudié par Calinon, et il est évident, du reste, que nous ne disposons, pour chacune d'elles, que de la direction constante de la tangente aux rayons lumineux en leurs points d'arrivée sur la terre ; cela ne permet aucune conclusion sur la forme de ces rayons, qu'il y a seulement lieu d'admettre assimilables à des droites euclidiennes sur une longueur égale à la distance de l'étoile la plus éloignée qui ait une parallaxe annuelle. Pour les quelques étoiles, en effet, qui ont une parallaxe appréciable, on peut reproduire l'argumentation que nous avons formulée au sujet du système solaire ; on doit, toutefois, remarquer que, vu la petitesse des angles en jeu, tous inférieurs à une seconde, le point de concours des rayons lumineux se trouve déterminé d'une façon peu précise.

Il en résulte que la vérification de l'hypothèse d'après laquelle les rayons lumineux ont la forme de droites euclidiennes ne saurait être faite qu'avec une approximation assez grossière ; mais c'est là un point secondaire, qui n'empêche pas de dire, en principe, que cette vérification s'étend jusqu'aux distances des étoiles les plus voisines de la terre.

Notons, en terminant, un certain avantage théorique

de l'hypothèse d'un espace riemannien à paramètre assez grand pour être pratiquement indiscernable de l'espace euclidien. Nous dirons plus loin que l'hypothèse d'un univers infini nous paraît inadmissible ; or, on sait à combien de difficultés se heurtent les partisans de la limitation de l'univers : comme cette limitation ne saurait résulter d'une enveloppe résistante, on demande ce qui peut arrêter les corps atteignant cette limite et ce que deviennent les ondulations de l'éther quand elles arrivent là où s'arrête celui-ci. Toutes ces questions s'évanouissent avec un espace riemannien, puisqu'il est fini sans être limité.

III

OBJECTIONS CONTRE LE PRINCIPE D'UNE DÉTERMINATION DE LA GÉOMÉTRIE DE L'UNIVERS

Prenant l'expérience indiquée par M. Russell, M. Poincaré s'exprime ainsi : « Qu'on réalise un cercle matériel, qu'on en mesure le rayon et la circonférence, et qu'on cherche à voir si le rapport de ces deux longueurs est égal à π, qu'aura-t-on fait ? On aura fait une expérience sur les propriétés de la matière avec laquelle on a réalisé ce *rond* et de celle dont est fait le mètre qui a servi aux mesures »[1].

Puis il dit plus loin[2] : « Les expériences ne nous font connaître que les rapports des corps entre eux ; aucune d'elles ne porte, ni ne peut porter, sur les rapports des corps avec l'espace, ou sur les rapports mutuels des diverses parties de l'espace ».

Dans une œuvre plus récente[3], il précise davantage sa

(1) *La science et l'hypothèse*, p. 92.
(2) P. 100.
(3) *La valeur de la science*, p. 59.

pensée. « Toutes les géométries que j'envisageais, dit-il, avaient un fond commun, ce continuum à trois dimensions qui était le même pour toutes et qui ne se différenciait que par les figures qu'on y traçait ou quand on prétendait le mesurer.

« Dans ce continuum, primitivement amorphe, on peut imaginer un réseau de lignes et de surfaces, on peut convenir ensuite de regarder les mailles de ce réseau comme égales entre elles, et c'est seulement après cette convention que ce continuum, devenu mesurable, devient l'espace euclidien ou l'espace non-euclidien. De ce continuum amorphe peut donc sortir indifféremment l'un ou l'autre des deux espaces, de même que sur une feuille de papier blanc on peut tracer indifféremment une droite ou un cercle.

« Dans l'espace, continue-t-il, nous connaissons des triangles rectilignes dont la somme des angles est égale à deux droits ; mais nous connaissons également des triangles curvilignes dont la somme des angles est plus petite que deux droits. L'existence des uns n'est pas plus douteuse que celle des autres. Donner aux côtés des premiers le nom de droites, c'est adopter la géométrie euclidienne ; donner aux côtés des derniers le nom de droites, c'est adopter la géométrie non-euclidienne. De sorte que, demander quelle géométrie convient-il d'adopter, c'est demander : à quelle ligne convient-il de donner le nom de droite ?

« Il est évident que l'expérience ne peut résoudre une pareille question ; on ne demanderait pas, par exemple, à l'expérience de décider si je dois appeler une droite AB ou bien CD. D'un autre côté, je ne puis dire non plus que je n'ai pas le droit de donner le nom de droites aux côtés des triangles non-euclidiens, parce qu'ils ne sont pas conformes à l'idée éternelle de droite que je possède par intuition. Je veux bien que j'aie l'idée intuitive du côté du triangle euclidien, mais j'ai également l'idée intuitive du côté du triangle non-euclidien. Pourquoi aurai-je le droit d'appliquer le nom de droite à la première de ces idées et pas à la seconde ? En quoi ces deux syllabes feraient-elles partie intégrante de cette idée intuitive ? »

Si nous nous en tenons là, nous voyons que M. Poincaré considère comme essentiellement arbitraire l'attribution de valeurs égales à des longueurs quelconques ; or nous avons vu, en étudiant la géométrie projective, qu'on peut arriver ainsi à établir toutes les géométries sur une surface quelconque : il n'y a donc rien d'imprévu pour nous dans ses affirmations. Mais ensuite M. Poincaré fait intervenir l'observation.

« Évidemment, dit-il, quand nous disons que la droite euclidienne est une *vraie* droite et que la droite non-euclidienne n'est pas une vraie droite, nous voulons dire tout simplement que la première idée intuitive correspond à un objet *plus remarquable* que la seconde. Mais comment jugeons-nous que cet objet est plus remarquable ?...

« Si la droite euclidienne est plus remarquable que la droite non-euclidienne, c'est avant tout qu'elle diffère peu de certains objets naturels remarquables dont la droite non-euclidienne diffère beaucoup [1]. Mais, dira-t-on, la définition de la droite non-euclidienne est artificielle ; essayons un instant de l'adopter, nous verrons que deux cercles de rayon différent recevront tous deux le nom de droites non-euclidiennes, tandis que de deux cercles de même rayon l'un pourra satisfaire à la définition sans que l'autre y satisfasse, et alors, si nous transportons une de ces soi-disant droites sans la déformer, elle cessera d'être une droite. Mais de quel droit considérons-nous comme égales ces deux figures que les géomètres euclidiens appellent deux cercles de même rayon ? C'est parce qu'en transportant l'une d'elles sans la déformer on peut la faire coïncider avec l'autre. Et

---

(1) Cette raison nous paraît sans portée et nous la négligerons.

pourquoi disons-nous que ce transport s'est effectué sans déformation ? Il est impossible d'en donner une bonne raison. Parmi tous les mouvements concevables, il y en a dont les géomètres euclidiens disent qu'ils ne sont pas accompagnés de déformation ; mais il y en a d'autres dont les géomètres non-euclidiens diraient qu'ils ne sont pas accompagnés de déformation.

« Maintenant quand nous disons que les mouvements euclidiens sont les *vrais* mouvements sans déformation, que voulons-nous dire ? Nous voulons dire simplement qu'ils sont *plus remarquables* que les autres ; et pourquoi sont-ils plus remarquables ? c'est parce que certains corps naturels remarquables, les corps solides, subissent des mouvements à peu près pareils ».

Tout cela est irréfutable ; mais tout cela repose sur une attitude ne correspondant pas à la question posée. Si l'on demande quelle est la géométrie de notre univers, on pose une question de science expérimentale, qui doit être résolue par les procédés de la science expérimentale. Or, dans cette science, on considère jusqu'à preuve contraire comme s'opérant sans déformation les déplacements à la suite desquels les corps font sur nos sens la même impression qu'auparavant ; au lieu de cette règle de conduite fondamentale, M. Poincaré veut que nous considérions indifféremment comme s'effectuant sans déformation le déplacement de ce que nous appelons une règle rigide et celui d'un mécanisme savamment combiné pour vérifier les conditions d'un déplacement non euclidien sans déformation : c'est se placer absolument en dehors des conditions mêmes de la vérification expérimentale, et il n'est pas surprenant qu'on déclare toute vérification de ce genre impossible.

Il est incontestable qu'on peut imaginer des combinaisons de sensations soulevant de curieuses questions d'interprétation. « Supposons, dit M. Poincaré, un monde renfermé dans une grande sphère et soumis aux lois suivantes :

« La température n'y est pas uniforme ; elle est maxima au centre, et elle diminue à mesure qu'on s'en éloigne, pour se réduire au zéro absolu quand on atteint la sphère où ce monde est renfermé.

« Je précise davantage la loi suivant laquelle varie cette température. Soit R le rayon de la sphère limite ; soit r la distance du point considéré au centre de cette sphère. La température absolue sera proportionnelle à $R^2 - r^2$.

« Je supposerai de plus que, dans ce monde, tous les corps aient même coefficient de dilatation, de telle façon que la longueur d'une règle quelconque soit proportionnelle à sa température absolue.

« Je supposerai enfin qu'un objet transporté d'un point à un autre, dont la température est différente, se met immédiatement en équilibre calorifique avec son nouveau milieu...

« Un objet mobile deviendra alors de plus en plus petit à mesure qu'on se rapprochera de la sphère limite.

« Observons d'abord que, si ce monde est limité au point de vue de notre géométrie habituelle, il paraîtra infini à ses habitants.

« Quand ceux-ci, en effet, veulent se rapprocher de la sphère limite, ils se refroidissent et deviennent de plus en plus petits. Les pas qu'ils font sont donc aussi de plus en plus petits, de sorte qu'ils ne peuvent atteindre la sphère limite.

« Si, pour nous, la géométrie n'est que l'étude des lois suivant lesquelles se meuvent les solides invariables, pour ces êtres imaginaires, ce sera l'étude des lois suivant lesquelles se meuvent les solides *déformés par ces différences de température* dont je viens de parler.

« Sans doute, dans notre monde, les solides naturels éprouvent également des variations de forme et de volume dues à l'échauffement ou au refroidissement. Mais nous négligeons ces variations en jetant les fondements de la géométrie ; car, outre qu'elles sont très faibles, elles sont irrégulières et nous paraissent par conséquent accidentelles » [1].

Si nous nous arrêtons d'abord sur cette dernière phrase, visant le cas effectif, nous remarquerons combien M. Poincaré tient peu de compte, ou plutôt n'en tient aucun des vérifications expérimentales qui viennent justifier cette élimination des petites déformations dans l'étude géométrique de l'univers : elles se trouvent en effet pleinement expliquées comme indépendantes du déplacement des corps, considéré en lui-même, et dues exclusivement à la variation des circonstances thermiques : écartées d'abord sans raison scientifique bien précise, elles se trouvent ensuite éliminées de la façon la plus légitime, pour qui du moins tient compte des règles inspiratrices de toute science expérimentale.

Quant au cas théorique imaginé par M. Poincaré, que prouve-t-il? ou bien ses êtres hypothétiques suivront simplement la suggestion de leurs sens et jugeront leur monde infini [2], ou bien ils s'élèveront à la notion de température et à l'idée de variation concomitante des dimensions des corps, de façon à corriger l'influence de la température sur les apparences du déplacement. Dans un cas comme dans l'autre, ils fonderont une géométrie sur leurs perceptions des corps, mais ils arriveront à des résultats différents suivant la méthode d'interprétation suivie. Dans un cas comme dans l'autre, le point de départ est expérimental.

Mais revenons à notre univers, et voyons si les critiques de M. Poincaré sur la géométrie astronomique sont bien convaincantes. Dans un article de la *Revue générale des sciences pures et appliquées* [3], il faisait remarquer

(1) *La Science et l'Hypothèse*, pp. 84 et suiv.
(2) Remarquons que, si, avec Delbœuf, on considère un mouvement centripète et non centrifuge, les dimensions étant proportionnelles à la distance au centre, ces êtres croiront parcourir des droites euclidiennes parallèles.
(3) 30 janvier 1892, p. 74.

que nos instruments de mesure et nous-mêmes pourrions fort bien varier de dimension, sans que nous nous en aperçussions, quand nous nous déplaçons (c'est l'hypothèse de tout-à-l'heure sans sa précision). Il s'agit de nous rendre compte si l'hypothèse, légitime *a priori*, résiste à l'épreuve de la méthode expérimentale. La considération d'un astre suffisamment voisin, visé de divers points de la terre, va nous permettre de réduire cette hypothèse à sa juste valeur.

Prenons une base d'observation et les rayons lumineux joignant ses divers points à un point extérieur et représentons tous cela sur un dessin ; puis établissons-en un second où les parties égales de la première base soient remplacées par leurs mesures évaluées au moyen de l'instrument variable de M. Poincaré [1] : aux points homologues des deux bases, les rayons lumineux ont mêmes directions, d'où il résulte que, si nous attribuons à la seconde série la forme de droites euclidiennes, ils ne seront pas concourants, les premiers l'étant. S'ils l'étaient, en effet, ils détermineraient sur la seconde base des segments proportionnels à ceux de la première, ce qui est contraire à l'hypothèse. Reste donc la ressource, parfaitement légitime, de modifier la forme des rayons lumineux, laquelle ne nous est pas donnée. Mais ici nous rentrons dans un cas analogue à celui de la gravitation, étudié plus haut : l'abandon des mesures résultant de l'hypothèse de constance de nos appareils nous conduit à un système très complexe, et dont la complexité est toute de fait, puisque, inversement, nous aurions pu nous donner un système simple dans le second cas, ce qui nous aurait fait remonter à un système complexe dans le premier. On est en droit d'admettre dès lors que la première hypothèse répond à la réalité, puisqu'on ne

(1) Nous supposons ici des bases rectilignes ; dans la réalité, on a une base courbe, et dont la forme n'est déterminée qu'au moyen des mesures. Il en résulte seulement que la complication est plus grande que celle à laquelle nous allons aboutir.

doit pas supposer que la simplicité du système auquel
elle conduit soit l'effet d'un pur hasard.

Nous arrivons donc à cette conclusion d'ensemble que,
sous réserve du caractère approximatif de toute mesure,
l'interprétation des données géométriques dont nous
disposons conduit à un résultat beaucoup plus simple si
l'on admet la constance de nos appareils de mesure
quand nous les déplaçons, contrairement à l'hypothèse
de M. Poincaré, et si l'on attribue aux rayons lumineux
la forme de droites euclidiennes. Cette simplicité n'est,
d'ailleurs, point la conséquence exclusive, nous l'avons
vu en ce qui concerne la forme des rayons lumineux,
de la simplicité de la droite euclidienne, mais ne s'explique que par une véritable harmonie entre l'hypothèse et
la réalité. Cela ne saurait constituer une preuve véritable de la forme des rayons lumineux, car les autres
hypothèses n'entraînent aucune contradiction ; mais on
est bien loin d'être en présence d'un cas analogue à
celui du choix d'un système de coordonnées.

Nous sommes donc en droit de dire que le système
géométrique constitué par le système solaire et même
les étoiles les plus proches est conforme, selon toute
vraisemblance, au système euclidien, toujours sous les
réserves du caractère approximatif des mesures et de
l'indiscernabilité des espaces isométriques.

Ce dernier point vaut qu'on y insiste un peu pour en
reconnaître la véritable portée. Si un espace n'est qu'un
système de possibilités de relations, et si ces relations
sont isolées, non comprises dans un ensemble plus général constituant un espace d'ordre supérieur, c'est-à-dire
ayant plus de dimensions, alors les divers espaces isométriques apparaissent comme de véritables indiscern-
nables [1]. Si donc notre univers ne fait pas partie d'un

____

(1) Nous parlons, bien entendu, des seuls espaces isométriques
dans lesquels les intersections des géodésiques ne sont pas multipliées.

espace à quatre dimensions, inconnu des hommes, l'hypothèse d'espaces isométriques n'a pas de raison d'être, puisque leur distinction n'a de sens que dans un espace à quatre dimensions.

Dans le même ordre d'idées, on peut se demander ce que signifierait l'hypothèse de la variabilité des appareils de mesure : si tous les corps ne varient pas également de longueur en passant d'un lieu dans un autre, on doit rechercher les motifs qui peuvent guider dans la détermination des mesures ; mais, si l'on suppose que tout varie également, la relativité essentielle des grandeurs permet de demander ce que signifie cette prétendue variation et d'affirmer qu'elle est dépourvue de toute signification, en sorte que l'hypothèse de M. Poincaré s'évanouit quand on la pousse à l'extrême.

Il y a du reste des moments où l'on se croit d'accord avec cet illustre savant. Ainsi nous n'aurions que peu de chose à changer pour faire nôtres ces conclusions extraites de *la Science et l'Hypothèse* :

« On voit que l'expérience joue un rôle indispensable dans la genèse de la géométrie ; mais ce serait une erreur d'en conclure que la géométrie est une science expérimentale, même en partie.

« Si elle était expérimentale, elle ne serait qu'approximative et provisoire. Et quelle approximation grossière !

« La géométrie ne serait que l'étude des mouvements des solides ; mais elle ne s'occupe pas en réalité des solides naturels, elle a pour objet certains solides idéaux, absolument invariables, qui n'en sont qu'une image simplifiée et bien lointaine.

« La notion de ces corps idéaux est tirée de toutes pièces de notre esprit et l'expérience n'est qu'une occasion qui nous engage à l'en faire sortir.

« Ce qui est l'objet de la géométrie, c'est l'étude d'un « groupe » particulier ; mais le concept général de groupe préexiste dans notre esprit au moins en puissance. Il s'impose à nous, non comme forme de notre sensibilité, mais comme forme de notre entendement.

« Seulement, parmi tous les groupes possibles, il faut choisir celui qui sera pour ainsi dire l'*étalon* auquel nous rapporterons les phénomènes naturels.

« L'expérience nous guide dans ce choix qu'elle ne nous impose pas » [1].

Entre notre manière de nous exprimer et les expressions qui précèdent il y a évidemment des différences notables, mais il semble que la divergence scientifique s'atténue singulièrement pour ne laisser place qu'à des différences dans la tournure d'esprit.

(1) P. 90.

CHAPITRE VII

LES PROBLÈMES DES MONDES SEMBLABLES ET DE LA RÉVERSIBILITÉ DE L'UNIVERS

Après avoir étudié dans toute leur généralité les questions de l'espace et du temps, au point de vue de la géométrie et de là mécanique, il nous paraît y avoir un intérêt sérieux à examiner l'application à quelques problèmes spéciaux des principes ainsi établis. Telle est la raison d'être de ce chapitre, consacré au double problème des mondes semblables et de la réversibilité de l'univers matériel.

I

LE PROBLÈME DES MONDES SEMBLABLES

Imaginons que toutes les dimensions et distances des parties de l'univers viennent à varier ensemble suivant une même proportion ; supposons que les vitesses varient de même, mais suivant telle autre proportion que l'on voudra : y aura-t-il, pour un observateur placé dans cet univers, un moyen quelconque de distinguer son nouvel état de l'ancien ? tel est le problème des mondes semblables, selon l'expression de Renouvier, problème utile entre tous à approfondir, suivant le même philosophe.

Pour peu que l'on admette que les phénomènes de la

matière sont réductibles à des phénomènes mécaniques[1], il semble que la réponse s'impose avec la plus évidente clarté et qu'on doive répondre, sans hésitation possible : non, il n'existe aucun moyen de discernement, si bien même qu'à vrai dire la question n'a pas de sens. car une variation proportionnelle universelle ne répond à aucune idée positive. Si tout, en effet, se réduit à des phénomènes mécaniques, on ne peut les envisager qu'au triple point de vue de la géométrie, de la cinématique et de la dynamique : or, d'un côté comme de l'autre, on aboutit au plus pur relativisme.

En abordant l'étude des géométries non euclidiennes, on croit d'abord que les dimensions y présentent une valeur absolue ; mais nous avons vu que ce n'est là qu'une illusion. Sans doute, dans un univers non euchdien, une figure ne peut. en général, être majorée, tout en conservant sa forme et en restant dans cet univers ; mais l'ensemble, au contraire, peut l'être dans sa totalité, avec son paramètre lui-même, qui subit la même majoration. Mais alors, si tout a subi ce changement, l'unité de mesure l'a subi elle-même, et rien ne distingue l'univers géométrique majoré de l'univers primitif.

Supposons maintenant une variation semblable de toutes les vitesses, indépendamment d'un changement dans les grandeurs géométriques ; que va-t-il en résulter au point de vue de l'étude cinématique du monde ? Comme la mesure d'une vitesse est donnée par le rapport d'un espace parcouru au temps employé à le parcourir, et comme, d'autre part, ce temps se mesure lui-même par un autre espace parcouru simultanément avec le premier, un accroissement proportionnel de toutes les vitesses ne changera pas plus leurs valeurs numériques qu'un accroissement des dimensions ne changeait tout à

____

(1) Par cette expression, nous désignons de la façon la plus générale tous les phénomènes géométriques et de mouvement. Nous aurons l'occasion de voir qu'on a parfois pris dans une acception beaucoup plus restreinte le terme « mécanisme ».

l'heure celles des longueurs, et ces vitesses aux valeurs identiques à celles des premières correspondront à des temps numériquement identiques aussi aux temps correspondant aux premières vitesses. D'où il résulte forcément que l'apparence cinématique du monde n'aura nullement changé.

Si l'on remarque maintenant que la notion et la mesure de la masse, ainsi que la détermination de toutes les lois expérimentales de la dynamique, résultent exclusivement de l'étude des mouvements dans l'univers, on doit conclure que les unes et les autres ne seront en rien modifiées par des changements proportionnels soit de toutes les dimensions, soit de toutes les vitesses, ces deux ordres de changements pouvant se produire indépendamment ou non l'un de l'autre, puisque la mesure de toutes les grandeurs et de toutes les vitesses restera identiquement ce qu'elle était auparavant.

Notons ici que les longueurs et les vitesses ne sont pas deux variables absolument indépendantes l'une de l'autre ; mais il est aisé d'obtenir deux variables répondant à cette condition d'indépendance, en prenant pour mesure du temps, non une longueur parcourue, mais un angle de rotation. Dans les quelques calculs que nous signalerons, nous prendrons ainsi pour variables indépendantes les longueurs et les vitesses angulaires.

Les réflexions si simples qui précèdent nous paraissent résoudre de la façon la plus complète le problème des mondes semblables ; mais il a été l'objet de telles confusions, même de la part d'un philosophe qui, comme Renouvier, y paraissait moins exposé que tout autre, que nous croyons devoir étudier avec quelque détail les difficultés, parfois assez surprenantes, dont on a obscurci la solution de ce problème.

Le premier coupable semble n'être rien moins que Laplace, toujours cité, souvent combattu, mais par des arguments parfois bien faibles. Parlant de la loi de l'attraction inversement proportionnelle au carré de la distance il s'exprime en ces termes : « Une de ses propriétés très remarquables est que, si les dimensions de tous les corps de l'univers, leurs distances mutuelles et leurs vitesses venaient à croître ou à diminuer proportionnellement, ils décriraient des courbes entièrement semblables à celles qu'ils décrivent ; en sorte que l'univers, réduit ainsi successivement jusqu'au plus petit espace imaginable, offrirait toujours les mêmes apparences aux observateurs. Ces apparences sont, par conséquent, indépendantes des dimensions de l'univers, comme, en vertu de la loi de proportionnalité de la force à la vitesse, elles sont indépendantes du mouvement qu'il peut avoir dans l'espace. La simplicité des lois de la nature ne nous permet donc d'observer et de connaître que des rapports[1] ».

Après avoir rappelé ce passage, M. Bouasse, dans son intéressante *Introduction à l'étude des théories de la mécanique*, se borne à déclarer que, si les mouvements célestes n'étaient pas modifiés, les terrestres le seraient, et il le prouve par un calcul sommaire sur la flexion d'un ressort et en faisant remarquer que bien des actions, par exemple celles des courants les uns sur les autres, n'obéissent pas à la formule newtonienne[2]. Ces objections sont d'une incontestable justesse, si l'on admet le point de départ de Laplace, qui du reste a posé le problème des mondes semblables en termes quelque peu obscurs. Au fond, il admet que ces deux mondes sont formés de la même matière et partent de deux états initiaux semblables. Nous verrons qu'ils ne resteraient semblables que si toutes les forces y suivaient la loi newtonienne.

Pour nous, le problème est autre que celui que pose Laplace. Quand nous parlons de faire varier proportionnellement dimensions, d'une part, et vitesses, de l'autre, nous ne parlons pas d'un état initial seulement, mais de

(1) *Exposition du système du monde*, liv. V, chap. V, *ad finem*.
(2) Pages 157 et 158.

toute la suite des distances et des vitesses. Il en résulte, nous le verrons, que, pour un observateur extérieur comparant les deux mondes, ils ne sont pas composés de la même matière. Du reste, en admettant la constitution moléculaire des corps, il est clair que, si l'on suppose, avec Laplace, semble-t-il, et en tout cas avec Delbœuf et avec Renouvier qui l'admet comme hypothèse acceptable, que les corps majorés ou minorés sont composés d'éléments identiques à ceux qui composent notre monde, en sorte que leur nombre est augmenté ou diminué ; il est clair, disons-nous, qu'on n'obtient pas ainsi un monde identique au nôtre, à l'échelle près ; quand nous posons l'hypothèse de cette identité, nous l'appliquons aux molécules qui composent les corps aussi bien qu'à l'enveloppe générale de ces corps, et, pour rendre notre pensée plus sensible, nous dirons que le résultat de la majoration d'une boîte pleine de grains de plomb n'est point une caisse également pleine de simples grains en plus grand nombre, mais une caisse pleine d'un égal nombre de balles.

Tâchant d'aboutir à une réponse aussi affirmative que possible au problème des mondes semblables, Renouvier s'efforce de corriger le vice originel de son hypothèse, tandis que Delbœuf en tire toutes les conséquences naturelles. Nous commencerons donc par étudier la curieuse brochure de celui-ci, ayant pour titre : *Mégamicros ou les effets sensibles d'une réduction proportionnelle des dimensions de l'univers* ; cette brochure a pour conclusion que « l'espace réel est différent de l'espace géométrique », et que « les dimensions de l'univers sont absolues ».

Comme l'indique le titre que nous venons de reproduire, il n'est ici question que de la variation des dimensions, les vitesses angulaires restant les mêmes. Delbœuf étudie ce qui se passerait sur la terre si son rayon était réduit de moitié, et, comme on obtient ainsi à peu près le rayon de la planète Mars, il appelle martiens les habitants de cette terre réduite.

Delbœuf montre que la pesanteur est moitié moindre sur une planète de rayon moitié moindre aussi [1], en sorte que le nouveau litre d'eau, qui a un volume égal à 1/8 du litre terrestre, ne pèse que 1/16 de notre kilogramme. D'autre part, le mètre ne vaut plus que 50 de nos centimètres, et, dès lors, le kilogrammètre ne vaudra que 1/32 du nôtre. Or, ajoute Delbœuf, la force des habitants, qui est proportionnelle au volume ou à la masse de leurs muscles, n'est réduite qu'au 1/8, d'où il résulterait qu'ils seraient capables de produire un travail quadruple du nôtre.

Cette argumentation est irréprochable jusqu'au moment où il est question de la force des martiens ; mais là il est supposé implicitement que la combustion d'un certain volume de carbone produit la même quantité de chaleur dans les deux mondes, si l'on mesure ces volumes avec une même échelle. Or, cette proposition est incontestable pour qui suppose que la constitution intime des corps n'a subi aucun changement; mais il n'en est pas de même si les atomes ou molécules sont devenus huit fois plus nombreux par unité de volume, avec réduction de leurs masses au huitième et de leurs distances mutuelles à la moitié. Dans ce cas, on peut se rendre compte que la réduction dans le rapport de 1/2 doit ramener la chaleur dégagée au 1/32, car cette chaleur est due à la force vive acquise, puis perdue par les atomes du carbone et de l'oxygène. Or, des deux facteurs de cette force vive la masse est réduite au 1/8, et le carré de la vitesse au 1/4, puisque tous les mouvements ont eu, par hypothèse, leurs vitesses diminuées de moitié [2].

---

(1) La densité étant la même, la masse est réduite au huitième : mais, la distance de la surface au centre étant moitié moindre, la gravité serait, à masse égale, quatre fois plus grande qu'à la distance d'un rayon terrestre.

(2) Nous verrons plus loin que rien n'oblige à faire varier les masses proportionnellement aux volumes ; mais la modification que subirait la force vive altérerait dans le même rapport la valeur du travail, en sorte que la question est sans intérêt ici.

A cette objection, que nous avions formulée dans la *Revue philosophique*, Delbœuf répondit en ces termes[1] : « Que m'objecte M. Lechalas ? Il me dit — d'accord en ceci avec M. Tannery[2] — que l'hypothèse de la réduction ou de l'amplification de l'univers implique qu'on poursuive cette réduction ou cette amplification jusque dans les particules les plus ténues des êtres. Et là-dessus il triomphe. Soit ! Mais, qu'il me permette de le lui dire, il enfonce une porte ouverte, et c'est à mon tour de triompher. — Qu'est-ce, en effet, que créer un carbone martien dont les atomes constituants ne sont plus que le 1/8 des atomes du carbone terrien et sont situés à la distance 1/2, de sorte que la chaleur dégagée par leur chute sur les atomes réduits d'un oxygène hypothétique n'est plus que le 1/32 de la chaleur dégagée sur la terre, si ce n'est supposer que *les propriétés du carbone et de l'oxygène dépendent uniquement du volume des atomes et de leurs distances*, c'est-à-dire *de la figure géométrique qu'ils forment dans l'espace euclidien* ? Auquel cas il va de soi que la minoration ou la majoration de cette figure géométrique ne porte nulle atteinte à l'essence de ces mêmes propriétés ». Après avoir développé cette pensée, Delbœuf conclut ainsi : « En un mot, si l'univers n'était qu'une figure géométrique (euclidienne), il participerait des propriétés des figures géométriques. C'est un truisme. — Mais précisément il y a dans l'univers d'autres forces que la gravitation, d'autres propriétés que des propriétés géométriques, — du moins il y a lieu de le penser. M. Lechalas les méconnaît et passe à côté d'elles ».

D'abord, il convient de mettre de côté l'euclidianisme de la géométrie, car nous avons vu qu'il n'intéresse point la question. Ensuite, il n'est pas exact de dire que

(1) *Revue* de janvier 1894, p. 82.
(2) Il résulte de la réponse de Delbœuf que non seulement Paul Tannery, mais encore Franz Brentano et Calinon lui ont fait des objections analogues aux nôtres.

nous n'envisageons dans l'univers qu'une figure géométrique : nous le considérons comme un système *mécanique*, ce qui ajoute la notion de masse aux notions purement géométriques. Cela noté, nous reconnaissons (et nous avons eu soin de le dire dès l'abord) que nous admettons que toutes les propriétés physico-chimiques sont réductibles à des phénomènes mécaniques, au sens large du mot. Si l'on n'admet pas cette hypothèse, sous l'inspiration de laquelle se sont produits tant de progrès des sciences physiques, il est clair que le problème des mondes semblables reste sans solution, puisque chacun peut attribuer aux substances chimiques du monde minoré les propriétés qui lui conviennent. Argumenter sur la question, c'est admettre l'hypothèse mécanique ou parler pour ne rien dire. En tout cas, nous sommes toujours fondé à remarquer que refuser de réduire les éléments des corps de façon à en laisser le nombre constant, c'est se placer absolument en dehors du problème des mondes semblables et y substituer celui des *objets semblables*, qui n'est pas du tout le même et intéresse surtout les ingénieurs [1]. Galilée avait bien vu en quel sens doit se résoudre ce dernier problème : il imagine un animal uniformément grandi dans toutes ses dimensions en restant géométriquement semblable à lui-même, et il montre que cet animal devrait s'effondrer sous son poids, qui croîtrait comme le cube de ses dimensions, tandis que la solidité des os n'augmenterait que dans un rapport beaucoup moindre [2]. Quant aux phénomènes psychologiques, que Delbœuf nous reproche d'avoir passés sous silence, nous avions implicitement montré que, à

---

(1) Voir dans les *Annales des Ponts et Chaussées* de 1885, 2ᵉ sem., p. 569, un mémoire de de Perrodil sur la résistance comparée des constructions semblables.

Quand nous parlons de réduire les éléments des corps, nous ne voulons pas dire que les atomes soient étendus, mais qu'on doit supposer leurs distances réduites.

(2) Voir Mach, *La connaissance et l'erreur*, traduction Marcel Dufour, p. 203.

notre point de vue, il n'y avait pas, en ce qui les concerne, la plus petite difficulté : pour nous, en effet, la relativité essentielle des grandeurs spatiales enlève tout sens à la conception d'un changement d'échelle de l'univers, l'univers primitif et l'univers prétendu majoré étant identiques ; dans ces conditions, il n'y a aucune raison pour que les phénomènes psychiques soient modifiés par un changement physique sans réalité.

Ces explications sur notre différend avec Delbœuf nous dispensent, en principe, de discuter les divers cas particuliers qui lui ont fourni l'occasion de donner libre carrière à sa verve si séduisante. Nous en examinerons cependant encore un, invoqué aussi, nous l'avons vu, par M. Bouasse, celui de la flexion d'un ressort, qui, au lieu d'être égale à la moitié de la flexion primitive, n'en serait que le huitième. Pour le prouver, Delbœuf prend la formule qui donne la flexion d'un ressort à boudin [1], formule dans laquelle entre un coefficient G que, sans commentaire, il suppose constant ; or, c'est un coefficient d'élasticité qui est sans doute constant pour une matière donnée, mais qui varie quand on passe d'une matière à une autre, ce qui, à vrai dire, est notre cas [2] ; la condition d'égalité de flexion à l'échelle, condition essentielle dans le problème des mondes semblables, tel du moins que nous l'avons posé, où tous les mouvements sont supposés conservés, nous permet de conclure immédiatement que ce coefficient d'élasticité, figurant au

$$(1) \qquad f = \frac{64n}{G} \times \frac{Pr^3}{d^4},$$

[1] n, nombre des spires ; G, « un coefficient » ; P, un poids suspendu au ressort ; r, un rayon intérieur de la spire ; d, diamètre du fil.

[2] On s'étonnera peut-être de ce que nous disions, tantôt que la variation d'échelle ne change rien et tantôt qu'elle modifie jusqu'à la nature intime de la matière. Cela tient (et le contexte permet de faire aisément la distinction) à ce que la première assertion suppose un observateur dépendant du monde minoré, et la seconde un observateur extérieur, conservant son échelle primitive de mesure.

dénominateur, doit avoir une valeur quatre fois moindre après la réduction des éléments de la matière, si l'on fait les mesures avec une échelle constante.

Cette similitude de pensée, que nous allons voir s'affirmer encore entre Delbœuf et M. Bouasse, deux esprits cependant de tendances bien différentes à certains égards, tient à une cause qu'il peut être intéressant de faire ressortir. Le premier, nous l'avons vu, tient pour l'existence, dans la matière, de qualités pures, non réductibles objectivement à des conditions mécaniques. Le second appartient à la nouvelle école de savants positivistes qui refuse toute valeur explicative aux théories physiques. Or, celui qui admet des qualités pures ne peut accepter qu'on les change par une modification d'ordre mécanique, et celui qui répudie toute hypothèse sur la constitution de la matière, n'admettant que des formules directement vérifiables, s'enferme forcément dans ces formules et ne peut considérer les conséquences de changements à une constitution qu'il tient pour un inconnaissable absolu [1].

Nous ne devons donc pas être surpris de voir le professeur de Liége et le professeur de Toulouse d'accord sur le problème des mondes semblables, notamment pour soutenir que, si certaines forces ne sont pas inversement proportionnelles au carré des distances, les phénomènes qui en dépendent varient avec l'échelle du monde, ce qui, d'ailleurs, est tout à fait conforme à l'opinion de Laplace.

---

(1) On pourrait cependant faire valoir l'argumentation suivante à l'égard de cette école pour lui faire accepter notre façon de poser le problème : ne connaissant de la matière que des mesures qui ne constituent toutes que des constatations de grandeurs spatiales et de mouvements, elle ne peut, d'une part, se refuser à admettre la possibilité de l'hypothèse de variations proportionnelles, et, d'autre part, cette hypothèse admise, elle ne saurait tirer du monde majoré des formules différentes de celles que lui inspirait le monde primitif, l'unité de mesure, qui en fait partie, ayant varié avec lui. Seuls donc seraient logiques les partisans des qualités pures.

Ainsi que nous l'avons dit, cela est parfaitement exact dans l'hypothèse de mondes composés de la même matière. La loi newtonienne exprime que l'accélération relative imprimée par un corps de masse m à un autre corps de masse m', situé à une distance r, est proportionnelle à $\dfrac{m + m'}{r^2}$; or, cette expression se réduit dans le même rapport que les dimensions du monde, puisque m et m' sont de puissance 3, par rapport aux dimensions linéaires. On voit que la réduction aurait lieu dans un autre rapport, si r figurait au dénominateur avec un autre exposant.

Renouvier se livre sur ce sujet à une discussion bien curieuse, parce qu'on y voit son relativisme doctrinal se débattre contre les conséquences d'une conception illogique des mondes semblables. L'origine de ses difficultés se trouve dans sa définition de la masse, qui serait « le nombre effectif des sièges d'actions élémentaires [1] », ou plus exactement un nombre proportionnel à ce dernier. Cette conception a tout d'abord le défaut de reposer sur une hypothèse, car rien n'exige que tous ces sièges aient des masses égales, en prenant le mot en son sens purement mathématique. Cette faute de logique a une conséquence très grave, car elle conduit à admettre que le nombre de ces sièges varie dans le même rapport que les volumes, lors des changements d'échelle de l'univers, et c'est là précisément l'erreur de Delbœuf. Mais, afin d'échapper à la conséquence forcée que la réponse au problème des mondes semblables est liée à l'existence de la loi newtonienne, Renouvier renonce à cette proportionnalité et a recours à une conception assez bizarre qui, au fond, ne résout rien. Il admet qu'on peut faire varier arbitrairement le nombre de sièges d'action, c'est-à-dire la masse, alors qu'on fait subir une variation déterminée aux dimensions. Dès lors, la masse ne varie pas forcément

(1) *Logique*, t. III, p. 50.

proportionnellement au volume, et, parsuite, on peut toujours lui attribuer une variation telle que l'accélération varie elle-même proportionnellement à la première puissance des dimensions linéaires. Cette solution apparaît, dès l'abord, comme singulièrement arbitraire ; puis, son insuffisance s'impose quand on songe que, si toutes les forces ne varient pas suivant la même loi, on sera amené à attribuer des masses différentes à un même corps, ce qui est inadmissible et oblige à repousser absolument l'artifice proposé par Renouvier.

Faut-il donc admettre que deux mondes semblables ne sont indiscernables que si tous les phénomènes sont régis par la seule loi de l'attraction newtonienne ? en aucune façon, et la solution de la difficulté est des plus simples. L'accélération relative communiquée par un corps ou un élément matériel à un autre étant égale au produit de la somme de leurs masses par une certaine fonction de leur distance, si les mouvements ne répondent plus, après la réduction proportionnelle, aux mêmes formules qu'auparavant, pour un observateur ayant conservé une échelle invariable, cet observateur pourra opérer la rectification de ses formules soit en changeant les valeurs attribuées aux masses, soit en revisant les fonctions des distances. Nous venons de constater l'échec du premier procédé.

C'est donc aux fonctions des distances qu'il faut s'adresser, et, en ce faisant, on ne fera qu'opérer une révision qui s'imposait d'elle-même, car, *a priori*, on peut affirmer que, s'il existait dans le monde primitif des forces dont les lois fussent différentes les unes des autres, les formules exprimant ces lois pour le monde réduit, en conservant la première échelle, doivent forcément différer des premières ; en effet, si les formules primitives donnaient, par exemple, l'égalité pour une certaine distance, les nouvelles devraient la donner pour une distance moitié moindre. Comme d'ailleurs il n'y a aucune nécessité d'attribuer une valeur spéciale au coefficient de variation des masses, les deux mondes étant sans action l'un sur l'autre, la formule de transformation doit, pour être générale, comprendre un coefficient arbitraire ; nous établissons en note cette formule [1].

D'une façon tout-à-fait générale, quelque complexes que soient les lois mécaniques, on devra faire subir une transformation analogue à celle que fait ressortir cette note aux constantes figurant dans leurs formules, et, en appliquant au second monde les lois ainsi transformées, on aura un monde qui restera semblable au premier. En

[1] Appelant j et j_1 les accélérations avant et après la réduction, l et l_1 deux longueurs correspondantes et k un coefficient arbitraire, on a :

$$\frac{j}{j_1} = \frac{l}{l_1} = \frac{(m + m').\,\varphi(r)}{(m_1 + m'_1).\,\varphi_1(r_1)} .$$

Comme :

$$\frac{m + m'}{m_1 + m'_1} = k,$$

on en tire :

$$\varphi_1(r_1) = k\,\varphi(r).\,\frac{l_1}{l} .$$

Or :

$$r = r_1.\,\frac{l}{l_1} .$$

D'où :

$$\varphi_1(r_1) = k\varphi\left(r_1.\,\frac{l}{l_1}\right).\,\frac{l_1}{l} .$$

Comme vérification, si nous supposons que les masses varient proportionnellement aux volumes et que $\varphi(r) = \dfrac{A}{r^2}$, nous trouvons $\varphi_1(r_1) = \dfrac{A}{r_1^2}$. Si l'on suppose $\varphi(r)$ différent, égal par exemple à $\dfrac{A}{r^3}$, on trouvera $\varphi_1(r_1) = \dfrac{A}{r_1^3}.\,\dfrac{l_1}{l}$: le coefficient A a changé de valeur et est devenu $A_1 = A.\,\dfrac{l_1}{l}$.

effet, cette opération revient à multiplier respectivement par $\frac{l_1}{l}$ et par $\frac{1}{k}$ toutes les longueurs et toutes les masses, aussi bien celles qui sont implicitement contenues dans les constantes que celles qui figurent explicitement dans les variables.

On peut voir maintenant à quoi se réduit le privilège attribué par Laplace à un monde où toutes les forces seraient inversement proportionnelles au carré des distances ; il consiste en ce que, si un observateur extérieur admet que les masses varient proportionnellement aux volumes, les lois dynamiques seront exprimées par les mêmes formules, avec les mêmes valeurs des constantes qu'avant le changement d'échelle. Mais, quelle que soit la forme d'une loi mécanique, nous venons de voir comment on obtiendrait, pour un autre monde, une loi avec laquelle ce monde resterait toujours semblable au premier. Ces deux mondes seraient donc indiscernables pour un observateur successivement intérieur à chacun d'eux, dont l'échelle de mesure varierait en même temps que les dimensions du monde.

Il nous reste à mentionner une petite polémique relative à ce sujet, postérieure à la première édition. M. le colonel du Ligondès a publié, dans la *Revue des questions scientifiques* de janvier 1904, une étude sur « les dimensions de l'univers » où l'on trouve sa sûreté de science habituelle, mais où l'on pouvait lire une adhésion complète à la thèse de Delbœuf ; à la suite de cette publication, nous crûmes devoir poser de nouveau la distinction entre la thèse absurde de l'indiscernabilité de deux mondes semblables constitués de la même matière, soumise identiquement aux mêmes lois, et la thèse tout autre de l'indiscernabilité de deux mondes absolument semblables, c'est-à-dire composés de matières semblables et dont les mouvements sont posés par hypothèse comme soumis à la même loi de similitude.

Dans sa réplique, le colonel du Ligondès confirma, de

la façon la plus précise, qu'il comparait deux univers ne
différant originairement que par la quantité de matière
les composant, cette matière étant distribuée de façon
semblable, et il affirma de nouveau, avec beaucoup de
raison, que ces deux univers ne resteraient pas semblables. S'il n'y avait que cela, nous nous serions borné à
signaler l'intéressante étude du colonel du Ligondès ;
mais il nous a adressé une critique que nous devons
examiner.

On a pu remarquer que nous insistions sur ce que
deux masses de matière dont les éléments sont en nombres différents ne sauraient être dites semblables entre
elles, ce qui est du reste incontestable au point de vue
où nous nous sommes placé, ainsi qu'on l'a vu d'ailleurs
à propos de la force musculaire des martiens de Delbœuf. Or M. du Ligondès fait remarquer qu'il importe-
rait peu que l'univers s'accrût[1] par l'addition de maté-
riaux nouveaux ou par une majoration individuelle de
tous ses éléments et de leurs distances mutuelles. Dans
un cas comme dans l'autre, en effet, la masse varie en
raison du cube du rapport de similitude ; mais, tandis
qu'on voit de suite, dans notre hypothèse, que les
vitesses moléculaires varient de même, dans l'hypothèse
contraire on est induit à conserver les vitesses primitives,
ce qui fausse absolument la similitude pratique des deux
univers ; si d'ailleurs on posait l'hypothèse de la variation des vitesses, la divergence de constitution moléculaire irait s'accentuant. Nous croyons donc devoir maintenir notre exposé.

Dans tout ce qui précède, nous avons supposé que rien
n'était changé aux vitesses angulaires, ce qui avait pour
conséquence de faire varier les vitesses linéaires et accélérations dans le même rapport que les simples longueurs. Nous allons voir qu'il existe une complète indé-

____

(1) Il s'agit ici d'une réduction, mais peu importe.

pendance entre celles-ci et les vitesses angulaires, les unes et les autres pouvant varier sans qu'aucun lien les unisse. Ici encore, les conceptions opposées de Renouvier nous feront mieux approfondir la question.

« Il y a, dit-il, indépendance quant à notre manière de voir, *c'est-à-dire avant de consulter l'expérience*, entre l'espace..., d'une part, et, d'autre part,... le temps »[1].

« Mais, ajoute-t-il plus loin, il n'en est plus ainsi *quand nous regardons aux lois de la nature*. La première de toutes est celle qui lie l'espace au temps dans la perception du mouvement. Comme nous ne mesurons le temps qu'en mesurant de certains espaces parcourus, et supposés égaux pour des temps égaux, les apparences ne peuvent être conservées, pour nous, dans l'univers renflé ou réduit de l'hypothèse, qu'autant que les corps mus se retrouvent aux mêmes lieux au bout des mêmes temps. Or, ceci exige que les vitesses et leurs accélérations soient multipliées par le même facteur constant que le sont les dimensions et les distances »[2].

A un point de vue purement philosophique, il y a là une pensée bien faite pour surprendre chez le chef illustre du néo-criticisme, car qu'y a-t-il de plus contraire à toutes ses tendances que de faire fléchir une conception apriorique devant l'expérience ? Ce manque de fermeté l'a induit en erreur, et il est d'autant plus aisé de le voir qu'il s'est placé à un point de vue purement cinématique.

Bien loin de le suivre dans son argumentation, nous prendrions plutôt le contre-pied de celle-ci. C'est précisément parce que nous ne pouvons mesurer les temps qu'au moyen des mouvements que les vitesses peuvent être regardées comme indépendantes des variations proportionnelles des longueurs, puisque, pourvu que tous

<hr>

(1) *Logique*, t. III, p. 49.
(2) P. 51.

les points matériels se trouvent simultanément dans les mêmes positions relatives, on devra dire que, pour un observateur intérieur au système, les mouvements se sont effectués dans le même temps, quelles que soient les variations de vitesses pour un observateur extérieur.

Du moment que les longueurs et les vitesses linéaires peuvent varier indépendamment les unes des autres, il est encore plus simple et de nature à moins prêter aux confusions, nous l'avons déjà dit, de poser l'indépendance des longueurs et des vitesses angulaires, et c'est à cette conception que nous nous attacherons pour discuter les objections d'ordre dynamique que Delbœuf oppose à la thèse de la relativité du temps, dans son *Essai de logique scientifique*. Après avoir défini le *temps mécanique* comme étant *un mouvement uniforme arbitraire pris pour unité de mouvement* (définition où le mot « uniforme » est de trop, puisqu'un mouvement mérite cette qualification par définition, du moment qu'on le prend pour unité de mouvement); après avoir, disons-nous, posé cette définition, le professeur belge reconnaît que ce temps est une quantité toute relative, mais il se hâte d'ajouter : « En est-il de même du temps *réel* ? »

« Non, répond-il. Quoi que cette opinion ait d'étrange au premier abord, rien de plus facile que de réfuter scientifiquement ceux qui pensent le contraire. — Prenons le problème comme se le posait Balmès [1] : *Si le soleil doublait la rapidité de sa course, si le même changement affectait le ciel et le système terrestre tout entier, si, enfin, cette accélération s'étendait jusqu'à nous et nos idées*, serait-il vrai *qu'il fût impossible* de percevoir le changement ? Nous répondrons sans hésiter : Non !

« Ainsi entre autres, la force centrifuge serait, à

(1) *Philosophie fondamentale*, VII, 5 et 6.

l'équateur, quatre fois plus considérable qu'elle ne l'est maintenant, et la différence qu'il y a entre la durée des oscillations du pendule au pôle et à l'équateur, même en tenant compte de la modification qu'éprouverait, prétendûment à notre insu, le mouvement du pendule lui-même, cette différence, disons-nous, changerait subitement. Ainsi, pour prendre un exemple plus frappant, si nous accélérons dans la proportion 1 : 17 tous les mouvements de l'univers, tant matériel qu'intellectuel, il n'en serait pas moins vrai qu'au pôle le pendule conserverait le même mouvement qu'il a actuellement, c'est-à-dire qu'il nous paraîtrait à nous que son mouvement est 17 fois plus lent, et qu'à l'équateur, au contraire, il cesserait complètement d'osciller, ou que la durée de ses oscillations serait infinie, puisqu'il tournerait indéfiniment autour de son point de suspension. D'ailleurs, conclut triomphalement Delbœuf, il est heureux que la science vienne contredire une assertion aussi spécieuse et qu'on est tout d'abord tenté d'adopter » [1].

Eh bien ! ne lui en déplaise, la science est loin de contredire Balmès, et la raison en est tout simplement qu'il a, sans s'en douter, complètement faussé les données du problème, en oubliant d'accroître la vitesse de la chute des corps en même temps que celle de la rotation de la terre, si bien qu'il la trouve nulle en supposant l'attraction constante, quand la vitesse de rotation est accrue dans le rapport de 1 à 17. Lorsqu'on voit un penseur si profond et si savant à la fois tomber dans de telles méprises, on tremble à la pensée de celles qu'on est exposé soi-même à commettre. Ajoutons que, la réfutation qui précède ayant été insérée dans la *Critique philosophique*, Delbœuf sut, avec la parfaite bonne foi et la belle humeur qui rendaient si charmantes les polémiques qu'on avait avec lui, reconnaître l'erreur contenue dans son argumentation ; mais il ne faudrait pas le croire con-

_____
(1) Pages 275 à 277.

verti pour si peu : c'est à recommencer, conclut-il simplement [1].

Pour soumettre l'ensemble de nos conclusions à une vérification, bien superflue d'ailleurs, on peut supposer un observateur extérieur au système, ayant conservé les termes de comparaison qui ont servi précédemment à mesurer les espaces et les temps, et chercher si la nouvelle vitesse de rotation doit croître dans le même rapport que l'ancienne pour annuler l'action de la pesanteur à l'équateur, après qu'on a fait varier et les dimensions linéaires et les vitesses angulaires dans des rapports quelconques, indépendants l'un de l'autre. Un calcul fort simple, que nous donnons en note, permet de constater qu'il en est bien ainsi [2].

(1) *Revue philosophique* d'avril 1895, p. 363, note.
(2) Dans l'état primitif, l'attraction à annuler est égale, pour un corps de masse m, à la somme du poids mg et de la force centrifuge $mR\omega^2$. Appelant x la vitesse angulaire cherchée, on aura donc :

$$mg + mR\omega^2 = mRx^2$$

ou :

$$\frac{x^2}{\omega^2} = 1 + \frac{g}{R\omega^2}.$$

Si R devient $R_1 = kR$ et ω devient $\omega_1 = l\omega$, toutes les longueurs et toutes les vitesses éprouvant des variations correspondantes, on aura comme précédemment :

$$\frac{x_1^2}{\omega_1^2} = 1 + \frac{g_1}{R_1\,\omega_1^2}.$$

Cherchons la valeur de g_1 ; d'une façon générale, toute accélération j devient $j_1 = k.\,l^2 j$, car toutes les vitesses varient dans le même rapport que les vitesses de rotation $\dfrac{R_1\omega_1}{R\omega} = kl$, et, d'autre part, les temps varient en raison inverse des vitesses angulaires, en sorte qu'on a :

$$dv_1 = kl.dv,$$
$$dt_1 = \frac{dt}{l}.$$

Nous arrivons donc à affirmer la complète relativité et de l'espace et du temps. En présence de cette affirmation sans restriction ni réserve aucune, la conception d'un univers subissant des variations proportionnelles dans ses dimensions ou dans ses vitesses et celle d'un observateur extérieur conservant ses unités de mesure s'évanouissent comme de vaines fictions : d'universelles variations proportionnelles créeraient un univers indiscernable du premier, ce qui veut dire que l'hypothèse n'a pas de sens, et, quant à l'observateur extérieur, qui dira si ce sont ses unités qui sont restées constantes ou si c'est le monde, dont elles ne font pas partie ?

Nous n'avons parlé que des phénomènes physiques ; mais, comme l'a noté Balmès, il faut que la concordance soit maintenue entre les phénomènes psychiques et les premiers, attendu qu'une accélération des mouvements ne constituerait pas une accélération universelle, si elle n'était pas accompagnée d'une accélération égale des phénomènes de l'âme. Ici, en effet, à la différence de ce que nous avons constaté à l'occasion de la majoration des dimensions, ces derniers phénomènes sont partie intégrante de l'univers, puisqu'ils revêtent la forme du temps, aussi bien, et peut-être mieux, que les phénomènes physiques.

Comme on n'a jamais pu établir aucun lien de nécessité entre les deux ordres de phénomènes, on peut évi-

D'où :

$$j_1 = \frac{dv_1}{dt_1} = kl^2 \frac{dv}{dt} = kl^2 \cdot j,$$

et en particulier $g_1 = kl^2 g$.

Substituant cette valeur, on obtient :

$$\frac{x_1^2}{\omega_1^2} = 1 + \frac{kl^2 g}{kRl^2\omega^2} = 1 + \frac{g}{R\omega^2} = \frac{x^2}{\omega^2}.$$

demment poser l'hypothèse de deux variations non concordantes, et alors il est superflu de constater que le nouvel univers différerait du premier ; on peut ajouter qu'il le ferait d'une façon qui serait peu à son avantage, car il y aurait une parfaite incohérence à la place de l'harmonie qui existe entre la matière et l'esprit. Si l'on maintient les lois de l'union de l'âme et du corps, la concordance des deux variations se trouvera par là même réalisée, au moins pour tous les phénomènes psychiques dont on a pu établir la liaison avec les états physiologiques. Quant à ceux qu'on pourrait supposer échapper à une telle liaison, on ne saurait les soustraire à la loi générale d'accélération sans jeter la perturbation la plus profonde dans le monde psychique lui-même.

M. Bergson, dans sa célèbre thèse sur *les Données immédiates de la conscience*, se prononce pour une différence essentielle entre la durée « réelle » et la durée de la mécanique : « Supposons un instant, dit-il, qu'un malin génie, plus puissant encore que le malin génie de Descartes, ordonnât à tous les mouvements de l'univers d'aller deux fois plus vite. Rien ne serait changé aux phénomènes astronomiques ou, tout au moins, aux équations qui nous permettent de les prévoir, car, dans ces équations, le symbole t ne désigne pas une durée, mais un rapport entre deux durées, un certain nombre d'unités de temps, ou, enfin, en dernière analyse, un certain nombre de simultanéités ; ces simultanéités, ces coïncidences se produiraient encore en nombre égal ; seuls, les intervalles qui les séparent auraient diminué ; mais ces intervalles n'entrent pour rien dans les calculs. Or, ces intervalles sont précisément la durée vécue, celle que la conscience perçoit ; aussi la conscience nous avertirait-elle bien vite d'une diminution de la journée, si, entre le lever et le coucher du soleil, nous avions moins duré. Elle ne mesurerait pas cette diminution, sans doute, et même elle ne l'apercevrait peut-être pas tout de suite sous l'aspect d'un changement de quantité ; mais elle constaterait, sous une forme ou sous une autre, une baisse dans l'enrichissement ordinaire de l'être, une modification dans le progrès qu'il a coutume de réaliser entre le lever du soleil et son coucher [1] ». On voit ce que cette conception a d'original : tous les phénomènes psychiques semblent participer à l'accélération du monde matériel, puisqu'aucun bouleversement ne se manifeste, mais, cependant, la durée véritable restant la même, le développement intime de la conscience se trouve moindre dans la nouvelle journée. Des hypothèses de ce genre sont irréfutables, au sens strict du mot ; mais on peut montrer qu'elles sont purement gratuites. Il y a, sans doute, une observation profonde dans cette remarque d'une sorte de durée intime nécessaire au développement de la conscience : le temps est nécessaire à celle-ci pour s'assimiler tout ce qui la nourrit, pour ainsi dire. Mais ici encore tout n'indique-t-il pas que le physique et le moral sont profondément unis ? Cette assimilation psychique ne correspond-elle pas à ces phénomènes de nutrition nécessaires à la constitution de la mémoire, comme l'a si bien montré M. Ribot ? Or, ces phénomènes sont physiques et participent à l'accélération mécanique ; d'où il suit que les consciences mûriront, pour ainsi dire, plus vite, aussi elles, et ne ressentiront point cette baisse qu'imagine M. Bergson.

Sans doute, on ne saurait, en pareille matière, répondre d'une façon démonstrative, parce que, comme le disait Malebranche, nous n'avons pas d'idée claire de notre âme et de ses modalités, en sorte que chacun fait une réponse conforme à ses tendances et fatalement entachée de subjectivité. Sous cette réserve, nous ne pouvons que déclarer ne voir aucune raison pour qu'une accélération proportionnelle de tous nos états d'âme nous fût perceptible. Le sentiment du temps tient à bien des choses : le nombre des états psychiques et aussi leur

____

[1] P. 147.

qualité influent beaucoup sur notre appréciation de la durée ; mais leur nombre même présente souvent un caractère illusoire, car il suffit d'une succession d'états fort différents, comme dans les rêves, pour donner l'impression d'une succession très prolongée. Quant à la qualité, il suffit de rappeler combien, dans l'ennui, des états, cependant presque indiscernables, laissent l'impression d'un long temps, ce qui a même fourni à un ingénieux écrivain le thème d'un subtil éloge de l'ennui [1]. Quand, d'ailleurs, on cherche à se donner une impression aussi objective que possible du temps sans s'adresser aux phénomènes extérieurs, ce sont des sensations purement physiologiques, c'est-à-dire se rapprochant autant que possible de celles que produisent en nous les phénomènes purement mécaniques, que l'on doit prendre pour base de ses appréciations. C'est ainsi que, d'après les études de Münsterberg, pour apprécier exactement les durées, il faut diriger son attention sur des processus musculaires dans lesquels la respiration joue un rôle prépondérant [2]. Dans ce dernier cas, on se rap-

---

(1) « J'ai plaisir à penser que de longues heures je vais être seul, et m'ennuyer alors, bien heureusement m'ennuyer... Je sais que je transmuterai cette sensation d'ennui interminable en sensation de vie interminable, ce que jamais ne donnent les joies, qui, si longues soient-elles, sont toujours courtes. Et donc chacun des jours qui me retrouvera aimant la vie devra m'entendre aussi bénir l'ennui, le suave et le divin ennui » (*Promenades sentimentales* par M. Jean Thorel).

(2) Voir des analyses des travaux du professeur de Fribourg dans la *Revue philosophique* (1890, 2e sem., p. 188, et 1893, 1er sem., p. 327). Voir aussi, dans l'*Année psychologique* (1894) de MM. Beaunis et Binet, le résumé d'études postérieures de Münsterberg et Meumann (pp. 365 et 371).

On sait que Royer-Collard, développant la philosophie de l'effort volontaire de Maine de Biran, prenait « pour unité de durée l'instant déterminé par l'effort qui produit un pas » et, pour lui, « si le pendule peut nous servir à mesurer la durée, c'est que nous comparons ses oscillations à la durée de nos efforts volontaires ». On remarquera que le mouvement de la marche n'est une bonne mesure de la durée que lorsqu'il est devenu automatique et que la volonté n'y intervient plus directement.

proche du mécanisme, et, par suite, l'indiscernabilité de deux régimes ne différant que par ce qu'on pourrait appeler improprement la vitesse absolue des sensations apparaît comme à peu près incontestable. Quant aux autres sensations ou sentiments, la chose est, sans doute, moins évidente ; mais, pour nous, nous ne voyons *aucune* raison d'admettre une possibilité de discernement.

Ainsi nous arrivons à formuler, pour l'ensemble de l'univers physique et psychologique, la conclusion d'abord posée pour le monde matériel seul : deux univers semblables, tant par rapport à l'espace qu'à celui du temps, sont indiscernables, et, par suite, l'hypothèse de leur distinction est dépourvue de sens. C'est l'affirmation, sous sa forme la plus complète, de la relativité de l'espace et du temps.

II

LA RÉVERSIBILITÉ DU MONDE MATÉRIEL

Non seulement le temps est purement relatif, mais il semble que les lois de la mécanique tendent à faire disparaître la notion de l'avant et de l'après. C'est une question qui mérite un examen attentif.

On a admis longtemps que tous les phénomènes physiques s'expliquent par l'hypothèse d'actions répulsives ou attractives s'exerçant entre les atomes et ne dépendant que de leurs distances respectives, en ce sens du moins que, deux atomes déterminés étant donnés, leur action réciproque est indépendante et de leur vitesse relative et de la position des autres atomes.

Cette hypothèse étant admise, on démontre que, si l'on suppose à un instant quelconque toutes les vitesses changées de sens, le système matériel considéré repassera successivement par tous ses états antérieurs, pourvu qu'il soit isolé, c'est-à-dire ne subisse aucune action extérieure. Comme tel est le cas de l'ensemble de l'univers, la proposition précédente lui serait applicable. La conséquence consistant dans la suppression de l'avant et de l'après apparaît immédiatement, car un état de l'univers peut indifféremment être considéré comme la cause d'un autre ou comme causé par celui-ci : il suffit, dans les formules, de changer t en $-t$ pour renverser l'ordre des phénomènes, et, en l'absence d'une distinction étrangère à la mécanique, il n'y aura, semble-t-il, aucun moyen de considérer l'un des ordres de succession comme plus vrai que l'autre.

Philippe Breton [1] a longuement étudié cette question de la réversibilité de l'univers, dans plusieurs articles publiés par *Les Mondes* de décembre 1875, revue scientifique de l'abbé Moigno, et réunis avec additions dans les *Actualités scientifiques* de 1876 du même abbé. Partant, d'ailleurs, de l'hypothèse du parallélisme psycho-physiologique, si bien établie dans la majeure partie de ses conséquences, il en concluait que la réversibilité s'étendrait aux phénomènes d'ordre psychologique, ce qui l'amenait à repousser la réversibilité mécanique et à chercher quelle lacune pouvait bien exister dans la science. Il crut trouver le secret de la difficulté dans une certaine vertu plus ou moins occulte du temps, et il réclama « l'introduction, dans l'emploi mathématique du temps, de quelque condition, expressément manifestée par la notation », qui ne permît pas de confondre le passé et l'avenir.

Reprenant la question dans son ouvrage d'un si haut intérêt sur *les Confins de la science et de la philosophie*, le P. Carbonnelle a fait bonne justice de cette échappatoire : « Aucune précaution comme celle que suggère

---

(1) De son vivant, ingénieur des Ponts et Chaussées à Grenoble, connu par des études sur les torrents.

M. Breton, dit-il, ne peut avoir la moindre influence sur les conclusions qu'il voudrait écarter ; car, si l'on change le signe du temps, ce n'est pas pour rendre possible le problème réverti, ni même, à proprement parler, pour le résoudre ; c'est uniquement pour le comparer au problème primitif et relier entre elles les deux solutions. Chaque fois que nous savons résoudre l'un quelconque des deux, nous saurons résoudre l'autre, directement, par les mêmes procédés, et sans recourir à la considération d'aucun temps négatif [1] ».

Abordant la question de front et sans faux-fuyant, le P. Carbonnelle arrive à une solution qui fait songer au fameux *démon distributeur* de Maxwell. Prenons avec lui l'exemple d'un corps pesant qui tombe verticalement dans le vide et s'arrête à la surface du sol. « On sait, dit-il, que le choc transforme toute la force vive de ce corps en une quantité équivalente de chaleur ; mais on sait assez, par l'expérience, qu'il n'y a pas moyen de produire le phénomène inverse. On aurait beau renverser le cycle, ou plutôt la série, et commencer par donner de la chaleur au sol et au corps pesant lorsqu'ils sont en contact, jamais le corps pesant ne quittera le sol pour remonter au point d'où il est descendu. Cela se comprend aisément si l'on considère, dans cette chute et dans cette élévation de température, les phénomènes élémentaires dont ils se composent. Dans la chute, tous les atomes du corps pesant ont des vitesses égales et parallèles. C'est un état simple et uniforme, naturellement produit par une cause unique, la pesanteur. Mais cette simplicité et cette uniformité disparaissent au moment du choc, parce que les forces moléculaires multiples du corps et du sol entrent alors en jeu, et il en résulte un ensemble, qu'à un certain point de vue on pourrait appeler désordonné, de vitesses atomiques inégales dans toutes les directions. A cet état correspond

____

(1) 2ᵉ édit., t. I, p. 344.

une certaine température dans les divers points des deux corps en contact ; mais la même température correspondrait à une infinité d'autres états vibratoires. Quelles sont les conséquences de cette transformation ? Sans doute, il est parfaitement certain que, si plus tard, à un moment quelconque, on donnait à tous les atomes des corps des vitesses égales et directement opposées à celles que le choc a produites, il en résulterait, non seulement la même température, mais encore toute une série exactement inverse de phénomènes, de façon que le corps pesant se détacherait du sol avec la vitesse qu'il avait en y arrivant et remonterait verticalement à la hauteur d'où il est tombé ; mais, pour cela, il ne suffit pas de faire absorber une certaine quantité de chaleur et d'arriver à une certaine distribution de la température ; pas plus que, pour faire un livre, il ne suffit de réunir dans un ordre quelconque le million de lettres dont il se compose. Il faudrait, entre tous les états vibratoires en nombre infini qui correspondent à la même distribution de la température, choisir exactement l'état inverse de celui qu'a produit le choc. De quelque façon qu'on s'y prenne pour communiquer la température, on n'a aucune chance de rencontrer cet état vibratoire particulier ; et l'on comprend par suite que, malgré la possibilité théorique du contraire, le phénomène se passe toujours comme l'expérience nous le montre [1] ».

Ici, on sera peut-être tenté de faire une objection : sans doute, dira-t-on, la probabilité de vitesses précisément égales et contraires peut être considérée comme nulle ; mais l'expérience montre que non seulement on ne peut faire remonter le corps là précisément d'où il est tombé, que non seulement même on ne peut lui faire quitter le sol d'aucune façon, mais encore qu'on ne peut lui faire perdre aucune partie de son poids. N'y a-t-il pas là une infinité de combinaisons dont quelques-unes devraient

(1) 1, 326-328

se produire de temps à autre, si la théorie était exacte ?

On pourrait certainement démontrer que cette infinité de combinaisons de vitesses est infiniment petite par rapport à l'infinité de celles qui ne produisent aucune modification appréciable du poids ; mais nous pouvons invoquer un exemple caractéristique d'un cas analogue. La réalité des interférences optiques est constamment vérifiée, et il en résulte, suivant les cas, que l'addition de deux ondulations produit soit de l'obscurité, soit une lumière plus intense que la somme des deux lumières isolées ; or, si l'on prend deux sources de lumière naturelle, c'est-à-dire non polarisée, où les vibrations sont pour ainsi dire désordonnées, on constate toujours que les deux intensités lumineuses s'ajoutent purement et simplement, c'est-à-dire que les phénomènes d'interférence s'annulent réciproquement. Ainsi doit-il en être des vibrations calorifiques dont la convergence d'effets pourrait soulever le corps ou, au contraire, l'appliquer plus fortement sur le sol.

La discussion du P. Carbonnelle, que nous avons rapportée, montre bien que, pour assurer en fait la réversibilité, il nous faudrait le démon de Maxwell, qui, sans rien changer à la température, orienterait convenablement toutes les vibrations, de même qu'il s'oppose à la diffusion de la chaleur en laissant passer à droite les atomes dont la vitesse est supérieure à une certaine valeur et à gauche ceux dont la vitesse est moindre [1]. Nous pourrions reprendre, après Philippe Breton et le P. Carbonnelle, maint autre exemple, notamment celui des cônes d'éboulis qui se forment au pied de certains rochers. Nous n'y retrouverions, au fond, qu'une complication de l'exemple précédent : à l'impossibilité pratique déjà reconnue de l'impulsion à recevoir par les

(1) Voir le résumé d'une conférence de William Thomson sur le *démon* dans ses *Conférences scientifiques et allocutions* sur la constitution de la matière, traduites par MM. Lugol et Brillouin.

pierres éboulées pour qu'elles reprennent le chemin du sommet de la montagne, viendraient s'ajouter toutes les coïncidences nécessaires de chocs et même de coups de vent, sans lesquelles chaque fragment *manquerait*, pour ainsi dire, la place qu'il doit reprendre, et retomberait sous l'influence de la pesanteur. On voit apparaître ici très nettement le caractère d'*instabilité* des phénomènes révertis, en sorte qu'un univers construit sur ce modèle serait, qu'on nous passe l'expression, absolument *truqué*. Le P. Carbonnelle en conclut qu'un être libre y disposerait d'un énorme pouvoir, de nature à entraîner les plus grands bouleversements à l'occasion d'un acte insignifiant ; mais on échapperait à cette conclusion en adoptant la théorie de l'harmonie préétablie, qui suppose un truquage tel que celui que nous venons de décrire, en tout ce qui touche les mouvements des êtres vivants.

Rien ne permet assurément de rejeter *a priori* cette théorie de l'harmonie préétablie ; mais on doit reconnaître qu'elle ne semble pas *en harmonie* avec l'ensemble du système du monde dans lequel nous voyons régner, au contraire, une sorte d'équilibre stable, grâce auquel les causes secondaires ne produisent que des changements également secondaires. Ceux qui hésitent, comme nous, entre les théories de Leibniz et de Malebranche peuvent trouver ici une indication en faveur des causes occasionnelles.

Quoi qu'il en soit de cette digression, on doit remarquer que cette instabilité de l'univers réverti n'a pas un caractère accidentel, mais est essentielle aux systèmes matériels dans lesquels le sens de la marche de l'énergie vibratoire et de l'énergie visible serait le contraire de ce qu'il est dans notre monde. Il en résulte que Philippe Breton se trompait lorsque, cherchant à réfuter par l'absurde le principe de réversibilité, il en tirait les conséquences suivantes : « Comme rien, disait-il, n'autorise à assigner des bornes quelconques à l'étendue et à la variété du monde physique, comme, d'ailleurs, toutes les combinaisons possibles de vitesses des éléments matériels à un instant donné sont également probables ; il est hautement probable, ou plutôt il est certain qu'il existe quelque part, dans les profondeurs de l'immensité, un monde où tous les phénomènes physiques dont nous sommes témoins se passent en ordre inverse. Ce monde que vous jugez être à rebours du bons sens est simplement à rebours de vos habitudes. Là, la lumière va de l'espace céleste vers les soleils ; là, les actions chimiques, électriques, élastiques, caloriques, que nous connaissons, se produisent à rebours de nos expériences, et leurs explications et leurs lois sont les mêmes que chez nous, sauf la distinction subtile des causes et des effets ».

A cela on doit répondre d'abord, avec le P. Carbonnelle et conformément à son analyse de la contre-chute d'un corps pesant, que les phénomènes renversés sont d'une probabilité si faible, grâce au nombre des combinaisons contraires des vitesses des éléments matériels, qu'on ne saurait croire à leur réalisation, quelque grande que soit l'étendue de l'univers[1] ; mais on peut ajouter que, si un groupe de phénomènes de ce genre venait à se produire, son instabilité le ferait vite avorter. Reprenons, en effet, l'exemple d'un éboulis, et supposons que ses fragments se trouvent, par un bien surprenant concours des vitesses vibratoires, lancés sur la pente de la montagne ; pour qu'ils puissent s'agréger et constituer un rocher à son sommet, il faudra un nouveau concours de circonstances vraiment extraordinaire, sans lequel ils redescendront la pente sous l'action de la pesanteur, lorsqu'ils auront épuisé leur force vive, et les phénomènes reprendront leur cours ordinaire, grâce à l'instabilité des systèmes révertis. On est donc en droit de conclure que, si un univers réverti n'est pas

____

(1) Il est entendu que cette étendue est forcément finie, en vertu de la *loi du nombre* que nous étudierons plus loin (chap. VIII).

contradictoire et ne peut, dès lors, être nié *a priori*, on ne saurait lui attribuer une probabilité appréciable comme résultat fortuit des lois naturelles et qu'il ne pourrait être admis que comme le résultat d'une volonté spéciale du Créateur.

Par suite de cette possibilité absolue d'un univers matériel réverti, le P. Carbonnelle est en droit de dire que, de deux états successifs d'un système atomique, chacun peut, absolument parlant, jouer, relativement à l'autre, le rôle de cause ou le rôle d'effet ; mais il n'en reste pas moins vrai que l'un des deux sens du rapport présente un caractère de vraisemblance tout à fait étranger à l'autre. Il suit de là que, si l'étude du monde matériel, considéré en lui-même et isolément, ne permet pas une distinction rigoureuse, du passé et de l'avenir, elle permet, du moins, de faire de cette distinction la base d'une conception logique de ce monde.

Tout ce qui précède suppose, nous l'avons dit, que l'action réciproque de deux atomes donnés ne soit fonction que de leur distance. Or, c'est là une hypothèse au moyen de laquelle nous croyons, avec M. Boussinesq [1], qu'il est sage de chercher à expliquer tous les phénomènes, mais qui ne s'impose nullement comme un principe nécessaire. M. Poincaré n'hésite pas à la repousser très nettement, précisément en raison du principe de réversibilité qui en découle et qui lui paraît condamné par l'expérience. C'est ainsi que, si l'on met en présence un corps chaud et un corps froid, le premier cédera de la chaleur au second, et jamais le phénomène inverse ne se produira, non seulement lorsque les deux corps agiront l'un sur l'autre, mais quelque artifice que l'on emploie, quelques corps étrangers qu'on fasse intervenir [2]. En un mot, non seulement il n'y a pas

---

(1) Voir ses très intéressantes *Leçons synthétiques de mécanique générale*.

(2) Nous prenons sans cesse des exemples particuliers : on sait

réversibilité directe, mais il n'y a pas même *réversibilité indirecte*.

Ce dernier point, l'absence de réversibilité indirecte, permet de réfuter la réponse tirée de l'hypothèse des *mouvements cachés* de Helmholtz, d'après laquelle l'irréversibilité serait due à l'existence de mouvements inconnus, qu'on omet ou qu'on est dans l'impossibilité pratique de révertir. Tel serait le cas d'un observateur du pendule de Foucault au Panthéon qui, ignorant le mouvement de la terre, considérerait la rotation de ce pendule comme irréversible. Cette réponse, si séduisante qu'elle soit, en effet, tombe devant la démonstration que les mouvements cachés ne sauraient empêcher la réversion indirecte [1].

La même remarque permet de montrer qu'il ne suffit pas, pour faire disparaître toute difficulté, de supposer que l'action mutuelle de deux atomes est fonction de leur vitesse relative ; lord Kelvin (William Thomson) a, en effet, été amené à distinguer deux sortes de forces dépendant des vitesses : les unes, qu'il appelle « gyrostatiques », laissent subsister la réversibilité indirecte ; les autres suppriment la conservation de l'énergie, en même temps que cette réversibilité [2]. Ces dernières forces répondraient donc seules complètement à la question.

Enfin, M. Poincaré. parlant de Maxwell et de son démon, fait, contre l'hypothèse des forces fonctions de la seule distance des atomes, une objection extrêmement grave : « Un théorème facile à établir, dit-il, nous apprend qu'un monde limité, soumis aux seules lois de la mécanique [3], repassera toujours par un état très voisin

que la loi générale consiste dans l'accroissement continu de la fonction dite *entropie* ou, en termes plus généraux encore, dans la dégradation de l'énergie, en vertu de laquelle, si l'énergie demeure constante, l'énergie utilisable va constamment en diminuant.

(1) *Revue de métaphysique et de morale*, 1893, pp. 534-537.
(2) Même revue, 1894, p. 197..
(3) On remarquera cet emploi de l'expression « lois de la méca-

de son état initial. Au contraire, d'après les lois expérimentales admises (si on leur attribue une valeur absolue
et qu'on veuille en pousser les conséquences jusqu'au
bout), l'univers tend vers un certain état final dont il ne
pourra plus sortir. Dans cet état final, qui sera une
sorte de mort, tous les corps seront en repos et à la
même température.

« Je ne sais, poursuit M. Poincaré, si l'on a remarqué
que les théories cinétiques anglaises peuvent se tirer de
cette contradiction? Le monde, d'après elles, tend
d'abord vers un état où il restera longtemps sans changement apparent ; et cela est conforme à l'expérience ;
mais il ne s'y maintiendra pas toujours, de sorte que le
théorème cité plus haut n'est pas violé ; il y demeurera
seulement pendant un temps énorme, d'autant plus

nique », pour désigner exclusivement des lois ne faisant dépendre
les forces que de la position relative des atomes ; c'est dans ce
sens étroit que M. Poincaré s'est cru fondé à déclarer le mécanisme condamné par l'expérience. Cet emploi du mot « mécanisme » est sans inconvénient, lorsqu'on a bien présent à l'esprit
la définition qu'il suppose ; mais il n'est pas sans danger en ce
qu'il peut induire, même des hommes tout à fait supérieurs, à
conserver les conclusions sans rester bien fidèles au sens spécial
qui les justifiait. Ainsi M. Boutroux, dans son cours sur l'*Idée de
loi naturelle*, affirme l'irréductibilité de la physique à la mécanique en s'appuyant sur ce que « le caractère essentiel d'un phénomène mécanique est la réversibilité » (p. 53). Or cet emploi restreint du mot « mécanique » lui ôte toute portée philosophique.
L'hypothèse du mécanisme de l'univers consiste à admettre que
tous ses états successifs sont reliés les uns aux autres par des
équations mathématiques, sous réserve du rôle qu'on peut attribuer aux êtres animés. Dans l'établissement de ces équations,
lesquelles définissent les actions mutuelles des points matériels, on
a été amené, au moins provisoirement, à admettre l'existence de
termes qui deviennent négligeables lorsque les points sont à des
distances sensibles ; les formules ainsi simplifiées satisfont au
principe de réversibilité, et l'on peut sans doute les désigner spécialement sous le nom de formules mécaniques ; mais, si l'on ne
veut pas être la dupe des mots, on doit bien se rendre compte qu'il
n'y a là qu'un classement commode, mais superficiel, ne pouvant
donner naissance qu'à une irréductibilité purement verbale entre
la physique et la mécanique.

long que les molécules seront plus nombreuses. Cet état ne sera donc pas la mort définitive de l'univers, mais une sorte de sommeil, d'où il se réveillera après des millions de millions de siècles. A ce compte, pour voir la chaleur passer d'un corps froid à un corps chaud, il ne serait plus nécessaire d'avoir la vue fine, la présence d'esprit, l'intelligence et l'adresse du démon de Maxwell, il suffirait d'un peu de patience ».

Ceci nous montre sur un exemple la portée du théorème invoqué par M. Poincaré, en faisant ressortir son application dans le cas des théories cinétiques. Le jour où tous les corps seraient en repos local et où les vibrations calorifiques seraient partout égales, l'univers, à chaque instant, aurait la plus grande chance de rester en cet état ; mais le hasard pourrait, à un moment donné, amener une combinaison de vibrations calorifiques qui, comme dans la discussion du P. Carbonnelle, provoquerait un mouvement de certains corps, et l'on peut imaginer que ce succès, encourageant pour ainsi dire le hasard, lui ferait continuer cette contre-évolution, dans laquelle on verrait d'abord se créer une inégalité de température, puis la chaleur passer des corps froids sur les corps chauds. Mais il faut bien remarquer qu'en réalité toute cette contre-évolution est la chose la plus invraisemblable puisqu'à chaque instant le sens normal aurait tout autant de chances de reprendre qu'il en a présentement de continuer à suivre son cours. A aucun moment, la contre-évolution ne deviendra la loi normale de l'univers : elle ne sera, à tous ses instants, qu'une réussite absolument invraisemblable.

Dans ces conditions, nous nous demandons dans quelle mesure le théorème invoqué par M. Poincaré peut être considéré comme constituant une objection contre ce qu'il appelle les théories mécaniques. Il est d'ailleurs intéressant de noter le résultat d'un calcul fait par Boltzmann : étant donné 1/10 de litre du mélange de deux gaz, ce n'est qu'après un temps énorme comparé à $10^{10^{10}}$ années à partir de leur mélange qu'il y aurait probabilité de pouvoir observer une séparation partielle des deux gaz, séparation qui aurait d'ailleurs toute chance de disparaître ensuite [1].

Ceci nous montre combien le mécanisme, pris au sens le plus étroit, est peu contraire au principe de la dégradation de l'énergie, si l'on ne voit dans celui-ci qu'une loi expérimentale et non un principe métaphysique. Pour nous, d'ailleurs, qui croyons à la fin nécessaire du temps (voir chap. IX), il apparaît dès lors que la production d'un monde réverti ne s'impose nullement, même dans l'hypothèse du mécanisme au sens étroit du mot.

Nous ne saurions insister davantage, car nous nous sommes déjà un peu éloigné de notre sujet. Ce qui nous a amené à parler de la réversibilité, c'est, en effet, la difficulté ou mieux l'impossibilité qui paraît en résulter de distinguer l'avant de l'après, le passé de l'avenir. Or, nous avons vu que, même en admettant l'existence de la réversibilité directe, la seule qui donne lieu à la difficulté en question, l'enchaînement des phénomènes naturels ne présente pas le même caractère, suivant qu'on le considère dans un sens ou dans l'autre : nous n'avions pas autre chose à montrer, et, si l'expérience amène à repousser absolument cette réversibilité, cela ne fera que supprimer une difficulté. En résumé, si la notion complète du temps suppose peut-être la considération des phénomènes psychiques, on ne saurait dire sans exagération que la mécanique, même restreinte à la considération de forces fonctions des seules distances, soit impuissante à servir de base à cette notion.

Nous ne pensons pas, d'ailleurs, qu'il y ait lieu d'insister sur le caractère franchement absurde que pré-

---

(1) *Leçons sur la théorie des gaz*, traduction Galatti et Bénard, t. II, p. 249. On aurait mieux senti l'énormité du nombre d'années si nous l'avions écrit au moyen de l'unité suivie de dix milliards de zéros, mais cela eût grossi notre volume de plus de 6 millions de pages.

senterait le monde moral supposé réverti ; comme, du reste, il existe une liaison intime entre les deux ordres de phénomènes, on voit qu'on ne saurait admettre la réversion des phénomènes matériels avec le maintien des lois qui constituent ce qu'on appelle l'union de l'âme et du corps. Du moment qu'on sort de la physique pour entrer dans le domaine de la psychologie, le temps prend un caractère nettement déterminé, tenant à ce qu'il y est impossible, en général, de renverser la liaison causale qui unit deux phénomènes.

CHAPITRE VIII

CRITIQUE DE L'INFINI ET DU CONTINU
LES ARGUMENTS DE ZÉNON D'ÉLÉE

I

CRITIQUE GÉNÉRALE

Abordant l'étude plus particulièrement philosophique de l'espace et du temps, nous pensons devoir le faire par la critique préalable de l'infini et du continu, à laquelle nous aurons bien souvent à nous référer. Sur ce point, et étant donné que nous n'avons à nous occuper que de l'infini de quantité, nous n'aurons qu'à suivre les traces des maîtres du néo-criticisme, Renouvier et M. Pillon, dont on connaît l'inflexible fermeté dans l'application de ce qu'ils appellent le *principe du nombre*.

Un premier point, que les adversaires les plus habiles avaient naguère encore bien garde de nier, c'est la contradiction qu'enfermerait la notion d'un nombre infini : « Dans la formation des nombres abstraits par l'esprit, disait M. Milhaud, chacun a pour définition d'être un symbole, succédant au dernier auquel l'esprit s'est arrêté, et précédant celui qui suivra. D'après cette définition même, la création d'un nombre nouveau n'implique jamais aucune impossibilité ; il ne saurait donc exister un nombre venant après tous les autres dans cette suite, un nombre plus grand que tout nombre assignable, en d'autres termes, enfin, un nombre infini. Qui dit *nombre* dit *nombre fini*, ou plutôt ces deux mots réunis ne signifient rien de plus que le premier tout seul » [1].

Cet argument vise le mode de génération des nombres finis ; or on sait qu'un autre mode de génération donne les nombres transfinis, dont la théorie occupe aujourd'hui dans la science une place telle qu'il n'est plus possible de les ignorer. On peut donc parler et raisonner sur des nombres différents les uns des autres et tous infinis. Mais nous ne croyons pas que cette évolution de la science mathématique ait rien changé au problème que prétend résoudre la loi du nombre.

Ce que cette loi nie, c'est la possibilité d'un nombre infini réalisé, c'est-à-dire d'un nombre infini de réalités passées ou présentes. Ici il convient de faire une remarque : dans la préface à sa thèse si exceptionnellement remarquable sur *l'Infini mathématique*, M. Couturat prévient le lecteur qu'il est idéaliste et en conclut qu'il est en droit de nier la distinction de l'infini virtuel et de l'infini actuel. Or nous ne voyons pas que ce soit là une conséquence de l'idéalisme : quand le réaliste parle d'une infinité d'objets distincts, l'idéaliste doit parler d'une infinité de représentations distinctes aussi. L'une et l'autre de ces infinités apparaissent comme également contradictoires au finitiste, qui nie aussi bien la possibilité d'une infinité de représentations distinctes que celle d'une infinité d'objets distincts : ses arguments portent également sur les deux cas, et, si parfois il parle d'objets, il doit être bien entendu que son expression doit ou peut du moins être interprétée au sens idéaliste. Cette remarque est importante et nous servira tout à l'heure.

Le même auteur est d'accord avec M. Russell pour considérer les objections contre l'infini numérique réalisé

---

(1) *Essai sur les conditions et les limites de la certitude logique*, p. 199.

comme définitivement écartées par la définition adoptée pour les ensembles infinis : un ensemble est infini quand il est équivalent à une partie intégrante de lui-même, c'est-à-dire quand on peut établir une correspondance univoque et réciproque entre la totalité de ses éléments et une partie seulement d'entre eux. Les exemples de tels ensembles abondent (tel l'ensemble formé par les nombres entiers qui peut être mis en correspondance univoque et réciproque soit avec l'ensemble des nombres pairs, soit avec celui des nombres carrés parfaits), et M. Couturat nous dit qu'on ne saurait trouver à leur réalisation aucune contradiction, puisque c'est précisément une propriété contenue dans leur définition ou plutôt une propriété qui constitue cette définition tout entière.

Nous ne prétendons pas trouver de contradiction dans la conception abstraite de tels ensembles, mais seulement dans leur réalisation. Si je rapproche de chaque entier successif le nombre pair de même rang, c'est-à-dire son double, il est certain que jamais je ne serai arrêté dans cette opération, que, quel que soit un nombre donné, je puis toujours en rapprocher son double et que par suite l'ensemble des nombres entiers satisfait à la définition des ensembles infinis. Mais maintenant supposons réalisé cet ensemble dans tous ses éléments, représentés chacun par un disque, et réalisé aussi l'ensemble des nombres pairs représentés de même façon. Nous pouvons relier chacun de ces derniers disques et à l'élément de même rang et à l'élément représentant le même nombre, et, puisqu'il s'agit d'images ou d'objets, nous pouvons, pour préciser, dire que la première liaison est faite par une ficelle rouge, la seconde par une ficelle bleue. Or, en quelque région de l'ensemble des deux séries que nous nous placions, toujours un élément de la seconde série sera le point de départ d'une ficelle bleue et d'une ficelle rouge, mais les secondes extrémités de ces ficelles présenteront une singularité : tandis que les ficelles rouges aboutiront à tous les disques de la première série, les ficelles bleues n'aboutiront qu'à un disque sur deux.

Les infinitistes reconnaissent que le fait serait contradictoire si les deux ensembles étaient finis : ils diraient même au besoin que cette contradiction est posée par définition ; mais ils affirment qu'un esprit assez puissant pourrait voir une double infinité de ficelles ainsi associées deux à deux à une de leurs extrémités et associées seulement de deux en deux à l'autre extrémité ; il verrait en même temps toutes les ficelles dans toute leur étendue et constaterait qu'il n'y a ni interruption ou fusion d'un côté, ni bifurcation de l'autre. Le mot « infini » est vraiment doué d'un merveilleux pouvoir.

On aura pu être choqué du caractère grossièrement sensible donné à notre argumentation : il était voulu, car il nous semble que parfois la démonstration du *théorème de Galilée* revêt une forme abstraite qui permet au lecteur de perdre de vue le caractère essentiellement concret de la négation de l'infini numérique réalisé. En parlant ainsi, nous avons particulièrement en vue les exposés dus à l'école de Renouvier [1], exposés qui sont d'ailleurs bien loin de nous paraître à proprement parler défectueux, car ce sont eux qui nous ont converti au principe du nombre, mais qui nous semblent pouvoir prêter à une méconnaissance du caractère de la démonstration [2].

Cette négation de l'infinité concrète nous laisse l'esprit

---

(1) Voir notamment, dans l'*Année philosophique* (1re année, 1890, p. 83), un exposé dû à M. Pillon, ainsi que la *Nouvelle Monadologie* de Renouvier et Prat, p. 35.

(2) Nous signalerons une réfutation plus simple et peut-être non moins bonne de l'impossibilité d'une multitude infinie d'objets concrets, fondée par le P. Poulain sur la démonstration que, si une telle multitude existait, elle serait à la fois, et sous le même rapport, *identique* et *non identique* à une autre (voir ses très intéressants articles *Dans le monde mathématique*, publiés par les *Etudes*, notamment dans le numéro du 5 août 1897, p. 339).

parfaitement libre dans l'étude de l'infini abstrait. On a le droit de parler de l'ensemble des nombres entiers, car cet ensemble est clairement défini : nous savons, pour tout nombre donné, s'il appartient à cet ensemble ou ne lui appartient pas. Il en est de même de tous les ensembles infinis, au sens donné ci-dessus à ce mot, pourvu qu'on en donne une définition précise. Tout cela est parfaitement légitime et a servi de base à une science fort intéressante, dont nous parlerons un peu à l'occasion du continu.

Bien loin de nous gêner, cette théorie des ensembles infinis est plutôt faite pour nous venir en aide. Que disent en effet certains défenseurs de l'infinité quantitative, qui ne sont pas parmi les moindres, tels le cardinal Mercier et M. Milhaud ? Le premier reste en suspens comme saint Thomas d'Aquin, posant seulement ainsi le problème : « Le point en litige est de savoir si toute multitude est *nombrable* ; s'il n'y a pas, au contraire, s'il ne peut y avoir une multitude qu'aucune mesure ne pourrait évaluer, aucune collection d'unités égaler [1] ». Quant à M. Milhaud, il déclare qu'un nombre infini abstrait est contradictoire et en conclut expressément « qu'un nombre infini d'objets ne peut se rencontrer dans le monde concret, qu'il ne saurait exister aucun ensemble d'éléments, aucune somme de parties dont le nombre soit infini », que, par suite, « le passé n'est pas la somme d'un nombre infini d'événements », que « l'univers n'est pas un nombre infini de corps distincts » ; mais il nie que les années antérieures à l'instant actuel, que les corps constituant l'univers constituent des collections.

Au cardinal Mercier nous répondrons : que veut dire qu'une multitude n'est pas nombrable, si cela ne signifie pas simplement que, si l'on attribue la suite des nombres

(1) *Ontologie*, 3ᵉ édition, p. 396.

entiers [1] à ses éléments pris l'un après l'autre, on n'arrivera jamais à épuiser ceux-ci ? Eh ! bien, Cantor a précisément étudié ces ensembles, et il en a distingué deux classes, celle des ensembles *dénombrables* où, sans arriver jamais au terme, on peut atteindre un élément déterminé quelconque, et celle des ensembles *non dénombrables* qu'il est impossible de mettre sous la forme d'une suite simplement infinie. Le premier cas est précisément celui dont nous avons montré l'impossibilité au moyen de notre double série de disques et de ficelles ; quant au second, il se trouve éliminé par là même, puisqu'un ensemble non dénombrable se compose forcément d'un ensemble infini dénombrable plus quelque chose : la première partie étant impossible, le tout l'est forcément.

M. Milhaud, parlant des hommes qui habiteraient *n'importe où dans l'espace*, dont chacun est donné, en ce sens qu'il existe et qu'il est distinct, nie qu'on puisse parler de leur *totalité*. Si l'on peut dire « tous les hommes », ce n'est que dans le sens de « tout homme », sans qu'il y ait aucunement idée de leur réunion en un tout, attendu que, si l'on veut dire qu'ils forment une collection, on doit ajouter que ce n'est « qu'une collection en puissance », bien que chaque élément soit en acte.

Voilà, semble-t-il, un bien singulier usage de la notion de la puissance. Qui dit qu'une chose est en puissance, en effet, dit qu'elle n'est pas actuellement, mais qu'elle peut devenir. Or, il s'agit ici d'une collection qui, essentiellement, ne peut venir à l'existence en acte, puisqu'elle impliquerait contradiction. Pour la pensée divine elle-même, la totalité des hommes ne saurait être envisagée ; elle connaît chacun d'eux, mais elle ne saurait les considérer comme formant un tout. Conception étrange entre

---

(1) On remarquera que, bien que cette suite soit infinie, aucun de ses éléments ne l'est, ainsi que, comme le note Cantor, l'avait signalé saint Augustin : « Tous les nombres sont finis, et pourtant ils sont en nombre infini » (*de Civitate Dei*, XII, 18).

toutes, qui, pour nous, n'est que l'aveu de l'impossibilité où l'on est de faire entrer dans la pensée l'idée d'une pluralité sans limite. Aussi, répéterons-nous, avec Renouvier : « Ou ces choses composent actuellement, toutes ensemble, un tout, ou elles ne composent pas un tout ; mais, si ces choses ne composent pas un tout, il est donc des choses qui sont et qu'on ne saurait considérer, sous le simple rapport de l'existence, conjointement avec d'autres choses qui sont. Cette conséquence est incompatible avec la représentation, donc ces choses composent un tout. Or, avec un tout donné, un nombre est toujours donné. Des choses qui sont, ou des parties quelconques de ces choses, formeront toujours des nombres, c'est-à-dire des nombres déterminés, différents de tous autres nombres. Sans cela, point de représentation, ni effective, ni possible, d'un tout[1]. »

En étudiant les diverses géométries, nous avons vu que les espaces d'Euclide et de Lobatchefsky sont infinis, que par conséquent ils contiennent un nombre infini de fois une unité de mesure quelconque. C'est dire que, pour nous, ils ne sont pas susceptibles d'une réalisation intégrale : leur infinité est purement idéale, et ils peuvent simplement s'étendre indéfiniment, tandis qu'un espace sphérique se referme sur lui-même et est essentiellement fini. L'infinité des premiers ne constitue qu'une loi de développement. Voyons à quelles contradictions aboutissent ceux qui prétendent en faire une réelle infinité, et notons que c'est le principe de continuité qui les induit à accepter ces contradictions.

Deux droites dans un plan (euclidien) se coupent toujours, sauf dans le cas où elles sont parallèles ; or ce cas exceptionnel constitue une véritable discontinuité, puisque, pour toute position, si voisine qu'elle soit du parallélisme et de quelque côté qu'elle s'en écarte, on a une

____

(1) *Traité de Logique générale et de Logique formelle*, 2ᵉ édit., tome I, p. 46.

intersection : on admettra donc qu'il y en a une encore dans le cas du parallélisme, et une seule, bien qu'il semble plutôt y en avoir deux. « Si naturelle que paraisse cette présomption, dit M. Couturat, elle est erronée : les deux points en question, qui semblent séparés par l'espace entier et situés à une distance infinie l'un de l'autre, n'en font qu'un et coïncident rigoureusement. En effet, si les deux droites avaient deux points communs à l'infini (un dans chaque sens), cela serait contradictoire avec l'axiome caractéristique de la ligne droite, qui lui sert de définition. Une ligne droite est entièrement déterminée quand on donne deux de ses points ; d'où ce corollaire immédiat : deux lignes droites qui ont deux points communs coïncident entièrement. On est donc obligé d'admettre qu'une droite n'a qu'un *seul* point situé à l'infini ; sans quoi l'on serait conduit à cette conséquence absurde, que toutes les droites parallèles coïncident entre elles » [1].

Ne semble-t-il pas qu'une telle argumentation a bien plutôt pour objet d'établir un système de propositions tout à fait générales à un point de vue purement formel, que d'énoncer les propriétés du réel [2] ? On trouve ainsi que toutes les droites parallèles ont un point commun unique à l'infini, et que l'ensemble des points répondant ainsi aux diverses directions [3] est une ligne droite, la droite de l'infini.

Mais deux droites parallèles sont partout également distantes ; comment dès lors se fait-il qu'elles puissent

(1) *De l'Infini Mathématique*, p. 227.
(2) Avons-nous le droit d'écrire ce mot « réel » alors que M. Couturat est idéaliste ? Non d'une façon absolue ; mais, ou bien il parle de représentations possibles en principe, et alors l'argumentation est la même qu'à l'égard du réaliste le plus endurci, ou bien il ne s'agit que d'une conception irréalisable dans toute représentation, et alors nous sommes parfaitement d'accord.
(3) Ces divers points sont forcément distincts, sans quoi deux droites quelconques de directions différentes auraient deux points communs, dont un à l'infini, et coïncideraient.

effectivement se rencontrer ? et n'y a-t-il pas contradiction à affirmer l'*existence* de leur intersection, même quand on la rejette à l'infini, au sein duquel on a coutume d'opérer la conciliation des contradictoires ? Nous ne songeons point à contester l'utilité de la considération des points à l'infini en géométrie, mais nous leur refusons l'existence et n'y voyons qu'une formule expressive, servant à désigner la limite d'un phénomène géométrique qui cesse d'exister.

Cette manière de voir se trouve confirmée par le fait suivant, que M. Couturat a tenu à signaler et à discuter. Nous venons de voir comment les points à l'infini du plan forment une droite ; or, quand on applique la méthode des rayons vecteurs réciproques, on considère tous les rayons issus d'un point comme aboutissant à un seul et même point, dit *point à l'infini* [1]. N'est-ce pas en contradiction formelle avec ce que nous venons de voir ? L'explication consiste à faire remarquer qu'on arrive à ces résultats différents par des voies différentes, la droite de l'infini répondant à la méthode homographique, tandis que c'est la méthode des rayons vecteurs réciproques qui conduit au point de l'infini. Cette différence n'a rien qui puisse surprendre si nous ne voyons dans tout cela que deux processus géométriques tendant vers des limites différentes ; mais n'est-on pas en droit de dire qu'il y a contradiction véritable si droite et point de l'infini doivent être des réalités ? M. Couturat prétend échapper à la contradiction en disant que tout cela n'est pas, par sa nature même, susceptible de *figure*, et que tous ces paradoxes tiennent au fond, à ce que l'infini est, comme l'a dit Delbœuf, *une grandeur sans forme* et, par là

____

(1) M. Couturat fait remarquer que toutes les droites ont ainsi deux points communs, ce qui n'est pas contraire à l'axiome de la ligne droite, vu que celui-ci ne vise que les points situés à distance finie. Nous le voulons bien ; mais alors pourquoi ne voulait-on pas, tout à l'heure, que deux droites distinctes eussent deux points communs, tous deux à l'infini ?

même, susceptible de prendre toutes les formes ; « ils viennent de ce qu'on essaie, illégitimement et en vain, de se représenter l'infini ».

Eh ! bien, nous le demandons, qu'est-ce que cette figure géométrique sans forme ; que cette chose qui n'est pas une réalité extérieure pour un idéaliste comme M. Couturat et qui, en même temps, n'est pas susceptible de représentation ? C'est le plus remarquable mélange de toutes les contradictions, à moins, encore une fois, que ce ne soit l'expression de la limite d'un phénomène qui cesse d'exister : le phénomène variant, la limite peut varier, et cela sans qu'il en résulte aucune contradiction.

Le principe du nombre nous avait fait voir *a priori* qu'on ne saurait admettre la réalisation d'un nombre infini d'objets ou de représentations ; comme confirmation, la géométrie d'un espace infini, c'est-à-dire contenant un nombre infini d'unités de mesure d'ailleurs quelconques, nous a fait voir ensuite les contradictions auxquelles on arrive quand on prétend réaliser cette infinité de l'espace considéré. Nous allons maintenant étudier une autre application du principe du nombre, application très importante au point de vue philosophique, puisqu'elle vise la notion du continu, qui a joué un si grand rôle dans l'histoire de la pensée humaine et qui aujourd'hui constitue l'un des postulats fondamentaux des systèmes les plus en vogue.

La théorie des ensembles de George Cantor a singulièrement précisé la notion mathématique du continu, et nous pensons devoir donner quelques indications à ce sujet. Si l'on bornait cette notion à celle de divisibilité indéfinie, la simple dichotomie permettrait de définir le continu ; mais on sait depuis longtemps que l'on est bien loin d'obtenir par cette méthode toutes les divisions possibles, puisqu'on ne prend ainsi qu'une partie des nombres rationnels, en laissant en outre de côté tous les nombres irrationnels. Nous avons vu que les ensembles se divisent en deux classes suivant qu'ils sont dénombrables ou ne le sont pas, c'est-à-dire suivant qu'on peut ou non poser une loi d'après laquelle tout élément de l'ensemble considéré puisse être mis en correspondance univoque et réciproque avec un des termes de la suite des nombres entiers.

Comme exemple d'un ensemble dénombrable on peut citer celui des nombres rationnels. Il est clair que l'on ne peut opérer ce classement de ces nombres en les prenant par ordre de grandeur, puisqu'entre deux nombres rationnels donnés quelconques il en existe une infinité d'autres, si bien qu'on n'arriverait jamais au second, ou plutôt qu'il serait impossible de commencer le dénombrement, puisqu'aucun nombre rationnel n'est le plus voisin d'un nombre donné. Il est donc indispensable de chercher une autre loi de classement ou de formation. Pour envisager un cas particulièrement simple, nous prendrons l'ensemble des fractions proprement dites. On peut les ordonner de la façon suivante, en ayant soin de n'écrire que les fractions réduites à leur plus simple expression pour n'avoir pas de répétitions :

$$\frac{1}{2}\quad \frac{1}{3}\quad \frac{1}{4}\quad \frac{1}{5}\quad \frac{1}{6}\quad \frac{1}{7}\quad \cdots$$
$$\frac{2}{3}\quad \frac{2}{5}\quad \frac{2}{7}\quad \frac{2}{9}\quad \frac{2}{11}\quad \frac{2}{13}\quad \cdots$$
$$\frac{3}{4}\quad \frac{3}{5}\quad \frac{3}{7}\quad \frac{3}{8}\quad \frac{3}{10}\quad \frac{3}{11}\quad \cdots$$
$$\frac{4}{5}\quad \frac{4}{7}\quad \frac{4}{9}\quad \frac{4}{11}\quad \frac{4}{13}\quad \frac{4}{15}\quad \cdots$$

Si maintenant nous lisons ce tableau *en diagonale*, nous obtiendrons la correspondance suivante avec la série des entiers :

$$1\quad 2\quad 3\quad 4\quad 5\quad 6\quad 7\quad 8\quad 9\quad 10\ \cdots$$
$$\frac{1}{2}\quad \frac{1}{3}\quad \frac{2}{3}\quad \frac{1}{4}\quad \frac{2}{5}\quad \frac{3}{4}\quad \frac{1}{5}\quad \frac{2}{7}\quad \frac{3}{5}\quad \frac{4}{5}\ \cdots$$

On voit que toute fraction donnée trouvera placé dans ce tableau suffisamment prolongé, et que la lecture du tableau, faite comme il vient d'être dit, la fera correspondre à un entier déterminé.

Il est digne de remarque d'ailleurs que non seulement l'ensemble des nombres rationnels est dénombrable, mais que l'est également celui des nombres algébriques, c'est-à-dire des racines, réelles ou imaginaires, de toute équation algébrique à coefficients entiers.

On voit assez simplement que l'ensemble des fractions décimales proprement dites n'est pas dénombrable. Supposons en effet qu'on ait pu en opérer le dénombrement :

$$1 \qquad 0, \; a_1 \, a_2 \, a_3 \; . \; . \; . \; . \; . \; . \; . \; .$$
$$2 \qquad 0, \; b_1 \, b_2 \, b_3 \; . \; . \; . \; . \; . \; . \; . \; .$$
$$3 \qquad 0, \; c_1 \, c_2 \, c_3 \; . \; . \; . \; . \; . \; . \; . \; .$$

$a_1, a_2,\ldots b_1, b_2,\ldots c_1, c_2,\ldots$ étant chacun un des dix chiffres. Je dis qu'on peut former une fraction non comprise dans la série, ce qui est contraire à l'hypothèse. Pour cela il suffit de prendre une fraction :

$$0, \; x_1 \, x_2 \, x_3 \; . \; . \; . \; . \; . \; . \; .$$

dans laquelle x_1 est autre que a_1, x_2 autre que b_2 et ainsi de suite, car cette fraction différera de la $n^{\text{ième}}$ au moins par le $n^{\text{ième}}$ chiffre.

Or l'ensemble que nous venons d'envisager est celui des nombres réels compris entre 0 et 1. Cela résulte de la définition même des nombres incommensurables qui, ajoutés aux nombres rationnels, complètent l'ensemble des nombres réels. Sans entrer dans des développements qui ne seraient pas ici à leur place, nous donnerons cependant quelques indications à ce sujet.

Ainsi que nous l'avons déjà dit, l'ensemble des nombres rationnels jouit de la propriété qu'on appelle *con-*

nexité, c'est-à-dire que la différence entre un des éléments de cet ensemble et un autre élément à y choisir peut être rendue plus petite que toute quantité donnée ; mais il n'est pas *continu*, car il admet une infinité de lacunes infiniment petites ou *coupures* : c'est ce dont fournit un exemple la recherche de la racine carrée de 3, car 3 n'est le carré ni d'un entier ni d'une fraction, le carré d'une fraction irréductible étant une fraction irréductible. La recherche de cette racine fournit un moyen de séparer l'ensemble des nombres rationnels en deux classes et y révèle ainsi une coupure.

Tout nombre faisant partie de la classe des nombres dont les carrés sont plus petits que 3 est plus petit qu'un nombre quelconque de la seconde classe, et d'autre part dans la première il n'existe aucun nombre qui soit le plus grand nombre d'entre eux, ni, dans la seconde, un nombre qui soit le plus petit.

Cela étant, on peut définir ainsi le nombre irrationnel, avec M. Jules Tannery : « Toutes les fois qu'on a un moyen de séparer la *totalité* des nombres rationnels en deux classes telles que tout nombre de la première classe soit plus petit que tout nombre de la seconde classe, telles en outre qu'il n'y ait pas dans la première classe un nombre plus grand que tous les autres nombres de la même classe, et, dans la seconde classe, un nombre plus petit que tous les autres nombres de la même classe, on convient de dire qu'on a défini un nombre irrationnel ».

On démontre d'ailleurs que le nombre irrationnel ainsi défini peut être obtenu également comme limite d'une suite infinie de nombres rationnels, et c'est ce qu'on réalise au moyen des fractions décimales illimitées, sauf dans les cas particuliers où elles sont égales à des fractions ordinaires, c'est-à-dire à des nombres rationnels ; elles fournissent d'ailleurs tous les nombres irrationnels.

Revenant à l'ensemble des nombres réels compris entre 0 et 1, il est très intéressant de voir qu'il est do même puissance que l'ensemble de *tous* les nombres réels, c'est-à-dire qu'on peut faire correspondre les éléments des deux ensembles de façon univoque et réciproque. Soit en effet un nombre x quelconque compris entre 0 et 1 et prenons un nombre y défini par la relation :

$$y = \frac{1}{x} - 1 \ ;$$

on voit qu'à toute valeur de x répond une valeur de y et que y varie de 0 à ∞ lorsque x varie de 1 à 0. On remarquera toutefois que, dans cette démonstration, on n'envisage que l'ensemble des nombres réels positifs.

Cette puissance de l'ensemble des nombres réels, qui est aussi celle des nombres réels compris entre deux limites données quelconques, est dite puissance du *continu*. Cette puissance étant supérieure à celle des ensembles dénombrables [1], on peut retrancher de l'un de ces ensembles tous les nombres rationnels ou seulement algébriques qui en font partie sans en changer la puissance, car de tout ensemble infini on peut retrancher un ensemble dénombrable sans en changer la puissance [2], en sorte qu'on peut dire que les nombres réels incommensurables sont infiniment plus nombreux que les nombres rationnels, bien que deux nombres incommensurables donnés quelconques comprennent entre eux une infinité de nombres rationnels ; cette double proposition s'étend évidemment à la comparaison des ensembles formés par les nombres algébriques et les nombres transcendants.

Toutes les propositions qui précèdent trouvent immédiatement leur application aux ensembles de points for-

____

(1) Lorsqu'une partie aliquote d'un ensemble A a même puissance qu'un ensemble B et qu'il n'existe pas de partie aliquote de B ayant même puissance que A, ce dernier ensemble est dit de puissance supérieure à celle de B.

(2) On trouvera la démonstration de ce théorème, par exemple, dans les *Leçons sur la théorie des fonctions* de M. Borel, p. 13.

mant une ligne finie ou infinie, considérés comme ordonnés suivant leurs distances à un point donné de cette ligne. A première vue on croirait que les ensembles de points formant des surfaces ou des volumes doivent constituer des ensembles de puissance supérieure à celle de l'ensemble des points composant un segment de ligne. Nous verrons tout à l'heure qu'il n'en est rien ; toutefois ces ensembles présentent certains caractères qui les différencient des ensembles dits linéaires, dont les points d'une ligne donnent le type.

Ces derniers sont caractérisés par le fait qu'ils comprennent un ensemble R à la fois dénombrable et tel qu'entre deux éléments quelconques de l'ensemble donné il y a un élément de R. Or les points d'un carré considérés comme ordonnés d'après la grandeur des x et, dans le cas d'égalité des x, d'après celle des y, ne satisfont pas à cette condition [1]. On voit en effet aisément que, pour satisfaire à la seconde condition, R doit comprendre des points correspondant à tout point d'un côté du carré, puisqu'on peut choisir deux points sur une même ordonnée : il ne saurait donc être dénombrable.

Il est vrai que, comme nous allons le voir, cet ensemble des points du carré est de même puissance que celui des points d'un segment de droite, d'où il résulte forcément qu'on peut l'ordonner de façon qu'il satisfasse à la définition d'un ensemble linéaire ; mais ce résultat ne pourra être obtenu qu'en faisant se succéder des points pris d'une façon discontinue sur la surface du carré, ou en faisant correspondre certains points du carré à deux points différents du segment.

Quoi qu'il en soit de cette question secondaire, voyons comment on peut démontrer l'égalité de puissance des ensembles formés par les points d'une surface et d'une ligne, c'est-à-dire comment on peut faire cor-

---

(1) x et y sont les coordonnées d'un point prises par rapport aux deux côtés du carré pris comme axes.

respondre point par point tous les éléments de ces deux ensembles.

Commençons par remarquer que la correspondance un à un peut être établie entre les points de deux segments rectilignes quelconques de longueurs a et b, avec ou sans extrémités, car deux segments peuvent toujours être mis en perspective l'un par rapport à l'autre ou, si l'on n'admet pas les déplacements, peuvent être considérés comme perspectives d'un même troisième segment.

Considérons maintenant les points (x, y) d'un carré ayant un centimètre de côté ($0 < x < 1, 0 < y < 1$) et les points t d'un segment long, par exemple, de trois centimètres ($0 < t < 3$). Partageons chaque tiers du segment t en un ensemble dénombrable de segments, longs de $\frac{1}{2}, \frac{1}{4}, \frac{1}{8}$ ... de centimètre. La correspondance un à un entre les points du carré et ceux du segment peut être établie ainsi :

1° Les points (x, y), tels que x et y soient tous deux rationnels, forment un ensemble dénombrable et peuvent dès lors correspondre un à un aux points « rationnels » du segment, c'est-à-dire aux points pour lesquels t est rationnel ;

2° Les points (x, y) tels que x soit rationnel et y irrationnel sont les points « irrationnels » de l'ensemble dénombrable des droites verticales « rationnelles » et peuvent dès lors correspondre un à un aux points « irrationnels » de l'ensemble dénombrable de segments qui forment, par exemple, le troisième tiers du segment ;

3° De même, les points (x, y) tels que y soit rationnel et x irrationnel peuvent correspondre un à un aux points irrationnels du tiers moyen du segment ;

4° Enfin, les points tels que x et y soient tous deux irrationnels peuvent correspondre un à un aux points « irrationnels » du premier tiers du segment. En effet, toute fraction irrationnelle a peut être exprimée par une fraction continue $a = [a_1, a_2, a_3, ...]$, telle que :

$$a = \cfrac{1}{a_1 + \cfrac{1}{a_2 + \cfrac{1}{a_3 + \cdots}}}$$

dans laquelle a_1, a_2, a_3,..., sont des entiers positifs ; de cette manière, au point du carré :

$$x = [x_1, x_2, x_3, \ldots]$$
$$y = [y_1, y_2, y_3, \ldots],$$

nous pouvons faire correspondre le point du segment :

$$t = [x_1, y_1, x_2, y_2, x_3, y_3, \ldots],$$

et, réciproquement, au point du segment :

$$t = [t_1, t_2, t_3, \ldots]$$

nous pouvons faire correspondre le point du carré :

$$x = [t_1, t_3, t_5, \ldots]$$
$$y = [t_2, t_4, t_6, \ldots].$$

Ainsi la correspondance entre les points du carré et ceux du segment est entièrement établie, et la méthode peut être facilement étendue à un nombre de dimensions quelconque, soit fini, soit infini, mais dénombrable [1].

(1) Nous avons donné cette démonstration, d'ailleurs due à G. Cantor, d'après le petit livre sur le *Continu* de M. Huntington, traduit en *esperanto* par M. Bricard (*La Kontinuo*, Gauthier-Villars, 1907).

Pour éviter tout malentendu, nous devons signaler qu'une communication faite par M. Baire à l'Académie des Sciences (*Comptes rendus hebdomadaires*, séance du 11 février 1907, tome 144, p. 318) n'est aucunement contraire au théorème de Cantor. Il s'agit bien d'y établir *la non-applicabilité de deux continus à* n *et* n + p *dimensions*; mais l'applicabilité est autre chose que la possibilité de faire correspondre les deux ensembles de points d'une façon univoque et réciproque : elle y ajoute la

Cette puissance unique des ensembles de points composant un espace quelconque, nous l'avons obtenue par la considération de l'ensemble des nombres réels, et nous l'avons appelée la puissance du continu ; mais on sait définir des puissances supérieures à celle-ci, et l'on peut se demander si l'ensemble des points d'une droite ne pourrait pas appartenir à l'une de ces puissances. Or il nous semble qu'on peut démontrer le contraire, pourvu que l'on admette l'axiome dit d'Archimède (voir p. 78), d'après lequel, étant donnés un segment AC et un point B situé entre A et C, si l'on porte plusieurs fois le segment AB dans le sens de A vers C, on arrivera, après un nombre fini d'opérations, à dépasser le point C. Nous ne savons si la démonstration en a été publiée, et nous en donnons une en note[1].

continuité dans cette correspondance. En d'autres termes, si A est un point variable de l'un des ensembles tendant vers un point limite A_0, le correspondant de A doit tendre vers le correspondant de A_0. Or nous avons vu précisément que, pour établir la correspondance des points d'un carré avec la série continue des points d'un segment, on prenait les points du carré d'une façon discontinue.

On sait cependant que M. Peano a su faire correspondre d'une façon continue les points d'un segment à ceux d'un carré, en sorte qu'on peut dire que ce segment remplit le carré ; mais, si chaque point du segment s'applique sur un point du carré, il y a une infinité de points de celui-ci qui sont recouverts deux fois, en sorte que la correspondance, univoque en un sens, ne l'est pas dans l'autre. Ce défaut de réciprocité met hors de cause le théorème de M. Baire.

On trouvera, dans le livre de M. Couturat sur les *Principes des Mathématiques*, p. 129, un exposé de la découverte de M. Peano. On remarquera que, si celui-ci peut recouvrir un carré avec un segment, cela tient notamment à ce que la ligne formée par les points successifs du carré n'a pas de tangente et est par suite dépourvue de longueur.

(1) Soient une droite et, sur cette droite, une origine O et une unité de longueur OA_1, toutes deux arbitraires.

Quel que soit un point M pris sur cette droite, je puis lui faire correspondre un nombre réel. En effet, en vertu de l'axiome d'Archimède, si je porte successivement l'unité OA_1 à la suite d'elle-même, le point M se trouvera compris entre deux points de division A_i et A_{i+1} ainsi déterminés. Appliquant le même prin-

Quoi qu'il en soit de ce point, si nous avons tenu à donner des indications un peu précises sur la théorie des ensembles de Cantor dans leur application à la géométrie, c'est que cette application montre que, scientifiquement, rien ne s'oppose à ce que l'on considère un espace comme un ensemble de points. On sait combien de fois on a nié la légitimité d'une telle conception : la question nous paraît aujourd'hui tranchée en faveur de celle-ci ; mais on voit en même temps que la distance de deux points n'est aucunement mesurée par le nombre transfini des points interposés entre eux. Il est bien entendu d'ailleurs que nous ne soutenons aucunement la réalité de ces points dans la nature, puisqu'au contraire nous nous appuyons sur la contradiction de la réalité de tout ensemble infini pour nier l'existence d'un continu quelconque.

Les philosophes qui sont à la fois partisans du continu

cipe au segment $A_i A_{i+1}$ et y portant successivement le reste $r_1 = A_i M$, je verrai que ce reste y est contenu n_1 fois et ne l'y est pas $(n_1 + 1)$ fois. Poursuivant ainsi indéfiniment, on pourra faire correspondre au point M le nombre

$$l + \cfrac{1}{n_1 + \cfrac{1}{n_2 + \cdots \cdots \cdots}}$$

et l'on peut remarquer que les nombres ainsi obtenus vont en croissant en même temps que le point M s'éloigne de O.

On peut démontrer en outre que deux points différents ne peuvent conduire au même nombre. Si nous considérons en effet les restes successifs $r_1, r_2 \ldots, r_p \ldots$, on a : $r_{p-1} = n_p r_p + r_{p+1}$, n_p étant un entier au moins égal à 1, et, si nous remarquons que les restes successifs vont toujours en diminuant, nous voyons qu'on

a : $r_{p+1} < \dfrac{r_{p-1}}{2}$, d'où l'on déduit aisément : $r_{2p} < \dfrac{OA_1}{2^p}$.

Les restes finissent donc par devenir plus petits que tout segment donné. Il en résulte que, quel que soit un point M' différent de M, les restes, à partir d'un certain rang, sont plus petits que MM' : à partir de ce moment les nombres n ne pourront être les mêmes pour les deux points. Dès lors à un nombre réel ne peut correspondre qu'un seul point de la droite, et par suite l'ensemble de ces points ne peut constituer un ensemble de puissance supérieure à celle de l'ensemble des nombres réels.

réel et négateurs du nombre infini réalisé soutiennent la compatibilité de leurs deux thèses en disant que les divisions du continu ne sont pas données : les parties ou éléments ne sont donnés qu'en puissance et jamais la division en un nombre infini de parties ne sera effectuée [1].

Pour réfuter cet argument, nous considérerons un point — le centre de gravité d'un corps si vous voulez, puisque vous n'admettez pas l'hypothèse des atomes sans étendue — et nous le supposerons parcourant un segment de droite ou un arc de courbe. Ici nous n'aurons pas à opérer la division de cette longueur, car elle s'est opérée d'elle-même : à chaque position du point considéré répond une valeur déterminée de sa distance à l'origine du mouvement, et cette valeur est réalisée par le seul fait du passage du point dans cette position, sans qu'il soit nécessaire pour cela que je la détermine. Donc, si le mouvement est continu, nous nous trouvons en présence de la réalisation d'une infinité de distances différentes ; il est vrai que la simple existence d'une règle continue suppose celle d'une infinité de distances à chacune de ses extrémités, mais il est plus aisé de contester cette existence en acte, bien qu'au fond elle ne soit pas moins réelle.

Nous avons parlé du centre de gravité d'un corps, et c'est admettre qu'il existe des corps, que la réalité n'est pas un pur continu. Or c'est ce que nient énergiquement Nietzsche, ainsi que MM. Bergson et Le Roy.

« Pour le sens commun, dit M. René Berthelot résumant la pensée de Nietzsche, l'univers consiste en des objets séparés, dont chacun est plus ou moins fixe et qui

---

(1) On trouvera, dans un article de M. de Vorges (*Revue des Questions scientifiques* de janvier 1883), une très curieuse discussion contre Suarez, qui invoquait, lui aussi, le fait que les parties n'existeraient qu'en puissance, tant qu'elles ne sont pas séparées. On lira aussi avec intérêt une discussion de M. Dunan (*Essai sur les Formes « a priori » de la Sensibilité*, p. 27 à 32).

agissent les uns sur les autres à titre de causes et d'effets ; il y a dans l'univers des choses, des substances, qui offrent une certaine discontinuité et dont chacune présente une certaine durée ; et ces choses se classent dans des genres identiques à eux-mêmes et bien délimités. Mais cet univers du sens commun est un univers d'illusions. Si, pour agir, nous sommes portés à diviser la continuité du réel, ce sont uniquement les besoins de la vie qui nous amènent à décomposer ainsi l'univers en choses distinctes » [1].

C'est avec une merveilleuse virtuosité que M. Bergson montre comment « notre perception s'arrange pour solidifier en images discontinues la continuité fluide du réel » [2]. Pour saper par la base l'autorité de notre intelligence qui exige (il le reconnaît volontiers) la discontinuité, il n'a pas reculé devant une théorie bien curieuse de cette faculté vraiment inférieure, théorie qui se résume dans cette proposition fondamentale : « L'intelligence, envisagée dans ce qui en paraît être la démarche originelle, est la faculté de fabriquer des objets artificiels, en particulier des outils à faire des outils, et d'en varier indéfiniment la fabrication » [3]. A la vérité, on pourrait se demander ce que peuvent bien valoir des outils découpés dans une continuité fluide ; mais il ne ressort pas moins que l'intelligence n'est qu'une faculté d'ordre pratique, absolument incompétente en matière spéculative. Nous nous heurtons donc à une théorie de la connaissance en complète opposition avec l'intellectualisme qui inspire notre pensée. En pareil cas, on ne peut que constater une irréductible opposition qui rendrait vaine toute argumentation, puisqu'elle s'appuierait sur une faculté récusée à l'avance. Reprenons donc le développement de notre pensée.

(1) *Revue de Métaphysique et de Morale*, juillet 1908; p. 410 (*Sur le pragmatisme de Nietzsche*).
(2) *L'Evolution créatrice*, p. 327.
(3) Page 151.

On a pu remarquer cette conséquence, singulièrement *dure*, de la critique du continu qu'il y a contradiction à admettre la réalité d'un mouvement continu, en sorte que nous devons professer qu'un point, en se déplaçant, le fait d'une manière discontinue, de façon que sa distance à un point fixe ne prenne qu'un nombre fini de valeurs. C'est là, disons-nous, une conséquence fort dure, mais dure seulement pour notre imagination, non pour notre raison, qui nous l'impose au contraire. N'avons-nous pas un exemple constant de notre tendance à voir la continuité là où elle n'est pas, alors que nous croyons instinctivement à celle de tous les corps dont nous n'apercevons pas les pores ? Si nous acceptons d'être détrompés par la physique sur ce point, pourquoi n'accepterions-nous pas une leçon toute semblable de la métaphysique, quand il s'agit de reconnaître la véritable nature du mouvement ?

D'autre part, la critique de l'infini nous interdit d'admettre la réalité d'une étendue infinie, et cependant, en étudiant l'espace géométrique, ou plutôt les espaces géométriques, nous avons vu qu'il en est d'infinis, comme il en est de finis ; faut-il donc poser le principe d'une irréductible antinomie entre les diverses conclusions de la raison ? Telle ne saurait être notre pensée. La géométrie a pour objet de simples possibilités de relations, comme l'arithmétique étudie des possibilités de pluralités ; or, de même que la possibilité de toujours ajouter une unité à tout nombre donné n'équivaut aucunement à l'existence d'une pluralité infinie, de même l'extension toujours possible de certaines relations spatiales n'entraîne en aucune façon l'existence de relations infinies.

On sait que l'affirmation et la négation de la limitation de l'espace et du temps constituent la première des antinomies de Kant ; lui-même semble pourtant avoir bien réfuté l'antithèse qui nie la limitation. Cette antithèse s'appuie sur ce que, si le monde a commencé, il a été précédé d'un temps vide, et que, de même, s'il est limité quant à l'espace, il l'est par un espace vide. Or, l'espace, dit-il, n'est « pas un objet réel qui puisse être perçu extérieurement, ni rien de corrélatif aux phénomènes, mais la forme même des phénomènes. L'espace ne peut donc absolument (par lui-même) précéder comme quelque chose de déterminant dans l'existence des choses, parce qu'il n'est pas un objet, mais seulement la forme des objets possibles. Par conséquent, les choses, comme phénomènes, déterminent bien l'espace ; c'est-à-dire que de tous ses prédicats possibles (grandeur et rapports) elles font que ceux ci ou ceux-là appartiennent à la réalité. Mais l'espace ne peut pas réciproquement, comme quelque chose qui existe par soi, déterminer la réalité des choses par rapport à la grandeur ou à la figure, puisqu'en soi il n'est rien de réel. C'est pourquoi un espace, qu'il soit plein ou vide [1], peut bien être borné par des phénomènes, mais des phénomènes ne peuvent pas être *bornés par un espace vide en dehors d'eux*. Il en est de même du temps » [2].

La réfutation de l'antithèse paraît ainsi péremptoire ; mais Kant ajoute : « Il est néanmoins incontestable, malgré tout cela, que l'on doit nécessairement admettre ces deux non-êtres, savoir : un espace vide hors du monde, et un temps vide avant le monde, si l'on suppose un terme au monde quant à l'espace et quant au temps ». Il fallait qu'il eût vraiment la passion des antinomies.

Tenant pour excellente sa réfutation de son antithèse, et achevant de faire au temps l'application de l'anathème prononcé contre l'infini de quantité et le continu, nous dirons qu'un temps infini entraîne contradiction, c'est-à-dire que le temps a commencé, et, d'autre part, qu'une durée n'est pas continue, c'est-à-dire ne comprend pas

---

(1) Kant fait remarquer en note qu'il s'agit ici d'un espace vide limité par des phénomènes et situé par conséquent en dedans du monde.

(2) *Critique de la Raison pure*, traduction Tissot, t. II, p. 29 et 30. Voir la *Cité de Dieu* de saint Augustin, livre XI, chap. V et VI.

une infinité d'instants réels ; ce dernier point, plus que tout autre, est de nature à révolter le sens commun ; mais nous ne devons pas moins l'affirmer énergiquement. Si, plus tard, nous pouvons donner une théorie de la nature du temps qui explique ce caractère si remarquable, cela procurera évidemment une intime satisfaction à notre esprit ; mais, pour nous incliner devant une exigence de la raison, nous ne devons pas attendre d'avoir trouvé la solution d'objections qui n'ont d'autre fondement que des préjugés reposant sur notre sensibilité et notre imagination.

Cela bien posé, nous devons nous demander si le caractère de divisibilité à l'infini, sous lequel nous apparaissent l'espace et le temps, est purement illusoire. Nul mieux que Boscovich n'a élucidé cette question, ainsi qu'on peut le voir par le passage suivant, où sont posés et le nombre fini des éléments, et la divisibilité à l'infini pour les intervalles : « Chaque intervalle, dit-il, sera certes divisible à l'infini par l'interposition d'autres points matériels, puis d'autres encore, et ainsi de suite, lesquels pourtant, une fois posés, seront de même en nombre fini et laisseront de la place pour bien d'autres ; et ceux-ci, quand ils existeront, formeront, eux aussi, un nombre fini ; de sorte que l'infini sera uniquement dans les possibles, mais non dans les existants (*ut infinitum sit tantummodo in possibilibus, non autem in existentibus*) »[1]. L'espace, en un mot, n'est qu'une possibilité de relations, et ces relations peuvent avoir des valeurs absolument quelconques ; c'est là ce qu'exprime sa divi-

(1) *Théorie de la Philosophie naturelle réduite à l'unique loi des Forces existantes dans la nature*, 1ʳᵉ partie, nᵒ 89. On sait que Kant, dans l'antithèse de sa seconde antinomie, a reproché aux monadistes de ne pas tenir compte des propriétés mathématiques de l'espace et d'admettre « des points physiques qui, à la vérité, seraient simples, mais qui auraient le privilège, comme parties de l'espace, de remplir l'espace par leur seule agrégation ». Assurément, la thèse de Boscovich échappe complètement à cette critique.

sibilité à l'infini ; mais le nombre des éléments entre lesquels existent ces relations est essentiellement fini, et, de plus, devons-nous ajouter, si les relations de deux points viennent à changer, c'est-à-dire s'ils se déplacent l'un par rapport à l'autre, il y aurait contradiction à ce que ce changement se produisît d'une façon continue, de telle sorte que la distance de ces deux éléments eût pris une infinité de valeurs distinctes. Nous devons ajouter que ce développement légitime de la théorie de Boscovich n'a pas été vu par lui, car il professe formellement l'existence de la loi de continuité, en vertu de laquelle toute grandeur variable passe par tous les degrés intermédiaires[1] : s'il repousse le continu coexistant, il admet le continu successif, et encore éprouve-t-il quelque doute à l'égard du premier[2].

Il résulte de là que le temps, essentiellement successif, ne saurait être mis par Boscovich tout à fait sur le même pied que l'espace. Pour nous, au contraire, il ne saurait y avoir de différence, et nous appliquerons exactement au temps sa conception de ce qu'il appelle le continu physique de l'espace, par opposition au véritable continu, ou continu mathématique.

Cette conception aurait dû, semble-t-il, séduire un des philosophes de notre temps, qui a plus que tout autre approfondi la pensée de Boscovich, M. Évellin ; mais, au lieu de se contenter de cette pensée, à la fois si simple et si rationnelle, il en a présenté une autre qui, pour

(1) *Continuitatis lex... in eo sita est... ut quævis quantitas, dum ab una magnitudine ad aliam migrat, debeat transire per omnes intermedias ejusdem generis magnitudines (idem, n° 32 ; voir les développements, n°s 32 à 62).*

(2) *Ego quidem continuum nullum agnosco coexistens (idem, n° 141). Quoniam autem possunt omnia existere alia post alia puncta loci in quavis linea constituta, in motu nimirum continuo, et possunt itidem momenta omnia temporis continui, alia itidem post alia in rei cujusvis duratione ; ambigi poterit an possint et omnia simul ipsa loci puncta, quam quæstionem definire non ausim (Suppl. de Spatio ac Tempore).*

ingénieuse qu'elle soit, nous paraît bien loin de satisfaire l'esprit.

La pensée fondamentale de ce philosophe est nettement exposée dans une étude publiée par la *Revue de Métaphysique et de Morale*[1]. Pour lui, la limitation du nombre des parties s'applique non seulement aux grandeurs réelles, mais encore aux grandeurs purement idéales, attendu qu'avant même que l'entendement les désigne, ces parties existent, et que leur nombre est entièrement déterminé par la grandeur telle ou telle qui les contient. Comme preuve, il cite le mouvement : « La ligne, dit-il, doit être telle, intrinsèquement et par essence, qu'une fois posée elle se prête au mouvement ; si elle le rend impossible, elle devient elle-même inconcevable. Or, pour se prêter au mouvement, il faut qu'elle ait des parties, autrement le mobile ne saura où se poser. Il en résulte que les parties que le mouvement suppose appartiennent à sa nature et sont antérieures à toute opération de l'esprit. » De là cette conclusion : « Le mouvement épuise la ligne ; donc il épuise ses parties ; donc ses parties ont un nombre. Ce nombre nous échappe, mais il faut que dans la réalité il soit donné ».

Cette thèse, disons-le bien haut, a une rare valeur logique, et ne saurait tomber sous le principe de contradiction ; mais nous croyons que M. Évellin a tort de refuser le même mérite à la thèse de Boscovich, complétée comme dans l'exposé que nous en avons donné, au point de vue du mouvement qui ne saurait épuiser toutes les relations possibles sur la ligne parcourue. Egales à ce point de vue, ces deux thèses nous paraissent bien différentes à celui des difficultés qu'elles soulèvent à l'égard de la nature de l'espace et du temps. M. Évellin est, en effet, amené à enseigner qu'il existe un *lieu en soi*, ou *lieu réel*, composé d'éléments indivisibles et inétendus, ainsi qu'un *temps en soi*, ou *temps réel*,

____

(1) *La Divisibilité dans la grandeur*, 1894.

formé d'instants absolus, affranchis de la durée : telle
est la doctrine développée dans sa célèbre thèse *Infini et
Quantité* [1]. Or, il nous semble qu'elle heurte dans ce
qu'il peut avoir de légitime le préjugé si répandu « qui
nous porte à croire que tout composé est formé d'éléments qui lui ressemblent ». Assurément ce préjugé est
ridicule quand il inspire la pensée qu'un composé ne saurait être formé d'éléments simples, puisque le groupement de tels éléments produit forcément un composé, et,
de même, il y a une étrange aberration à ne pas voir
qu'une multiplicité d'éléments simples peut engendrer
des relations étrangères à un élément isolé.

Mais n'y a-t-il pas, au contraire, quelque chose de surprenant à ce qu'une *grandeur en soi* soit formée d'éléments
irréductibles en nombre fini, dont la nature ne ressemble
en rien au résultat de leur addition, bien que l'auteur soit
amené à leur attribuer un minimum de grandeur portant
la même qualification ? Des longueurs qui ne se divisent
plus en longueurs, des durées qui ne se divisent plus en
durées, selon les expressions mêmes de M. Évellin [2],
nous apparaissent comme privées d'un des attributs
essentiels de la longueur et de la durée et comme des
choses en soi complètement inconnaissables. D'autre
part, M. Pillon, après avoir montré que M. Évellin n'a
fait que reproduire, sur une base nouvelle, une théorie
de Hume, leur oppose à tous deux une argumentation
de Pascal. « Les indivisibles qui composent un lieu réel
doivent se toucher, sans quoi ils seraient séparés par
des intervalles où il n'y aurait pas d'indivisibles. Or,
deux indivisibles ne peuvent se toucher qu'en tout ou en
partie : s'ils se touchent en tout, ils coïncident, et, s'ils
coïncident, ils ne font qu'un ; s'ils ne se touchent qu'en
partie, ils ne sont donc pas indivisibles » [3]. Quoi qu'il

(1) P. 70 à 82.
(2) *Le Mouvement et les partisans des indivisibles* dans la
Revue de Métaphysique et de Morale de 1893, p. 384.
(3) *L'Année philosophique* (2e année), p. 206.

en soit, nous devons protester contre l'assertion de M. Évellin que *le* partisan des indivisibles formule l'affirmation de longueurs et de durées telles qu'il les conçoit, car on peut être partisan non moins résolu que lui des indivisibles et ne rien affirmer de tel, l'affirmation des atomes indivisibles pouvant être séparée de celles de durées et de longueurs indivisibles et la négation de ces dernières n'entraînant pas la réalité de quantités continues. Enfin, il nous semble qu'on ne doit pas sans nécessité refuser à l'espace et au temps le caractère de relativité qu'ils possèdent si complètement au point de vue scientifique.

Dans une œuvre plus récente, la *Raison pure et les antinomies*, M. Évellin a repris ces questions et a développé un certain nombre d'aperçus nouveaux qui ne nous semblent pas modifier sensiblement sa théorie. Nous en retiendrons seulement cette assertion fondamentale que les « thèses » de Kant sont dictées par la pensée pure et les « antithèses » par la pensée sensible, et que le rationnel doit l'emporter sur le sensible.

Dans la deuxième antinomie, point et continu s'opposent l'un à l'autre, le premier d'origine rationnelle, le second d'origine imaginative ou intuitive, et le premier doit vaincre le second. C'est l'antithèse de la théorie de M. Bergson, et l'on voit ces deux penseurs contemporains opposer ainsi nos facultés, les hypostasier pour ainsi dire, plus qu'on ne le fît au temps où florissaient les facultés de l'âme chères à Garnier et tant conspuées depuis. Eh ! bien, il nous semble que les indications données sur la théorie des ensembles de Cantor permettent d'entrevoir combien exagérée est cette prétendue contradiction du point et du continu, puisque cette théorie permet de traiter le continu comme un ensemble de points et lui confère un caractère hautement rationnel. Comme on l'a vu d'ailleurs, cela ne nous a aucunement empêché d'apercevoir, comme M. Évellin, ce que la réalisation du continu offrirait de contradictoire ; mais nous avons vu aussi, avec Boscovich, comment, sans lui, on imposerait à la réalité des limites absolues qui seraient purement arbitraires.

A peu près de même, l'infinité de l'espace euclidien n'est pas un résultat de l'imagination, mais la conséquence rationnelle d'une hypothèse sur la somme des angles d'un triangle. Nous avons même vu que les géométries à espaces finis ou infinis peuvent s'établir en l'absence de toute image : on peut sans doute dire que ce ne sont pas de vraies géométries ; mais, quand on vient à en faire l'application à la forme spatiale, les formules analytiques nous obligent à affirmer ou à nier l'indéfinie extension des figures possibles : c'est bien la raison qui dicte ces conséquences, et ce n'est pas dans l'opposition de deux facultés qu'il faut chercher l'origine du caractère contradictoire de la réalisation de ces conceptions de l'infini.

II

LES ARGUMENTS DE ZÉNON D'ÉLÉE

Ainsi que l'a dit Victor Brochard [1], depuis l'époque lointaine où les prétendus sophismes de Zénon contre le mouvement sont venus troubler et irriter la pensée humaine, il n'est peut-être pas un philosophe de quelque renom qui ait résisté à l'attrait du problème soulevé par la subtilité éléatique et qui n'ait dit son mot au moins sur l'*Achille*. En tout cas, il n'est guère possible à qui discute le problème du continu de s'abstenir d'éprouver la valeur de ses principes en les appliquant à la discussion de ces fameux arguments.

Le premier, Renouvier a montré qu'ils se répartis-

____

[1] Compte rendu de l'Académie des sciences morales et politiques, année 1888.

sent en deux groupes distincts : « Si le temps et l'espace
ont des parties, dit Victor Brochard, si le continu est
composé, de deux choses l'une : ou ces parties sont divisibles à l'infini, ou elles ont des éléments indivisibles.
Zénon réfute la première de ces suppositions par les
arguments connus sous les noms de la *Dichotomie* et de
l'*Achille* ; la seconde par la *Flèche* et le *Stade*. Les
quatre arguments forment ainsi un dilemme ». Notons
dès maintenant que ce dilemme laisse précisément échapper notre hypothèse, où la divisibilité n'a pas de limite,
mais où la division effective en a toujours : ce n'est pas
dire cependant qu'elle reste absolument à l'abri de la critique éléatique.

Voyons d'abord les deux premiers arguments qui
supposent implicitement l'espace et le temps divisibles à l'infini. Nous les énoncerons d'après Victor Brochard, qui met entre guillemets le texte traduit d'Aristote [1] :

« Il n'y a point de mouvement, car il faut que le mobile
arrive au milieu de son parcours avant d'atteindre la
fin ». Et il devra parcourir la moitié de la moitié avant
d'atteindre le milieu, et ainsi de suite à l'infini.

« Le plus lent ne sera jamais atteint par le plus rapide,
car il faut auparavant que celui qui poursuit soit par-
venu au point d'où est parti celui qui fuit. de sorte que
le plus lent aura toujours nécessairement quelque
avance ». Achille aux pieds légers n'atteindra jamais la
tortue.

Dans un article fort intéressant du reste [2], M. Noël
prétend établir une différence notable entre les signifi-
cations de ces deux arguments : le premier tendrait à
établir que le mouvement est impossible parce qu'il ne
peut pas commencer, tout déplacement en supposant
un précédent ; mais il laisserait subsister la possibilité

_____

(1) *Physique*, livre VI.
(2) *Revue de Métaphysique et de Morale*, mars 1893.

d'un mouvement universel et éternel. Or c'est précisément cette dernière hypothèse que réfuterait l'*Achille*, en montrant qu'un terme futur reculerait indéfiniment devant lui.

Telle n'est pas notre manière de voir, car, à nos yeux, la dichotomie vaut aussi bien pour l'avenir que pour le passé : si elle prouve que le mouvement ne peut commencer, c'est en montrant que tout élément d'un mouvement est impossible, et non pas du tout que le premier seul le serait.

S'il en est ainsi, l'*Achille* est dépourvu d'intérêt, car il n'est qu'une répétition embrouillée de l'argument fondé sur la dichotomie. On sait qu'Aristote a objecté à l'*Achille* le fait qu'on doit tenir compte de la division du temps, qui suit indéfiniment celle de l'espace [1], et que Leibniz s'est approprié cette objection [2], convaincante aussi aux yeux de Stuart Mill [3]. Mais Renouvier a très justement fait remarquer qu'Aristote s'est réfuté lui-même d'une façon décisive : « Si quelqu'un, dit celui-ci, laisse là et la ligne parcourue et la question de traverser des infinis dans un temps fini et porte la difficulté sur le temps lui-même, qui admet des divisions infinies, la solution ne vaut pas » [4]. La réponse est topique ; mais alors nous retombons sur la même contradiction que dans l'exemple simple de la dichotomie, comme l'avait bien vu Aristote, qui ne trouvait dans l'*Achille* qu'une forme « plus pompeuse et plus tragique » [5] du premier argument. Le second ne vaut donc précisément qu'en proportion de la valeur du premier. Quant aux réfutations mathématiques qu'on en a données, au calcul bien simple qui fournit le temps au bout duquel Achille aura rejoint la tortue ; quant au fait de dire, avec M. Fron-

(1) *Physique*, VI, 1.
(2) *Lettres*, Dutens, I, 238.
(3) *Philosophie de Hamilton*, traduction, p. 522.
(4) *Physique*, VIII, 12.
(5) Livre VI, chap. IX, § 5.

tera [1], que Zénon a envisagé deux séries convergentes, alors qu'il s'agit de deux séries divergentes, c'est passer à côté de la question qui est la critique de l'infini, c'est, par exemple, comme l'a bien fait remarquer M. Évellin, répondre à la question *quand ?* alors qu'on pose la question *comment ?*

Revenons donc à la *dichotomie*, sur laquelle repose l'argument essentiel. Aristote s'est efforcé de la réfuter au moyen de la distinction entre l'acte et la puissance, en montrant que le mouvement en acte n'opère point une division en acte. Nous avons déjà discuté ce sujet ; mais l'argumentation d'Aristote mérite d'être reproduite textuellement : « Quand, dit-il, on divise une ligne en deux moitiés, il y a un point qui compte pour deux et qui est employé à la fois comme commencement et comme fin. Or c'est là ce que l'on fait, soit que l'on compte numériquement, soit que l'on divise la ligne en moitiés. Mais, par cette division, la ligne cesse d'être continue, aussi bien que le mouvement, car il n'y a de mouvement continu que pour un continu. Or, dans le continu, il y a bien des moitiés en nombre infini, si l'on veut ; mais ce n'est pas en réalité, ce n'est qu'en puissance. Que si l'on veut les rendre réelles et les faire passer en actes, on ne produit plus un mouvement continu, on s'arrête » [2].

Nous croyons avoir répondu précédemment à cette argumentation (p. 253) et montré que, pour échapper à cette réponse, il faut se réfugier dans l'indivisible continuité de Nietzsche et de ses continuateurs, ce qu'Aristote eût assurément refusé de faire.

Si l'on recule devant l'universelle confusion d'un continu au sein duquel ne saurait pénétrer aucune division, on doit donc nier la continuité des phénomènes spatiaux

(1) *Le Problème d'Achille* dans la *Revue philosophique* de mars 1892.

(2) *Physique*, liv. VIII, chap. XII, traduction Barthélemy Saint-Hilaire.

et temporels ; mais alors on se heurte aux arguments de la *flèche* et du *stade*.

« Une chose est en repos ou en mouvement, lorsqu'elle est dans un espace égal à elle-même. La flèche qui vole est toujours dans l'instant. Elle est donc toujours immobile ». Après avoir ainsi traduit l'argument de la flèche, Victor Brochard montre, contre Renouvier, qu'il ne faut pas supprimer les mots « ou en mouvement », et il donne du texte l'interprétation suivante : il est rigoureusement impossible que la flèche se meuve dans l'instant (supposé indivisible), car, si elle changeait de position, l'instant se trouverait aussitôt divisé. Or le mobile, dans l'instant, est en repos ou en mouvement ; comme il n'est pas en mouvement, il est en repos, et, comme le temps, par hypothèse, n'est formé que d'instants, le mobile est toujours en repos [1].

Bayle avait fort bien vu que cet argument vise les adversaires de la division à l'infini, et, après avoir déclaré que ceux qui admettent cette division du temps « doivent être abandonnés ou à leur stupidité, ou à leur mauvaise foi, ou à la force insurmontable de leurs préjugés » [2], il confesse qu'on est contraint d'admettre l'opinion de Zénon : cela n'est pas prouvé.

En face de l'argument de la flèche, la thèse de M. Évellin et la nôtre sont à peu près dans la même situation. Pour lui, une étendue quelconque est formée de la juxtaposition d'un nombre fini d'étendues minimum, et un élément matériel les occupe successivement dans son mouvement. Un mobile est à chaque instant dans un espace égal à lui-même ; mais il est en repos ou en mouvement, selon qu'il a ou qu'il n'a pas été précédemment dans le même espace ; c'est précisément la définition du repos et du mouvement. Pour nous, qui

____

(1) Hamelin, généralement d'accord avec Brochard, s'est cependant un peu écarté de lui dans un article sur le *Troisième argument de Zénon* paru dans la 17ᵉ *Année Philosophique* (1906).

(2) *Dictionnaire*, article *Zénon*.

n'admettons pas le minimum d'espace, mais qui croyons à la discontinuité des positions occupées par un point mobile, nous adoptons la même définition du repos et du mouvement.

C'est là que M. Noël dirige une attaque fort intéressante. C'est, dit-il, « une définition *ab effectu*. L'existence d'un corps dans des lieux différents, en des temps différents, est un effet du mouvement et non le mouvement lui-même. Celui-ci, considéré en soi, est indéfinissable comme l'espace, le temps ou la quantité. Certes, il est permis de définir le mouvement par le déplacement qui en est le résultat et le signe sensible, mais à la condition de ne pas identifier ces deux termes. Le mouvement n'est pas une succession de positions, c'est un devenir, un passage continu d'une position à une autre, et, comme tout devenir, il n'est possible que dans le temps. Il n'y a pas de contradiction à ce qu'un même point matériel occupe en deux instants consécutifs deux points contigus de l'espace. Non, sans doute, puisque, par hypothèse, les deux instants sont distincts ; mais, pour la même raison, il n'y aurait pas plus de contradiction à ce que, en ces deux instants, le point considéré fût tour à tour sur la terre et dans la lune. Cela n'est pas contradictoire en soi. Soutiendra-t-on que c'est possible ? »

Cette dernière partie de l'argumentation paraît assez faible, car, si assurément, dans notre univers, tel qu'il est constitué et soumis aux lois que nous connaissons, un point matériel ne peut pas passer sans intermédiaires de la terre à la lune, nul n'a le droit d'affirmer que cette hypothèse vise un fait impossible en soi Quant au passage discontinu d'un point à un point si voisin que nous ne puissions vérifier la discontinuité du mouvement, on doit se demander quelles raisons militent pour ou contre. Or, il faut reconnaître que M. Noël fait valoir avec une réelle puissance le fait que le mouvement nous apparaît comme un *état* du mobile, c'est-à-dire « une dénomination intrinsèque qui doit convenir à l'objet, en quelque lieu qu'il soit, et quelque relation qu'il soutienne avec les autres objets ».

Telle est bien, en effet, l'idée que nous sommes portés à nous faire du mouvement, et il est bien difficile de ne pas éprouver quelque répugnance à ne pas voir, dans la force vive d'un corps, une propriété qui lui appartient en propre à l'instant considéré. Mais, d'une part, cet argument, si séduisant qu'il soit, se heurte à la contradiction du mouvement continu, et, d'autre part, il suppose la négation de la relativité du mouvement. C'est là une question que nous avons traitée avec l'ampleur qu'elle méritait. Toutes les fois qu'elle se représente, elle cause un certain embarras ; mais, pour le dissiper, il suffit de se rappeler la réponse qu'on doit constamment opposer à ceux qui objectent, contre cette relativité, les lois mécaniques dépendant du système de coordonnées et du mouvement-unité qui sert à la mesure du mouvement : l'existence d'un système de coordonnées et d'un mouvement-unité jouissant du privilège de se prêter seuls à la vérification de ces lois permet aux partisans de l'espace et du temps absolus de dire qu'ils ont déterminé le premier et trouvé la mesure du second ; mais on ne saurait y voir la preuve du caractère absolu de l'espace et du temps, car, si les phénomènes du monde matériel sont soumis à des lois simples, ces lois sont forcément dépendantes du choix des repères et du mouvement-unité, que l'espace et le temps soient absolus ou non. Dès lors, le fait qu'on découvre des systèmes jouissant du privilège en question n'engendre pas le moindre préjugé en faveur de l'une ou de l'autre hypothèse. L'argument de M. Noël ne constitue donc, en réalité, qu'un de ces retours offensifs des partisans du mouvement absolu, capables de surprendre et d'ébranler celui qui n'a pas présentes à l'esprit les réponses qu'on peut toujours leur opposer, mais n'introduisant aucun élément nouveau dans les questions agitées.

L'argument du *stade* est formulé par Aristote d'une façon si peu claire [1] que l'on n'a cessé d'en donner des traductions libres. Nous reproduirons celle de M. Noël, qui en fait bien ressortir toute la profondeur. « Concevons trois lignes droites horizontales, formées de points contigus et disposées de façon que leurs points de même rang se trouvent situés sur une même verticale. Supposons que la première reste immobile, tandis que les deux autres se meuvent en sens contraire, de telle sorte que chacun de leurs points s'avance d'un rang d'un instant à l'autre, ce qui est, dans l'hypothèse (de M. Évellin), la plus grande vitesse concevable. Dans un instant, un point déterminé de la troisième passera sous un point unique de la première, mais il passera nécessairement sous deux points différents de la seconde. Comme, d'ailleurs, ces deux rencontres sont nécessairement successives, l'instant, indivisible par hypothèse, se trouve divisé. »

(1) Voici la traduction de Barthélemy Saint-Hilaire : « Quant au quatrième (raisonnement), il s'applique à des masses égales qu'on suppose se mouvoir également, par exemple dans le stade, mais en sens contraire, les unes partant de l'extrémité du stade et les autres du milieu ; et l'on prétend démontrer que le temps qui n'est que la moitié est l'égal du temps qui est le double... Soient, par exemple, les masses (ὄγκοι) en repos représentées par AAAA. Soient, d'autre part, BBBB. les masses égales en nombre et en grandeur aux A, mais qui partent du milieu de la longueur des A ; soient, enfin, CCCC, les masses égales aux autres en nombre, en grandeur, et égales aux B en vitesse, mais qui partent de l'extrémité. Le premier C est bien, en effet, au bout en même temps que le premier B, puisque le premier mouvement des uns et des autres est parallèle. Les C ont bien aussi dépassé tous les A ; mais les B ne sont qu'à la moitié. Donc, suivant Zénon, le temps n'est aussi que la moitié, puisque, de part et d'autre, c'est parfaitement égal. Mais il arrive que les B ont, en même temps, dépassé tous les C, car le premier C et le premier B sont, en même temps, aux extrémités contraires, le temps pour chacun des B étant tout à fait égal à ce qu'il est pour passer chacun des A, si l'on en croit ce que dit Zénon, parce que tous deux arrivent dans un même temps à dépasser les A » (*Physique*, liv. VI, chap. XIV, § 9 et 11).

M. Évellin a bien compris que toute la force de sa défense devait porter avant tout sur ce point ; car, comme il le dit lui-même, cet argument du stade est radical, et, s'il est fondé, son hypothèse se détruit en se posant. Sa réponse est d'ailleurs si subtile que nous la reproduisons textuellement. On remarquera qu'il commence par développer l'objection.

Soient « trois lignes droites horizontales, formées d'éléments contigus :

$$a, \qquad b, \qquad c,$$
$$a', \qquad b', \qquad c',$$
$$a'', \qquad b'', \qquad c''.$$

« Ces droites sont disposées de telle sorte que leurs éléments de même rang se trouvent sur une même verticale.

« Supposons maintenant que la première demeure immobile, tandis que les deux autres se meuvent en sens contraire. Chacun de leurs éléments avancera d'un rang en un élément de durée ou instant. Or, voici ce qui va se passer.

« En un instant, un élément déterminé de la troisième, le premier, par exemple, qui est a'', passera sous un élément unique de la première et viendra se placer ainsi :

$$a, \qquad b, \qquad c,$$
$$\text{»} \qquad \text{»} \qquad \text{»}$$
$$a''$$

« Mais il passera nécessairement sous deux éléments différents de la seconde :

$$a, \qquad b, \qquad c,$$
$$a', \qquad b', \qquad c',$$
$$a''.$$

« Comme d'ailleurs, ainsi qu'on le fait remarquer, ces deux rencontres sont naturellement *successives*, l'instant, indivisible par hypothèse, se trouve divisé en deux instants.

« Suivons pas à pas cette argumentation, et ne perdons pas de vue la donnée où l'on se place.

« Qu'en une durée indivisible un élément déterminé de la troisième ligne, a'' par exemple, passe sous un élément unique de la première, rien de plus évident, c'est l'hypothèse même. Ajoutons, pour n'en pas sortir, qu'il s'y trouve au moment où il y passe. D'un élément, en effet, à l'élément contigu, l'intervalle manque. Si donc on veut ici séparer le progrès du but, si l'on imagine un mouvement avant l'arrivée, on oublie l'hypothèse, et l'on revient, sans le savoir, sur la concession que l'on a faite.

« Faut-il admettre, à présent, que a'' passe sous b' et sous c'? Occupons-nous d'abord de b'. Pour passer sous b', il faut qu'il se trouve, à un moment donné, vis-à-vis de lui. Mais où rencontrer ce moment? En un instant unique, b' est venu occuper, de droite à gauche, un lieu contigu au sien, tandis que, de son côté, a'' est venu occuper, de gauche à droite, un lieu situé au-dessous de celui qu'occupait b' :

$$b' \qquad »$$
$$» \qquad a''$$

Si, en cet instant même, ils sont déjà arrivés, comment auraient-ils trouvé le temps de passer l'un devant l'autre ?

« On insistera. Visiblement a'' et b' se croisent. — On se croise dans le continu de l'espace ; ici, c'est l'impossible. Où voulez-vous qu'ait lieu ce prétendu croisement ? a'' avance d'un rang ; je le vois alors, et tout de suite, au-dessous du lieu occupé à l'origine par b', mais ce lieu est vide, b' est parti. A son tour, b' avance d'un rang en sens inverse. Le voilà d'un coup au-dessus du point de départ de a'', mais a'' a marché, il n'est plus là.

« Quand on parle de croisement, on raisonne comme

s'il existait entre b' et a'' une verticale sur laquelle pussent passer en même temps les deux mobiles :

$$b' \mid \text{»}$$
$$\text{»} \mid a''$$

« C'est le contraire de l'hypothèse ; mais la figure elle-même trompe l'œil ; l'imagination voit un intervalle là où il est justement impossible ; elle est dupe, l'hypothèse est oubliée.

« En définitive, a'' ne rencontre que c', et les deux moments qu'on oppose aux partisans des indivisibles sont imaginaires [1] ».

La réponse nous paraît péremptoire : elle ne fait, sans doute, que mieux ressortir ce que l'hypothèse de M. Évellin a d'étrange, mais elle dissipe l'apparence de contradiction si ingénieusement présentée dans la traduction donnée par M. Noël de l'argument du *stade*.

Est-il besoin d'ajouter que cet argument ne saurait atteindre notre conception de l'espace et du temps ? Si, pour nous, l'atome est un indivisible, ce n'est point un minimum d'étendue, mais il est dépourvu de ce caractère, l'étendue étant, non une propriété des atomes, mais une relation entre eux. Quant au temps, c'est une autre relation entre des faits, actes ou existences, et, s'il n'est point continu, il ne présente pas, pour cela, un minimum nécessaire, ainsi que nous l'avons exposé. Toutefois on ne saurait nier que, si notre thèse n'admet pas l'existence d'un minimum d'étendue, elle exige que le point, dans son mouvement entre deux positions définies, n'occupe en fait qu'un nombre fini de positions intermédiaires et que, par suite, il peut arriver que les points b' et a'' ne se trouvent à aucun moment sur une même verticale, comme dans la théorie de M. Évellin ; mais ils peuvent aussi s'y trouver sans aucun inconvénient, puisque notre

____

(1) *Revue de Métaphysique et de Morale*, 1893, p. 385. *Le Mouvement et les partisans des indivisibles.*

temps est indéfiniment divisible, s'il n'est pas en fait infiniment divisé.

En résumé, les arguments de la *dichotomie* et de l'*Achille* mettent en lumière la contradiction du continu ; la *flèche*, bien que faisant ressortir ce qu'il y a d'embarrassant dans une théorie qui refuse au mouvement le caractère d'un état propre au mobile, n'ajoute rien à cette difficulté, qui n'aboutit à aucune contradiction, et à laquelle on peut répondre de façon satisfaisante ; enfin, le *stade*, après avoir paru convaincre de contradiction la thèse assez déconcertante de M. Évellin, est réfuté par ce philosophe d'une façon qui paraît définitive. Quant à la conception à laquelle nous nous sommes arrêté, elle ne prête le flanc qu'à la discussion soulevée par la *flèche*, comme nous venons de le rappeler, et elle est bien loin de succomber dans la lutte.

En terminant, nous noterons la réponse générale opposée par M. Dunan aux arguments de Zénon d'Elée dans une étude datée de 1909 [1], où il retire ce qu'il disait en 1884 dans une brochure sur ces *Arguments*. Pour lui, toute difficulté s'évanouit si l'on reconnaît qu'un mouvement qui se fait dans la durée (nous avouons n'en pas connaître d'autres) est en soi, bien qu'il parcoure une étendue, un et indivisible, en sorte qu'il ne comporte ni succession ni parties. Il reconnaît d'ailleurs que cette proposition soulève une difficulté considérable, qui ne peut être levée que par une métaphysique très étudiée et très étendue, ce qui le fait renoncer à en donner, dans cette étude, le moindre essai de solution. Jusqu'à plus ample informé, cette difficulté nous fait absolument reculer et préférer la solution finitiste du problème.

____

(1) *Zénon d'Elée et le Nativisme* dans les *Annales de Philosophie Chrétienne* de mai 1909.

____

CHAPITRE IX

LA NATURE DU TEMPS

Dans ce qui précède, l'espace et le temps nous sont apparus comme des relations susceptibles de mesure, sous des réserves fort graves du reste, et doués du caractère de la continuité, en ce sens que toute étendue ou toute durée peut être conçue comme divisée, mais non en tant que cette expression signifierait qu'étendue et durée varieraient en fait d'une façon continue. Pour achever l'étude que nous avons entreprise, nous devrions déterminer la nature de ces deux ordres de relations, problème que Leibniz nous paraît avoir simplement esquissé lorsqu'il a dit que l'espace est *un ordre de coexistences*, comme le temps est *un ordre des successions*[1] ; peut-être serait-il plus exact de dire que, par ces paroles, il a simplement voulu affirmer le caractère purement relatif de l'un et de l'autre, sans prétendre rien indiquer sur la nature de ces deux ordres. Il serait, en effet, puéril d'expliquer le temps par l'idée de succession, et, d'autre part, il peut exister bien des ordres de relations entre des coexistences ; cette dernière formule semble, d'ailleurs, avoir l'inconvénient de subordonner, en apparence au moins, l'idée des relations spatiales à celle des relations temporelles.

Nous verrons tout à l'heure qu'il semble possible de soulever le voile qui couvre le mystère de ces dernières

(1) Voir, par exemple, sa troisième lettre à Clarke.

relations ; mais, pour les relations spatiales, nous n'avons ni trouvé dans les écrits des philosophes, ni pu découvrir quelque hypothèse satisfaisante sur leur nature intime. Ce n'est pas que Boscovich n'ait pas posé sur ce point quelques principes de haut intérêt ; mais nous ne saurions voir qu'une pierre d'attente dans ce qu'il a dit à ce sujet. M. de Vorges a du reste bien fait ressortir le sens profond des aperçus contenus dans sa *Théorie de la Philosophie naturelle*, et nous lui emprunterons le passage suivant [1] :

« Boscovich dit au début que ses points sont placés dans le vide. Mais ceci n'est qu'une concession à l'imagination et au langage vulgaire. Dès qu'il s'agit de serrer de près la question : *qu'est-ce qu'une distance ?* il s'exprime tout autrement. — Il déclare expressément que les distances ne sont point des vides interposés, le vide n'étant rien, mais des modes réels d'existence produisant des relations réelles ; que la variété des distances n'est pas autre chose que la variété de ces modes, que ces modes sont indivisibles, inétendus, immuables dans leur ordre » [2]. Ces dernières expressions, il est vrai, empruntées du reste à Boscovich, ne nous paraissent pas présenter un sens très clair et semblent difficilement conciliables avec le passage reproduit ci-dessus (p. 257),

(1) *La Notion de l'Etendue et ses Causes objectives* (extrait de la *Revue des Questions scientifiques*, janvier 1883), p. 36.
(2) « Spatium constat per me non solis punctis, sed punctis habentibus relationes distantiarum ad se invicem : eæ relationes in mea theoria non constituuntur a spatio vacuo intermedio, quod spatium nihil est actu existens, sed est aliquid solum possibile a nobis indefinite conceptum, nimirum possibilitas realium modorum localium existendi cognita a nobis secludentibus mente omnem hiatum... Constituuntur a realibus existendi modis qui realem utique relationem inducunt » *(Theoria Philosophiæ naturalis,* p. 190). « Modi illi reales singuli et oriuntur ac pereunt et indivisibiles prorsus mihi sunt ac inextensi et immobiles ac in suo ordine immutabiles... Nec aliud est in se quod illam determinatam distantiam habeant illa duo materiæ puncta quam quod illos determinatos existendi modos habeant quos necessario mutent ubi eam mutent distantiam » (p. 307).

où l'on voit apparaître chaque intervalle comme divisible à l'infini ; mais le passage actuel fait bien ressortir que le vide, comme tel, n'est rien et ne saurait constituer la distance de deux points.

Cela, cependant, ne nous dit pas ce que peuvent être ces relations réelles qui constituent la distance. M. de Vorges a cherché à résoudre l'énigme. Aux modes il commence par substituer des actions, selon la parole de Leibniz : « Les substances simples sont séparées les unes des autres par des actions »[1], et ces actions constituent les distances mutuelles des points.

M. de Vorges développe de façon ingénieuse cette conception ; mais nous devons avouer n'avoir pas saisi ce que pourraient être ces actions : quand on suppose acquise la notion de relation spatiale ou de distance, on conçoit sans peine des actions faisant varier ces relations ; mais, si action et relation ne font qu'un, celle-ci demeure une pure et simple inconnue.

C'est une critique de même genre que nous adresserons à une théorie développée par M. l'abbé Nys, professeur à l'Université de Louvain, dans un mémoire couronné par l'Académie royale de Belgique[2], théorie qui s'écarte du reste beaucoup plus de notre manière de voir, quel que soit d'ailleurs l'intérêt non douteux de ce travail.

M. Nys pose comme première conclusion que « tout intervalle déterminé, tout espace concret est une relation de distance à triple dimension »[3], mais il cherche ensuite à conférer un caractère absolu à cette relation, et cela en recourant à une théorie du lieu interne, visiblement renouvelée de l'Ecole terminaliste de Paris, dont nous avons parlé précédemment. « Pour qu'un corps se meuve, a dit Albert de Saxe, il n'est pas nécessaire que,

(1) *Principes de la Nature et de la Grâce.*
(2) *La Nature de l'espace d'après les théories modernes depuis Descartes* (extrait des *Mémoires* in-8°, tome III, 1907).
(3) Page 111 de la brochure.

d'un instant à l'autre, il se comporte différemment par
rapport à un objet extrinsèque ; il suffit qu'il se comporte différemment d'une manière intrinsèque. Si
Dieu imposait un mouvement de translation à l'univers
entier, ce qu'un des articles formulés à Paris déclare
possible, l'univers ne changerait pas d'un instant à
l'autre par rapport à un objet extrinsèque ; mais il
éprouverait un changement intrinsèque ; à chaque instant, en effet, il y aurait en lui une nouvelle partie de
mouvement »[1].

Commentant cette thèse, M. Duhem dit : « Il est bien
certain que nous ne pouvons concevoir ce changement,
si ce n'est comme un changement de position par rapport à un certain terme de comparaison regardé comme
immobile. L'opinion soutenue par Albert de Saxe consiste donc à affirmer que ce terme de comparaison n'a
pas besoin d'exister d'une manière actuelle et concrète,
qu'une existence abstraite lui suffit »[2]. Nous avons vu
précédemment comment ce point de vue conduit aux
conceptions scientifiques modernes ; mais la théorie,
tout autre, de M. Nys, pourrait bien être plus conforme
à la pensée d'Albert de Saxe, bien qu'il ne le cite pas.

Quoi qu'il en soit, voici un passage où s'affirme nettement la pensée du professeur de Louvain : « Où réside
cette réalité cachée dont les métamorphoses successives
et continues constituent l'être mobile du mouvement ?
Nous n'entrevoyons qu'une seule hypothèse explicative :
elle consiste à concrétiser la position du mobile ou plutôt à la mettre sous la dépendance d'une détermination
réelle dont le propre est de localiser le corps, de le fixer
à telle place déterminée de l'espace. En fait, si le mouvement est un changement de lieu ou de position, il ne
peut avoir de réalité que si le lieu dont il est le change-

(1) *Quæstiones in libros de Cœlo et Mundo*, lib. IV, quæst. X.
Cité par M. Duhem.
(2) *Revue de Philosophie*, 1er juin 1908, p. 612.

ment en possède une pour son compte. La supprimer revient à reléguer le mouvement dans le domaine des illusions.

« Dès lors, de deux hypothèses, l'une : ou bien le lieu jouit d'une réalité propre, indépendante du corps qui l'occupe, et le mouvement n'est que l'occupation successive de ses parties réelles — hypothèse évidemment fausse, car elle substantialise l'espace — ou bien le lieu interne est dit réel en ce sens que, pour l'occuper, le corps a dû recevoir une modification accidentelle, localisatrice, dont les changements continus constituent l'être variable du mouvement »[1]. Comme il le dit explicitement un peu plus loin, la relation de distance de deux corps résulte des deux accidents localisateurs que ces corps ont reçus.

Nous ne discuterons pas l'ensemble de cette théorie[2], mais nous ferons remarquer que M. Nys ne nous fait aucunement connaître la nature de l'accident localisateur et qu'il ne fait que déplacer la difficulté, en rendant le problème encore plus obscur, car il semble bien que nous avons, somme toute, une idée plus nette de la relation de distance que de l'accident localisateur[3].

Renonçant donc à éclaircir cette terrible question de la nature de l'espace, nous allons concentrer notre étude sur celle de la nature du temps, à laquelle Kant nous paraît avoir fait faire un progrès décisif et sur laquelle Balmès a répandu de nouvelles lumières par de très heureux développements donnés à l'une des pensées de l'auteur de la *Critique de la Raison pure*.

(1) Page 123.
(2) M. Nys appuie sa croyance en un mouvement absolu sur les considérations d'ordre dynamique dont nous avons discuté la portée. On trouvera une critique du lieu interne dans l'*Abrégé de Métaphysique* de M. de Vorges (tome II, p. 244).
(3) Dans un ouvrage antérieur (*La Notion d'espace au point de vue cosmologique et psychologique*), M. Nys avait déjà soutenu la thèse du lieu interne, accident localisateur qui, au point de vue ontologique, s'identifie avec l'étendue concrète.

I

LA CONCILIATION DE L'ÊTRE ET DU NON-ÊTRE
COMME ORIGINE DU TEMPS

Lorsqu'on parle de Kant et de sa théorie du temps, on ne manque jamais, et avec raison, de mentionner ce qu'il en dit dans l'*Esthétique transcendantale*, et nulle théorie n'est plus connue que celle des formes *a priori* de la sensibilité ; mais, au contraire, on passe le plus souvent sous silence, et en cela on a grand tort, les pensées si profondes qui se trouvent dans l'*Analytique transcendantale*. Son point de départ manque un peu de précision, ainsi qu'il résulte du résumé suivant qu'il en donne lui-même : « Nous avons établi, dit-il, dans le principe précédent, que tous les phénomènes de la succession du temps ne sont que des *changements*, c'est-à-dire l'existence et la non-existence successives des déterminations de la substance permanente »[1]. Balmès reprend ce rapprochement de l'existence et de la non-existence, et sait en tirer des développements originaux et profonds qui méritent bien un examen détaillé et justifient une analyse générale du livre consacré par lui à la question du temps.

C'est avec une douce ironie que l'auteur de la *Philosophie fondamentale* raille la facile satisfaction de Buffier, qui, en véritable adepte du sens commun, n'éprouve aucune difficulté à expliquer ce qu'est le temps, et il fait bon le voir opposer à cette béate satisfaction l'anxiété de saint Augustin et ses ardentes supplications à Dieu pour en obtenir la lumière sur une question qui le trouble si profondément[2].

---

(1) *Critique de la Raison pure*, trad. Tissot, t. I, p. 274.
(2) « Quid est tempus ? Si nemo ex me quærat, scio, si quærenti explicare velim, nescio... Exarsit animus meus nosse istud impli-

Ecoutons, d'abord, Balmès mettre en lumière la difficulté même du problème : « Il ne semble point, dit-il, que le temps puisse être distingué des choses. En effet, qu'est-ce qu'une durée distincte de ce qui dure, une succession distincte de ce qui se succède ? Le temps serait-il une substance ? une modification inhérente aux objets et distincte des objets ? — Tout ce qui est quelque chose existe. Que l'on dise où existe le temps ! Le temps est composé d'instants divisibles à l'infini, essentiellement successifs et, partant, incapables de simultanéité. Imaginez l'instant le plus court possible ; efforts stériles ! cet instant se compose d'autres instants infiniment petits qui ne peuvent exister ensemble, et, partant, il n'est pas. Pour concevoir un temps existant, il le faut concevoir actuel, et, pour cela, le saisir en un instant indivisible ; mais cet instant n'est point le temps : il n'implique pas succession ; il n'est point une *durée* dans laquelle on trouve un *avant* et un *après* » [1].

En vain dira-t-on que le temps est la mesure du mouvement, car on est obligé de supposer un mouvement uniforme et « *l'uniformité de mouvement que l'on suppose est une pétition de principe* ». Il y a plus : « Dans l'idée de vitesse entre l'idée de temps, la vitesse étant le rapport entre l'espace parcouru et le temps employé à le parcourir... Le mouvement sert à mesurer le temps, le temps sert à mesurer le mouvement ». S'il n'y a pas cercle vicieux, il y a une même idée sous des aspects différents ; en tout cas, il n'y a entre le temps et le mouvement qu'un rapport, connu de tous, mais n'entamant

catissimum œnigma. Noli claudere, Domine Deus, bone pater ; per Christum obsecro, noli claudere desiderio meo ista et usitata et abdita, quominus in ea penetret, et dilucescant allucente misericordia tua, Domine !... » *(Confessions,* livre XI, chap. XIV et XXII).

(1) Balmès a traité la question du temps dans le livre VII de la *Philosophie fondamentale.* Toutes nos citations seront empruntées à la traduction Manec.

même pas la difficulté philosophique, qui demeure tout
entière.

Qu'est donc le temps? Il nous apparaît comme une
chose fixe, indépendante de tout mouvement et de toute
succession. Qu'est cette chose absolue ? « Un pur accident? Son immutabilité, son universalité semblent dire
le contraire. Tout vit dans le temps ; il ne vit en
rien ; tout meurt dans le temps, et la mort ne saurait l'atteindre. L'accident est détruit quand la substance
est détruite : le temps survit à la substance. Avant tout
être créé, nous concevons des siècles et des siècles
encore, c'est-à-dire le temps. Après tout être créé, nous
concevons une durée successive, mais interminable,
c'est-à-dire le temps... L'idée du temps semble indépendante de l'idée d'un être quelconque... Mais, comme,
hormis la succession dans son mode le plus abstrait, il
est par essence dépourvu de toute propriété, comme il
n'implique aucune force,... ne pourrait-on pas dire qu'il
n'est qu'une idée pure, une abstraction formée comme
l'espace en présence des choses? » Suit un éloquent parallèle entre l'espace et le temps, qui confirme ce rapprochement. Celui-ci, toutefois, ne doit pas empêcher de
voir les différences qui les distinguent : les parties de
l'espace sont coexistantes, tandis que celles du temps
sont successives; l'espace se rapporte uniquement au
monde corporel, en sorte que son idée se rapporte d'une
manière exclusive à l'ordre géométrique, au lieu que le
temps s'étend à tout ce qui est successif, si bien que
notre âme, réfléchissant sur elle-même, peut faire abstraction de l'espace, mais non du temps.

Revenant alors sur la conception du temps indépendant de toute chose qui dure, Balmès en reconnaît l'inanité. Le « temps n'a point d'existence propre ; le séparer
des êtres, c'est l'anéantir. — Ainsi l'infinité attribuée au
temps n'est qu'une conception vague, sans fondement
et sans réalité. Or, nous venons de voir que cette conception existe, même dans la supposition de l'anéantis-

sement de toutes choses. Les siècles infinis que nous concevons avant la création du monde ne sont rien, temps imaginaires semblables à l'espace imaginaire ».

Indépendamment de l'existence des corps, le temps se manifesterait à nous dans la succession des opérations de notre âme ; mais cette succession lui est indispensable : il commence avec les êtres changeants ; ces êtres cessant d'exister, il s'évanouirait avec eux.

Qu'est-ce donc que le temps? « Le temps est la succession des choses au point de vue abstrait. — Et la succession ? C'est l'être et le non-être. Une chose est, elle cesse d'être ; voilà la succession... Le temps ne saurait exister sans être et non-être ; car c'est en cela que consiste la succession S'il y a succession, il y a changement : il n'y a point changement sans qu'une chose soit d'une autre manière ; *autre* implique une chose antérieure qui cesse d'être... Donc le temps dans les choses est la succession des choses mêmes, leur être et leur non-être. Le temps dans l'entendement, c'est la perception de ce changement, de cet être et de ce non-être ».

S'il est tel, le temps n'est point absolu, car il est, dans les choses, le *rapport* de l'être et du non-être et, dans l'entendement, la perception de ce rapport. A cette relativité essentielle du temps répond le fait constaté dans notre chapitre VII, que l'accélération proportionnelle de tous les changements, corporels et psychiques, est une chose dénuée de sens, et nous avons vu aussi que Balmès a bien saisi cette conséquence : il est superflu d'y insister à nouveau.

Mais l'être et le non-être ne forment pas forcément succession : en des choses distinctes, ils n'excluent point la simultanéité, et, dans une même chose, ils n'impliquent répugnance que s'ils se rapportent à un même temps. Mais alors le temps est toujours présupposé, et, par suite, il n'est pas suffisamment expliqué par l'être et le non-être, et il reste à trouver une explication fondamentale de la succession. « Il est des choses qui s'excluent et d'autres qui ne s'excluent pas. L'existence des choses qui s'excluent implique succession ». Tel est le cas d'un même corps occupant plusieurs positions différentes. Toute variation implique exclusion et par là même succession. « Percevoir ces exclusions réalisées, c'est percevoir la succession ou le temps ; *compter ces exclusions*, ces destructions dans lesquelles s'offrent à nous des choses distinctes, lesquelles s'excluent comme être et n'être pas, *c'est compter ou mesurer le temps* ».

Ici apparaît une nouvelle difficulté : si la succession implique exclusion, les choses qui ne s'excluent point sont simultanées, et, par exemple, le mouvement des feuilles sur les arbres du paradis terrestre est simultané à celui des feuilles sur les arbres de nos jardins, car ils ne s'excluent point.

Assurément, « s'il existait un être, lequel, n'excluant rien, ne fût exclu par rien, cet être serait en même temps que toutes choses ». C'est pour cela que, conformément à une doctrine peut-être peu comprise par plus d'un de ceux qui l'énoncent, « Dieu est présent à tous les temps ; que pour lui il n'y a point de succession, qu'il n'y a ni avant ni après ».

Mais Dieu seul est dans ce cas ; dans l'exemple précédent, les arbres de nos jardins se rattachent à ceux du paradis terrestre par toute la suite de mouvements qui constituent le développement de tous les arbres d'où procèdent les premiers, et, de même, l'air qui agite aujourd'hui les feuilles a été mis en mouvement par un mouvement antérieur, et celui-ci par un autre...

Balmès aborde ici (chap. VIII) la question de la coexistence ; mais il la traite d'une façon très contestable, sur laquelle nous reviendrons dans le paragraphe suivant. Sa façon de parler du présent ne nous plaît pas beaucoup non plus, car il en fait l'être sans rapport ; ce qui est l'être pur et simple ne nous donne pas l'idée temporelle du présent. Quant aux idées de passé et de futur, elles sont essentiellement relatives, dépendant du point auquel on rapporte les faits envisagés.

Une chose peut-elle être passée (ou future) par rapport à l'intelligence infinie ? « Admettre l'affirmative, c'est introduire le temps dans la durée de Dieu, par où nous détruisons son éternité, qui exclut toute succession. Admettre la négative, c'est affirmer qu'une chose passée n'est point passée, puisque les choses sont telles que Dieu les connaît ». Problème parfaitement posé, l'un des plus troublants qui existent, mais auquel Balmès nous paraît répondre d'une façon un peu insuffisante et sur lequel nous reviendrons. Ainsi en est-il de quelques questions spéciales auxquelles nous ne nous arrêterons pas en ce moment.

Simple rapport entre l'être et le non-être, l'idée pure du temps, le temps abstrait n'admet point de mesure ; mais celle-ci devient possible si l'idée pure se combine avec les phénomènes de l'ordre expérimental. Pour former cette mesure, au milieu de ce flux et reflux d'existences intérieures ou extérieures, deux choses nous sont nécessaires : un phénomène sensible et l'idée du nombre ; et la mesure du temps consiste précisément dans le *dénombrement des mutations de ce phénomène.*

Enfin, Balmès termine son étude du temps en envisageant le rapport de cette idée avec le principe de contradiction : « Il est impossible qu'une chose soit et ne soit pas en même temps. » Or, il semble que l'existence de ce principe présuppose l'idée du temps, qui figure dans son énoncé, et d'autre part on ne saurait concevoir le temps, si l'on ne présuppose ce principe. « Serions-nous enfermés dans un cercle vicieux, et cela à propos du principe même de nos connaissances ? »

D'une façon un peu trop incidente, Balmès note que, au point de vue des êtres nécessaires (et nous prendrons ce terme d'êtres dans son sens le plus général, c'est-à-dire comme visant notamment les idées), l'existence exclut d'une manière absolue la non-existence ; d'où il suit que le principe de contradiction à leur égard est absolu et indépendant de l'idée de temps, laquelle nous serait étrangère, si nous ne concevions que des êtres nécessaires.

Sous réserve de cette observation, le lien entre l'idée de temps et le principe de contradiction est incontestable, et il faut résoudre la difficulté signalée par Balmès. Comme il le dit lui-même, elle disparaîtrait si l'on concevait le temps comme un être existant par lui-même, ou comme une capacité vague comprenant les êtres successifs ; mais, si l'explication est commode, elle ne soutient pas l'examen. La véritable explication, selon Balmès, se trouve dans l'appréciation des conditions qui rendent un cercle *vicieux* ou non. Dans les définitions, le cercle est un défaut lorsqu'il s'agit de spécifier ce qui n'est pas identique ; « mais s'il s'agit de deux idées identiques au fond, bien que distinctes en apparence, parce qu'elles s'offrent sous des aspects différents, il est impossible d'expliquer l'une sans trébucher à l'autre, et d'aller vers celle ci sans se tourner vers celle-là. . Il y a cercle, mais non cercle vicieux ; les deux idées s'expliquent l'une par l'autre, parce qu'elles ne sont qu'une même idée. » Tel est le cas actuel.

« L'idée du temps implique la perception d'êtres non nécessaires, lesquels puissent passer de l'être au non-être, et *vice-versa*. La différence entre le nécessaire et le contingent, c'est que, dans le premier, l'être exclut le non-être d'une manière absolue ; que, dans le second, il ne l'exclut que sous condition, c'est à-dire moyennant la simultanéité... Ainsi, la perception du temps et la non-nécessité des choses sont deux idées corrélatives...; percevoir un être non nécessaire ou percevoir un être qui peut cesser d'être, c'est une même chose ; cette perception nous donne l'idée de la succession, c'est-à-dire du temps réel ou possible. ».

Nous avons reproduit l'essentiel de l'exposé de Balmès sans y mêler presque aucune réflexion, car il nous a semblé que c'était le meilleur moyen de faire ressortir cette pensée profonde, qui n'occupe pas, dans l'opinion générale, la place qu'elle mériterait. Aussi avons-nous été heureux de voir toute cette théorie reprise ou retrouvée (nous ne savons lequel des deux) par un philosophe contemporain.

« Outre la différence, dit M. Boirac, le changement implique la succession. Pour qu'il y ait changement, il faut que des différences s'excluent l'une l'autre, se chassent, pour ainsi dire, l'une l'autre de l'existence. Deux faits se succèdent, pourrait-on dire, quand l'existence de l'un est la non-existence de l'autre. La succession est, en un sens, la contradiction réalisée ; par elle, le non-être est, l'être n'est pas ; le même sujet possède des attributs non seulement différents, mais contradictoires. En un autre sens, elle est ce qui empêche et ôte la contradiction, car c'est le non-être d'avant qui devient l'être d'après, et ce n'est pas en même temps, mais tour à tour, que les attributs contradictoires se posent dans le même sujet » [1].

Toute la pensée de Balmès n'est-elle pas résumée dans ce passage ? Nous n'en développerons pas les conséquences en ce moment [2] ; mais, après avoir montré en quoi elle est insuffisante, nous chercherons à la com-

_____

(1) *L'Idée du Phénomène*, p. 140 et 141.

(2) Une conséquence dont nous n'aborderons pas l'étude, parce qu'elle s'écarte de notre sujet, consiste dans l'idée d'identité fondamentale de l'être qui change, car, s'il n'y avait que des phénomènes juxtaposés, aucun ne serait contradictoire à l'autre, et, par suite, leur rapprochement serait impuissant à engendrer l'idée de succession et de temps. « Le changement, a dit Kant, est un mode d'existence qui succède à une autre manière d'être du même objet. Par conséquent, tout ce qui change est *permanent*, son état seul *change*. Et comme ce changement ne se rapporte qu'aux déterminations qui peuvent finir ou commencer, l'on peut dire (quoique avec une apparence de paradoxe) que le permanent seul (la substance) est changé ; que le muable n'éprouve aucun changement, mais seulement une *vicissitude*, puisque, parmi les déterminations, quand les unes cessent, les autres commencent » (*Critique de la Raison pure*, traduction Tissot, t. I, p. 272)

pléter, et ce n'est qu'ensuite que nous en ferons l'application à un certain nombre de questions, dont quelques-unes fort importantes.

Le défaut essentiel de la théorie de Balmès consiste dans son impuissance à faire distinguer l'avant de l'après : elle explique, si l'on veut, la notion de succession, mais en laissant indéterminé l'ordre de cette succession Que l'on place A avant B, ou B avant A, la contradiction entre ces deux termes sera également dissipée, et l'on peut dire que, à s'en tenir à cette conception, la réversibilité du monde matériel comme du monde moral est absolue. Or, il est indispensable de trouver le principe de la distinction de l'avant et de l'après, si l'on veut élucider réellement l'idée de succession. Il y a plus : non seulement la théorie de Balmès laisse sans réponse le problème de la réversibilité, ou plutôt rend celle-ci absolue, mais elle ne permet même pas d'établir un enchaînement déterminé, car elle ne donne pas de motif pour rapprocher d'un état un autre état de préférence à tout autre. On peut donc dire qu'elle nous donne de la poussière de temps, mais qu'il reste à trouver un principe organisateur qui de cette poussière permette de faire un tout cohérent.

Dans la vie pratique et même dans les sciences expérimentales, on peut négliger de telles questions, car il suffit que tout le monde soit d'accord pour ordonner de même façon les phénomènes, quelle que soit l'ignorance générale sur le principe de cette ordonnance, et pour cela la sensibilité suffit. Même certains philosophes, qui regardent le temps comme une réalité indépendante des choses qui passent, peuvent négliger d'approfondir ces difficultés, car l'avant et l'après et tout l'ordre des successions sont, à leur yeux, déterminés par la position des choses dans ce contenant réel. Mais, pour qui a dépassé ce point de vue un peu ingénu, il y a là un problème qu'on ne saurait éluder et que Kant a bien posé en ces termes : « J'ai conscience seulement que mon imagination place l'un avant et l'autre après, et non que, dans un objet, un état précède l'autre ; ou, en d'autres termes, le rapport objectif des phénomènes successifs n'est point déterminé par la simple perception. Afin donc que ces phénomènes soient connus comme déterminés, il faut que le rapport entre les deux états soit conçu de telle manière qu'il soit comme nécessairement déterminé par là lequel de ces deux états doit être placé avant, lequel doit être placé après, et non réciproquement [1] ».

II

IDENTITÉ DE LA RELATION TEMPORELLE ET DE LA RELATION DE CAUSALITÉ OCCASIONNELLE

Guyau avait bien compris cette nécessité de découvrir un principe de distinction entre l'avant et l'après, et l'on sait comment il a prétendu dériver le temps de l'espace, faisant de ce qui est devant nous le futur et de ce qui est derrière le passé [2]. Mais cette solution ne saurait nous satisfaire, car, d'une part, elle ne fait que reculer la difficulté, si l'espace, comme le temps, est sans réalité propre, et, d'autre part, elle accorde au spatial sur le psychique pur une prédominance que nous ne saurions admettre, tenant pour certain que les phénomènes mentaux revêtent la forme temporelle indépendamment de toute forme spatiale.

Ce n'est pas à Hume, assurément, que nous demanderons une réponse, car il commence sa définition de la cause en disant : « La cause est un objet qui en précède

____

(1) *Critique de la Raison pure*, Analytique des principes, seconde analogie, t. 1, p. 275.
(2) *La Genèse de l'Idée de Temps*.

un autre [1]... », sans paraître se soucier de savoir ce que peut signifier cette expression « précède ».

Mais Kant, après avoir posé la question avec la précision que nous avons vue, nous paraît bien y avoir fait la véritable réponse : « le concept emportant la nécessité de l'unité synthétique ne peut être qu'un concept pur de l'entendement, concept qui ne se trouve point dans la perception ; et ce concept est celui du *rapport de la cause et de l'effet* » [2].

Pour Hume, la cause, ou mieux l'ensemble des causes, est la totalité des conditions antécédentes à la production d'un phénomème ; pour nous, au contraire, dans un groupe de faits, ceux qui sont la condition des autres sont dits les précéder, et les seconds suivent les premiers, sans que ces expressions signifient autre chose que cette relation de *causalité occasionnelle*, pour employer le langage de Malebranche [3].

Après avoir si magistralement développé la pensée kantienne que le principe du temps est dans la synthèse de l'être et du non-être, Balmès n'a pas su tirer parti du complément essentiel que Kant avait donné à cette pensée ; le philosophe espagnol énonce bien que « la dépendance représentée comme rapport de durée... ne nous offre autre chose que le rapport même exprimé par le prin-

(1) *Traité de la Nature humaine*, liv. I, sect. XIV, traduction Renouvier et Pillon, p. 225.

(2) *Loc. cit.* Ce n'est pas sans étonnement que, dans un compte rendu de notre ouvrage publié par *The Philosophical Review* (vol. V, n° 4, p. 441), nous avons lu cette affirmation que Kant explique la causalité par le temps et non le temps par la causalité. Indépendamment des citations que nous donnons de l'Analytique transcendantale, nous pouvons invoquer le passage suivant du résumé de la doctrine de Kant donné par M. Boutroux dans la *Grande Encyclopédie* : « La succession, loin qu'elle fonde la causalité, ne peut elle-même être considérée comme objective que si elle repose sur la causalité ».

(3) M. de Vorges avait-il fait attention à cette détermination de la cause visée, la *cause occasionnelle*, lorsqu'il nous a opposé l'adage : *causa est simul cum effectu* ? (voir *La Science catholique* du 15 février 1896).

cipe de causalité [1] », mais, sous sa plume, le principe est resté stérile. Il a traité, en effet, toutes les questions relatives au temps, sans s'inquiéter de la causalité autrement que pour en faire la base d'une objection.

Mais Kant lui-même a développé les points essentiels de la théorie causale du temps, et nous n'aurons qu'à compléter les considérations exposées dans sa seconde et sa troisième *analogies*. Sans le suivre pas à pas, nous allons envisager la question sous le point de vue qui concorde le mieux avec l'ensemble de notre étude.

Si l'on considère le monde des corps, le principe du déterminisme mécanique énonce que l'état d'un système de points matériels, à un certain instant, est déterminé par ses états antérieurs et détermine ses états postérieurs ; pour nous, cette loi se réduit à l'énonciation que les états de ce système sont déterminés les uns par les autres, et que les états déterminants sont dits, *par définition*, antérieurs aux états déterminés, chaque état étant, d'ailleurs, à la fois déterminé et déterminant, suivant qu'on considère sa relation à l'un ou à l'autre des divers états. Il est bien vrai que, dans la théorie mécaniste, au sens étroit qu'attribuent à ce mot MM. Boutroux et Poincaré, les mouvements d'un système matériel sont réversibles, en sorte qu'il serait impossible de distinguer les états déterminants des états déterminés, du moment qu'on ne peut emprunter au temps le principe de cette distinction. Mais nous avons vu, dans le chapitre VII, que la mécanique peut n'être pas conforme au système en question, ni satisfaire au principe de réversibilité, et que, le fût-elle, on disposerait encore d'un principe de distinction, puisque le sens inverse de celui que nous adoptons instinctivement attribuerait aux phénomènes un caractère d'instabilité souverainement invraisemblable.

Quoi qu'il en soit, l'enchaînement des phénomènes

____

(1) *Philosophie fondamentale*, liv. X, chap. VII, n° 82.

psychiques ne peut essentiellement avoir lieu que dans un sens déterminé, et ce sens impose celui des phénomènes spatiaux, par suite de la liaison qui existe entre les deux ordres de phénomènes : la piqûre d'une épingle *précède* la douleur, puisqu'elle en est la cause, et, de même, la volonté de lever mon bras précède ce mouvement.

Mais revenons à l'exemple d'un système de points matériels pour examiner, à son occasion, une difficulté fondamentale et d'une portée générale. Vous êtes parti, nous dira-t-on, d'un certain état de ce système, c'est-à-dire d'un état à un instant déterminé ; or, poser ainsi la simultanéité, c'est poser le temps, et, par suite, nous n'avons pu, semble-t-il, en déduire le temps que par un cercle vicieux. Cette objection oblige à approfondir l'idée de simultanéité. Si nous supposons un univers immobile, l'absence de tout changement entraîne pour conséquence que cet univers est en dehors du temps, ou plutôt que le temps n'existe pas ; mais, dans notre langage tout imprégné de la notion du temps, nous dirons incorrectement qu'il y a simultanéité des diverses relations existant entre les parties de cet univers. On voit donc que la notion d'état statique d'un système de points matériels est, en réalité, une notion extra-temporelle. Le temps apparaîtra lorsqu'on envisagera plusieurs états différents d'un même système de points ; mais chacun de ces états considéré isolément est étranger à la notion du temps. L'accusation de cercle vicieux ne reposait donc que sur l'introduction non motivée de l'idée temporelle de simultanéité [1].

(1) Nous devons ici prévoir une objection : l'état d'un système de points matériels qui détermine ses états suivants comprend leurs vitesses aussi bien que leurs positions, et la notion de vitesse suppose celle du temps. Ceci serait exact si l'on tenait à ce qu'un seul état suffît à déterminer les suivants, mais cela équivaut à faire la synthèse de deux états successifs, et nous avons parfaite-

Cette dernière notion a été particulièrement bien mise en lumière par Kant, dans sa troisième *analogie*. Empiriquement, la notion de simultanéité dérive de ce que la perception d'une chose peut suivre celle d'une autre, et réciproquement, et le simultané est l'existence de la diversité dans le même temps. « Mais on ne peut percevoir le temps lui-même, pour en conclure que les choses sont placées dans le même temps, que leurs perceptions peuvent se succéder réciproquement. La synthèse de l'imagination dans l'appréhension indiquerait seulement que chacune de ces représentations est dans le sujet quand l'autre n'y est pas, et réciproquement, mais non pas que les objets soient en même temps,... et que cela soit nécessaire pour que les perceptions puissent se succéder réciproquement. Il faut donc un concept intellectuel, touchant la succession réciproque des déterminations des choses existantes en même temps les unes hors des autres, pour qu'on puisse dire que la succession réciproque des perceptions a son fondement dans l'objet, et que le simultané soit représenté par là comme objectif. Or, le rapport des substances, dans lequel l'une comprend les déterminations dont la cause est contenue dans l'autre, est le rapport de l'influence ; et si réciproquement cette influence contient la cause des déterminations de l'autre, il est le rapport de mutualité, de réciprocité ou d'action et de réaction » [1].

L'application de cette théorie apparaît nettement dans les phénomènes tels que ceux d'attraction mutuelle de deux corps, supposée immédiate, car tous deux sont, l'un par rapport à l'autre, dans la double relation de cause et d'effet, puisque chacun occasionne à l'autre une accélération et en reçoit une inversement. Indépendamment de cette simultanéité directe, on en conçoit

ment le droit de ne pas la faire et de n'envisager que des états géométriques. Nous avons, du reste, été déjà amené à refuser une valeur propre à l'état de mouvement.

(1) T. I, p. 299 et 300.

une indirecte, comme serait celle résultant de l'hypothèse de deux corps sans action mutuelle l'un sur l'autre, mais échangeant tous deux des accélérations avec un même troisième. Cet exemple est extrêmement simple, mais on conçoit sans peine l'extension illimitée des applications de ce principe des liaisons indirectes, qui fait rentrer dans un temps unique tous les phénomènes de notre univers, à supposer que les atomes n'aient pas tous une action directe sur la totalité des autres atomes.

Avant d'aborder l'étude des applications de la théorie causale du temps à diverses questions philosophiques, il nous reste à mentionner certaines objections. En voici d'abord une à laquelle Kant a pris soin de répondre : certaines causes, dit-on, peuvent être en même temps que leurs effets ; telle est, dans une chambre, la chaleur que cause un foyer allumé. Kant répond justement, bien qu'en termes peu exacts, que cela tient à ce que la cause ne peut opérer en un clin d'œil son effet tout entier[1] ; mais il nous semble qu'on doit ajouter, pour être clair, que chaque phénomène d'échauffement est causé par un phénomène de combustion qui l'a réellement précédé.

Dans un autre exemple, on considère un globe posé sur un duvet comme cause de l'enfoncement qu'il occasionne, et Kant s'exprime ainsi : « Si je mets le globe sur le duvet, alors la dépression du duvet se détermine en conséquence de la figure polie de la boule ; mais si le duvet présente déjà un enfoncement (je ne sais à quelle occasion), alors il ne suit plus les contours de ce globe ». Pour nous, nous ferions ici une distinction : ou le duvet a du ressort et tend à se redresser, ou, au contraire, une fois comprimé, il conserve la forme qu'il a reçue. Dans ce dernier cas, le globe a causé la déformation au moment où il a été posé sur le duvet ; mais, le mouve-

(1) T. 1, p. 290.

ment terminé, la causalité disparaît : on peut supprimer le globe sans que la déformation cesse d'exister. Au contraire, si le duvet a du ressort, on est nettement dans un cas de simultanéité par action et réaction réciproques entre les deux objets.

Nous trouvons, d'autre part, dans la célèbre thèse de Hamelin sur *les Eléments principaux de la représentation*, une objection intéressante à examiner. Nous ignorons quel auteur est particulièrement visé dans le passage que nous allons reproduire ; mais la thèse critiquée est bien celle que nous soutenons. Après avoir fait ressortir la difficulté que rencontrent les théories purement qualitatives du temps à distinguer le simultané et le successif, Hamelin s'exprime ainsi : « Pour cela faire, il n'y a, ce semble, qu'une seule ressource : c'est d'emprunter à un autre penseur contemporain le critère qu'il propose pour reconnaître parmi les assemblages de qualités ceux qui garderont l'aspect de la simultanéité et ceux qui prendront l'apparence de la succession. *Post hoc* quia *propter hoc*, pourrait-on dire pour exprimer la pensée de cet auteur. En d'autres termes, le rapport de dépendance réciproque entre les diverses parties d'un tout et la liaison causale étant supposés discernables l'un de l'autre, la succession n'est que l'apparence sensible d'une série causale. Car ce qui caractérise le temps est l'irréversibilité, caractère qu'on retrouve précisément dans la chaîne des causes et des effets » [1]. Après ce simple exposé de la thèse, vient ce commentaire : « Ainsi, quoique tous les faits soient en réalité simultanés, il y aurait une simultanéité apparaissant comme telle parce qu'on pourrait y renverser l'ordre des termes, et une autre simultanéité qui, se trouvant irréversible, passerait pour une succession ».

Ici nous cessons de reconnaître l'exposé d'une pensée identique à la nôtre. Le terme « simultanéité » est essen-

[1] Pages 58 et 59.

tiellement un terme d'ordre temporel, qui ne saurait trouver place là où l'idée de temps n'a pas encore été introduite. Ce n'est d'ailleurs pas une vaine querelle de mots que nous soulevons ici, car, on va le voir, Hamelin joue au contraire sur le sens intemporel [1] et le sens temporel qu'il prête successivement à ce terme de simultanéité sans les distinguer. Voici en effet comment il pose ensuite son objection :

« Mais, par malheur, tout ce qui est simultané est réversible et une simultanéité irréversible n'apparaîtrait jamais et à aucun degré comme simultanée : c'est-à-dire sans doute qu'elle ne le serait point, à moins qu'on ne mette derrière la pensée apparente une prétendue pensée qui n'apparaisse point ». Ne voit-on pas que dans toute cette phrase Hamelin se pose au point de vue de l'homme, d'un être doué de la forme de sensibilité temporelle et pour lequel ce qui possède le caractère logique de succession ne peut apparaître comme simultané ? La réfutation ne repose donc que sur un emploi incorrect de ce terme.

Enfin nous signalerons des objections formulées par M. l'abbé Nys, dans son livre sur *la Notion du Temps d'après les principes de saint Thomas d'Aquin.* Il commence par objecter que la succession de l'effet à la cause ne saurait se rencontrer « chez les causes dont l'activité est *instantanée* », faisant sans doute allusion à l'*ævum* dont nous parlerons dans le paragraphe suivant ; nous répondrons simplement que, pour nous, toute activité, tout changement est instantané, mais que l'effet se produit instantanément *après* la production instantanée de sa cause.

« Mais il y a plus, continue M. Nys ; l'hypothèse même se trouve controuvée par les faits. Lorsque,

<hr>

[1] Bien entendu, ce sens intemporel ne signifie rien autre que l'absence de succession, laquelle suppose essentiellement la forme temporelle de sensibilité.

sous l'impulsion d'une force mécanique, un corps se déplace dans l'espace, le mouvement continu dont il est animé nous suggère facilement l'idée de temps. Nous y découvrons une succession dont les parties présentent un enchaînement à sens déterminé ; et la conscience nous atteste qu'il n'est pas en notre pouvoir de renverser cet ordre établi. Cependant aucune des parties de ce mouvement n'est cause de celle qui la suit : ce sont autant d'effets indépendants l'un de l'autre, relevant tous d'une seule et même cause, c'est-à-dire de l'impulsion mécanique » [1].

On remarquera d'abord que M. Nys suppose ce mouvement observé, ce qui le rattache à une série temporelle extérieure ; mais, à nous en tenir au mouvement en lui-même, ne voit-on pas que l'impulsion, cause première du mouvement, donne un point de départ au sens de la relation causale et empêche toute réversion ? Nous refusons d'ailleurs formellement d'admettre que les diverses parties du mouvement ne soient pas causes les unes des autres, ce qui équivaudrait à n'admettre que des causes premières et permettrait de nier le caractère de cause à l'action mécanique supposée, laquelle pouvait n'être que le choc d'un autre corps. Ce qui est vrai, c'est que, si l'on considère *in abstracto* un mouvement réversible, on ne peut y découvrir de relation causale permettant d'en définir le sens, et cela tout simplement parce qu'on aura pris soin de faire abstraction de tout ce qui pouvait fixer le sens d'enchaînement des causes et des effets. L'objection ne porte donc évidemment pas.

(1) Page 182.

III

APPLICATIONS DIVERSES. — DIEU ET LE TEMPS. APRÈS LA MORT

Après avoir accepté l'hypothèse de Kant sur la nature objective de la relation temporelle et avoir montré comment elle permet de distinguer les trois relations d'antécédence, de concomitance et de succession, nous devons en faire l'application à un certain nombre de questions, en première ligne desquelles vient le caractère de divisibilité illimitée que nous avons reconnu au temps, tout en n'admettant que des réalités indivisibles (voir le chap. VIII).

Or l'assimilation de la relation temporelle à la relation causale nous paraît bien en concordance avec une telle conception. Après avoir considéré, en effet, une série d'états discontinus, par exemple une suite de positions relatives de deux points qui s'attirent [1], et nous être ainsi mis en présence de successions immédiates, nous pouvons fort bien concevoir qu'une autre série, en relation avec la précédente, soit telle que deux termes simultanés à deux termes consécutifs de la première série ne soient pas consécutifs eux-mêmes, et aucune limite ne saurait être imposée au nombre des termes ainsi interposés, bien qu'en fait et pour chaque cas particulier ce nombre soit forcément déterminé. Il semble inutile d'insister sur une concordance si caractéristique entre la théorie causale et les exigences imposées *a priori* à toute théorie du temps.

Voici maintenant une question posée par Balmès et résolue par un adversaire supposé précisément au moyen de la théorie causale, mais à laquelle il prétend donner

---

(1) Nous avons vu que le mouvement ne saurait être continu (p. 255).

une autre réponse, sans que nous puissions voir ce qui l'y pousse et sans que, à notre avis, il trouve aucune raison sérieuse à opposer à l'adversaire qu'il avait si bien fait parler, sous quelques réserves que nous aurons à formuler. Voici d'abord cette prétendue objection : « On dit : Si la succession du temps implique exclusion, supprimer l'exclusion, c'est admettre la coexistence ; ainsi, dans la supposition que Dieu eût créé d'autres univers, ces univers auraient été contemporains du nôtre ; en effet, ils ne se seraient point exclus ; *ces divers mondes n'ayant entre eux aucun rapport de cause et d'effet*, nous ne pourrions leur appliquer le raisonnement dont nous nous sommes servis dans le chapitre précédent. C'est pourquoi nous devrions tenir pour impossible l'existence d'un monde *antérieur* au monde actuel, toutes choses devant être contemporaines, pourvu qu'elles n'emportent pas exclusion »[1].

Dans ce passage, disons-le de suite, il y a une chose que nous ne saurions accepter, à savoir l'affirmation que ce qui n'est ni antérieur ni postérieur à une chose lui est coexistant, car elle suppose qu'il existe entre les deux choses considérées un lien temporel. Or, précisément, ce lien fait défaut dans l'espèce actuelle, puisqu'il n'y a *aucun rapport de cause et d'effet*.

En parlant ainsi, nous avons en vue le Dieu de Balmès et de la théologie catholique, Dieu parfaitement immuable ; mais il en serait autrement avec le Dieu de Renouvier, Dieu à la pensée mobile et changeante et, par suite, Dieu temporel. Il n'y a pas de doute, en effet, que la pensée omnisciente d'un tel Dieu ramènerait à l'unité tous les temps qui, indépendamment de cette pensée, resteraient isolés les uns des autres. Mais, à nous en tenir à un Dieu immuable, nous ne saurions trouver dans sa pensée un lien entre les séries distinctes de phénomènes, car il les connaît telles qu'elles sont,

____

(1) Livre VII, chap. VIII, *Ce qu'est la coexistence.*

c'est-à-dire comme essentiellement distinctes et sans les
rattacher, comme celui de Renouvier, à une autre série,
celle de ses propres états, puisque cette dernière et
suprême série n'existe pas. Nous devons conclure de là,
sans hésitation, que des mondes sans relations entre
eux ne seraient ni successifs ni coexistants les uns aux
autres : ce sont là des qualificatifs temporels qui supposent un lien dont l'absence est précisément posée par
hypothèse.

Telle n'est pourtant pas la conclusion de Balmès ;
nous allons voir que son argumentation, ou bien est
sans portée, ou bien revient à poser en réalité un lien de
causalité occasionnelle entre les deux mondes. Après
avoir formulé l'objection que nous avons reproduite, il
s'exprime ainsi : « Cette difficulté peut paraître spécieuse
si l'on n'a parfaitement compris le sens du mot exclusion. — Lorsque je dis exclusion, je n'entends point
seulement une répugnance intrinsèque ; j'entends que,
pour une raison quelconque, intrinsèque ou extrinsèque, l'existence d'un être étant posée, la négation de
l'autre se trouve posée. Cette explication résout la difficulté. — Dieu peut soumettre à cette exclusion deux
mondes entièrement indépendants ; il peut créer l'un
sans créer l'autre : de là, existence du premier et non-
existence du second. Dieu peut cesser de conserver le
premier et créer le second ; de là, existence du second
et non existence du premier ; de là, un *avant* et un
après, c'est-à-dire succession dans l'existence. Dieu les
peut créer en même temps ; de là, coexistence. »

La discussion de ce texte est fort délicate, car on y
trouve des expressions évidemment impropres, telles
que : « Dieu peut *cesser* de conserver », qui, au propre,
mettraient le temps en Celui-ci. Il serait puéril de s'attaquer à ces expressions ; mais, en même temps qu'on les
écarte du débat, il faut conserver ce qu'elles peuvent
avoir de signification légitime, et la tâche n'est pas
aisée. Or, ou bien, comme on le croirait à première vue,

Balmès trouve en Dieu lui-même le principe de l'avant et de l'après, ce qui est en contradiction avec toute sa doctrine, ou bien il fait du dernier état de l'un des mondes la cause occasionnelle du premier état de l'autre monde, et alors nous sortons de l'hypothèse de deux mondes complètement indépendants [1].

On peut d'ailleurs noter ici comment, en développant sa pensée sur la coexistence, Balmès en fait apparaître l'inexactitude. « Deux êtres coexistent ou existent en un même temps, dit-il, lorsque l'un ne succède point à l'autre. Pour concevoir la coexistence des êtres, nous n'avons qu'à concevoir leur existence. » Nous avons déjà fait remarquer que la coexistence est une idée temporelle et que, pour coexister, il faut appartenir à un même temps ; mais le rapprochement avec l'exemple précédent fait clairement ressortir, par l'absurde, la vérité de cette assertion. Etant supposés, en effet, deux mondes indépendants et non successifs, selon la conception de Balmès, chacun des phénomènes de chacun de ces mondes pourra être considéré comme coexistant à tous les phénomènes de l'autre monde, car on ne voit pas ce qui pourrait servir de base à une coexistence plutôt qu'à toute autre, puisque les deux séries sont indépendantes l'une de l'autre.

Avançant davantage dans l'étude des questions qui concernent les rapports de Dieu et du temps, nous arrivons à celle-ci : une chose peut-elle être passée ou future pour l'intelligence infinie ? « Admettre l'affirmative, dit Balmès, c'est introduire le temps dans la durée de Dieu, par où nous détruisons son éternité, qui exclut

(1) Revenant plus loin sur la même question (chap. IX), Balmès déclare qu'il ne saurait y avoir un intervalle de temps entre deux mondes successifs indépendants, mais qu'on ne peut les dire immédiats, car cela supposerait un rapport qui n'existe pas par hypothèse. Il y a là une pensée profonde, mais qui condamne l'idée de succession, comme celle de coexistence, entre deux mondes absolument indépendants.

toute succession. Admettre la négative, c'est affirmer qu'une chose passée n'est point passée, puisque les choses sont telles que Dieu les connaît ». La difficulté est parfaitement posée, et nous pouvons dire que c'est surtout l'obsession de ce dilemme qui nous a poussé à approfondir cette notion du temps, ne pouvant accepter la solution bien connue de Renouvier, solution qui supprime la difficulté par la négation d'un Dieu immuable. De cette négation, en effet, le principe du nombre force à conclure à un commencement de Dieu, sans quoi celui-ci aurait passé par une infinité d'états différents, et Renouvier, avec cette droiture intellectuelle qui était son honneur, n'hésite pas à accepter cette conclusion. Mais alors, comme il le dit lui-même, ce commencement est véritablement absolu et sans raison d'aucune sorte : nouvel abîme devant lequel notre pensée recule [1].

Avant de montrer comment l'identification de la relation causale et de la relation temporelle résout la difficulté, voyons si la simple thèse de l'être et du non-être peut suffire à cette tâche, comme le croit Balmès. « Posons une hypothèse, dit-il : Dieu n'a créé qu'un seul être, et cet être a cessé d'exister. Dieu connaît l'existence et la non-existence de l'objet : acte intellectuel très simple, qui n'implique de succession d'aucune sorte. Par rapport à Dieu, il n'y a point, à proprement parler, de passé ; appliquée à l'objet, cette idée du passé n'exprime autre chose que la non-existence relativement à l'existence déjà détruite ; sous ce point de vue, il est facile de comprendre comment il n'y a point de passé en Dieu, mais seulement connaissance des choses passées ».

<hr>

(1) Il convient de noter ici que M. Pillon a adopté une solution mixte : pour lui, Dieu était immuable avant la création, il n'y avait pas de temps et Dieu n'a pas commencé d'être ; mais le fait de la création a fait commencer le temps, et Dieu est devenu lui-même temporel (voir *Les Lois de la nature selon M. E. Boutroux* dans la 18e *Année Philosophique*, 1907).

Ceci veut dire évidemment que, pour Dieu, il n'y a point de choses passées ou futures, et qu'il les connaît toutes immuablement, avec leur double qualité d'être et de non-être ; mais alors qu'est-ce qui, pour lui, distingue les choses antécédentes des choses conséquentes ? et nous nous retrouvons en face de l'insuffisance déjà constatée de la théorie de Balmès à expliquer cette distinction. Au contraire, si on complète cette théorie, comme il a eu plus d'une fois la velléité de le faire, par la considération de la relation causale, on peut hardiment accepter l'affirmation que, pour Dieu, il n'y a ni passé ni futur, mais un enchaînement de choses conditionnées les unes par les autres

Ainsi se trouve conservée une distinction logique et non temporelle entre l'antécédent et le conséquent, distinction connue de Dieu ; à celle-ci, pour les êtres sensibles, s'ajoute naturellement une modification étrangère à l'être immuable, et l'on peut, en toute vérité, dire avec Kant que le temps est une forme de notre sensibilité, mais une forme qui recouvre une distinction rationnelle. Il est vrai que cette théorie du temps contredit l'idée que nous nous en formons presque invinciblement et donne une sorte de caractère illusoire à cette idée. Mais n'est-ce pas là un trait commun à maintes théories courantes sur la nature intime des faits intéressant notre sensibilité ? Quelles ne sont pas les révoltes du sens commun quand on nie qu'il y ait rien dans les corps qui ressemble à nos sensations des couleurs ou que nos douleurs soient localisées dans les diverses parties de notre organisme ? Plus grande encore, s'il est possible, est la répugnance de nos penchants instinctifs à admettre que nous ne connaissons réellement que nos propres états d'âme et que, par suite, le monde extérieur n'est qu'inféré, légitimement ou non. Eh bien ! dans le cas présent, il semble que nous devons heurter plus brutalement encore ce qu'on pourrait appeler la constitution intime de notre vie psychique, car il n'est pas un de nos états de conscience qui ne s'encadre dans le temps et ne revête cette forme qui, selon nous, recouvre tant d'illusions. S'il en est ainsi, les révoltes que nous sentons en nous-mêmes n'ont rien qui puisse surprendre, car nous y sommes dès longtemps préparés par des révoltes analogues et désormais reconnues sans fondement rationnel. Combien insignifiant n'est pas tout ce tapage de la sensibilité, pour celui qui trouve dans cette théorie la réponse au grand problème des rapports de Dieu et du temps !

Toutefois, il faut bien le reconnaître, nous nous heurtons à une difficulté qui, au premier abord, nous a paru beaucoup plus grave que la précédente. Nous avons vu Renouvier, obligé par le principe du nombre à limiter le temps dans le passé (et nous le sommes avec lui), en conclure que son Dieu temporel a commencé ; mais il n'éprouve aucune difficulté à lui accorder, comme aux autres êtres, l'immortalité, puisque le nombre de ses états de conscience réalisés sera toujours fini, bien que grandissant au delà de toute limite donnée. Nous, au contraire, nous ne rencontrons pas de difficulté à l'origine, puisque nous avons un Dieu immuable, sans commencement par conséquent, auquel sont dus tous les êtres finis ; mais nous avons dit qu'il n'y a, en soi, ni passé, ni futur, que tout est également réel. D'où il suit que les phénomènes à venir sont assujettis à la loi du nombre aussi bien que les phénomènes passés. Faut-il en conclure que, hormis Dieu, tout doit finir, comme tout a commencé ? Cette réponse s'imposerait s'il n'en était une autre, consistant dans l'hypothèse d'un état final immuable, qui mette fin au temps, sans mettre fin aux existences contingentes.

Nous n'ignorons pas combien une telle conception est de nature à blesser les âmes les plus nobles, qui ne peuvent se résigner à la pensée qu'elles s'arrêteront un jour dans leur progrès dans la connaissance et l'amour de la Divinité. Peut-être s'exagèrent-elles la difficulté en se plaçant inconsciemment au point de vue d'un être encore temporel, pour lequel l'immobilité, à un point de vue, devient sensible et fait même l'effet d'un recul, au sein de l'universel écoulement des choses. Quoi qu'il en soit, avant d'approfondir cette difficulté, montrons qu'elle n'est point particulière à notre théorie du temps, mais se présente à tous ceux qui, admettant le principe du nombre, croient à la prescience de Dieu, conséquence nécessaire de son immutabilité : c'est ce qu'a bien vu un des penseurs catholiques les plus sérieux du xixe siècle, Th.-Henri Martin.

La prescience divine, alors même que l'univers ne présenterait aucun phénomène libre, apparaît comme une terrible pierre d'achoppement ; car, si le monde doit durer indéfiniment, et si les phénomènes qui s'y produiront sont tous connus de Dieu, son intelligence embrasse un nombre infini de phénomènes, c'est-à-dire une contradiction. Renouvier et M. Pillon en concluent simplement que la science de Dieu n'est infinie qu'en puissance, et que, si sa pensée peut se reporter sur un phénomène à venir quelconque (les actes libres réservés, mais ils pourraient ne pas l'être), jamais elle ne peut embrasser la totalité de l'avenir ; une fois posé un Dieu temporel, toute difficulté disparaît, en effet, de ce côté.

Th.-Henri Martin ne pouvait faire une telle réponse ; aussi sa pensée s'arrête-t-elle troublée devant ce mystère. « Il y a certainement quelque chose que je ne puis comprendre, dit-il. Mais j'ai déjà fait profession d'admettre l'incompréhensible quand il est démontré vrai, et de ne rejeter *a priori* que ce qui est évidemment absurde et contradictoire. Or, la solution de cette grave difficulté est au delà de la portée de notre intelligence. Cette solution se trouverait infailliblement dans une notion parfaite, que nous n'avons pas, du mode de la connaissance divine. Mais, en deçà des limites de ce que mon intelligence peut atteindre, je ne vois pas là une contradiction manifeste. Je vois bien qu'il impliquerait contradiction qu'une intelligence, qui, comme la mienne, n'embrasserait les objets que par des pensées distinctes les unes des autres et successives, pût avoir la notion de chacun des êtres et de chacun des événements successifs d'un avenir sans fin, qui, pour elle, n'est pas encore. Mais, sans comprendre les procédés de l'intelligence divine, je sais qu'elle ne procède pas par pensées séparées et successives, et qu'elle embrasse tout par une seule pensée infinie et éternelle. De plus, j'ignore ce que seront les siècles à venir, et s'il y aura toujours des siècles, s'il ne viendra pas un temps qui sera le dernier de la durée changeante, même pour les êtres intelligents et immortels, un temps au delà duquel la vie bienheureuse ou malheureuse n'aura plus de variation, et sa durée n'aura plus de mesure. En un mot, pour résoudre cette difficulté, je ne connais assez ni Dieu, ni l'avenir. Je me récuse donc, non pas uniquement parce qu'il s'agit de l'infini et de Dieu, mais parce qu'il s'agit de choses qui dépassent la portée de mon esprit, et dont je ne puis voir ni la contradiction ni l'accord » [1].

M. Pillon, après avoir reproduit ce passage dans son *Année philosophique* de 1890, ne se déclare pas satisfait par ce double essai d'éclaircissement. Le premier moyen ne lui paraît même pas sérieux : « Quel que soit le mode de la connaissance divine, dit-il, ce qui est contradictoire, logiquement impossible, ne peut être l'objet de cette connaissance ». Cette réfutation ne nous semble pas convaincante, à l'égard du moins des phénomènes prédéterminés ; ces phénomènes, en effet, s'ils sont physiques, sont tous exprimés par des équations en nombre fini, du moment que l'univers l'est aussi ; rien n'empêche donc que ces équations soient toutes connues. Or,

____

(1) *Les Sciences et la Philosophie*, p. 321.

la connaissance de telles équations constitue, pour notre esprit lui-même, une connaissance implicite de tous les phénomènes qu'elles expriment quand on fait croître indéfiniment le temps ; quelque imparfaite que soit cette connaissance, il nous semble qu'elle permet d'entrevoir comment Dieu pourrait connaître un avenir infini sans avoir une idée distincte de chaque phénomène et sans que, par suite, l'infini numérique fût réalisé en sa pensée.

Les mêmes considérations s'appliquent évidemment au cas des phénomènes psychiques soumis au déterminisme ; mais il semble qu'il n'en est pas de même des actes libres et de tous les phénomènes qui en dépendent, en sorte que la croyance en la liberté exigerait le recours au second moyen d'explication du professeur de Rennes, c'est-à-dire à l'hypothèse d'un état final stable pour toutes les créatures. M. Pillon reconnaît que cette hypothèse est de nature à résoudre le problème ; mais il lui paraît difficile de concilier, en chacune des consciences immobilisées et devenues étrangères à la loi du temps, cette immobilité même avec la mémoire des faits passés qu'implique la responsabilité morale. Pour lui, d'ailleurs, la loi mentale du temps, ne pouvant se comprendre sans la distinction de l'avant et de l'après, renferme l'idée de l'avenir aussi bien que celle du passé, à quoi il ajoute que la mémoire du passé apporterait des faits toujours nouveaux dans les souvenirs et réintroduirait ainsi des variations mentales dans cet état prétendu stable.

Cette dernière réflexion nous surprend de la part de M. Pillon, car il est clair que l'hypothèse de la stabilité comprend l'absence de variation dans le souvenir des faits passés, absence qui ne saurait impliquer contradiction, puisque, en tous cas, les faits représentés seraient en nombre fini. Quant à la difficulté qu'il éprouve à concevoir un passé sans avenir, elle tient à la valeur beaucoup trop grande, selon nous, qu'il attribue à l'idée de temps ; pour celui qui la réduit à celle de relation entre la cause occasionnelle et son effet, la série peut aboutir à un effet dernier.

Ainsi donc, le seul fait d'admettre l'existence d'actes libres, en même temps que la prescience divine, inséparable de l'immutabilité, oblige à admettre aussi la fin du temps [1]. Dès lors, la théorie causale de celui-ci ne se heurte plus à cette difficulté très grave, puisqu'on a déjà dû en prendre son parti ; une telle résolution n'a, d'ailleurs, rien que de parfaitement rationnel, puisque cette difficulté peut choquer certaines tendances plus ou moins instinctives, mais ne saurait faire apparaître aucune contradiction.

En soutenant cette thèse de l'immutabilité dans notre première édition, nous craignions de heurter vivement des idées généralement reçues ; en fait, il semble que nous nous exagérions ce danger, car cette thèse est loin d'être étrangère à plus d'un penseur chrétien. Ce n'est pas que nous croyions qu'on soit d'accord pour interpréter en ce sens les paroles de l'Apocalypse, *tempus non erit amplius*, ainsi que l'a fait M. Hallez dans la *Revue Néo-Scolastique* [2], car, par exemple, M. l'abbé Nys, exposant et commentant la doctrine de saint Thomas d'Aquin, distingue à l'occasion de ces paroles le temps *extrinsèque*, qui s'identifie avec le mouvement des cieux et, d'après saint Thomas, est destiné à prendre fin, et les temps *intrinsèques* concrétisés dans les changements

(1) On pourrait croire, par suite, que la première hypothèse de Th.-Henri Martin, relative au mode de la pensée de Dieu, devient sans objet, et il en est bien ainsi si l'on n'envisage que l'ordre des choses contingentes ; mais il reste celui des idées et des vérités nécessaires, des vérités mathématiques par exemple, qu'aucune intelligence temporelle ne saurait épuiser et qui dès lors ne doivent subsister, dans la pensée divine, que sous une forme pour ainsi dire implicite, leur distinction sous notre forme ordinaire de théorèmes aboutissant à la contradiction du nombre infini.

(2) *Le Temps et la Durée* dans le numéro du 1er février 1896 (voir p. 23).

des êtres contingents, changements dont M. Nys nie formellement la fin [1].

Au contraire, nous voyons Ernest Naville, dans ses belles conférences sur *La Vie Eternelle*, c'est-à-dire sur la vie future des élus, s'exprimer ainsi : « Pour avoir l'éternité, il ne faut pas une succession de pensées qui se remplacent, mais une pensée toujours la même ; il ne faut pas une succession de volontés, mais une volonté fixée sur son objet immuable ; il ne faut pas des joies qui s'ajoutent à d'autres joies, mais une joie pleine et débordante remplissant le cœur tout entier » [2].

Ajoutons que la distinction scolastique entre le temps et l'*ævum* facilite singulièrement la conception de cette absence finale de changements. On sait que l'*ævum* est en quelque sorte le temps des purs esprits, l'âme humaine n'étant soumise au temps proprement dit qu'en raison de son union avec le corps. La caractéristique du changement, ou du passage de la puissance à l'acte, chez les purs esprits, serait son instantanéité. « Leurs activités, dit M. Nys, sont donc soustraites à toute mesure temporelle proprement dite. Cependant, quoique leurs actes, pris isolément, n'aient pas la durée mesurable, ces actes posés à des instants divers forment une série, où se retrouve l'un des deux éléments de la durée temporelle, la succession ; à ce titre on leur attribue un temps discret » [3].

Nous comprenons ceci parfaitement s'il s'agit d'actes en relation avec les phénomènes temporels ; mais, s'il s'agit d'actes étrangers à toute relation de ce genre, nous ne voyons pas comment ils peuvent être posés à des

(1) *La Notion de Temps d'après les principes de saint Thomas d'Aquin*, p. 162-169. Il nous semble cependant que, dans la *Somme contre les Gentils* (liv. IV, chap. 97, *de statu mundi post judicium*), saint Thomas se prononce en faveur de l'immutabilité des âmes et des corps.

(2) Cinquième discours, *La doctrine chrétienne de la vie éternelle*.

(3) Ouvrage cité, p. 84.

instants divers, à moins d'admettre une durée absolue où se distingueraient tous les instants du temps et qui ne paraîtrait pas pouvoir être elle-même distinguée du temps [1].

Si l'on retient seulement de la théorie scolastique ce fait du changement instantané, on voit que notre théorie du temps offre une affinité singulière avec celle de l'*ævum*. En tout cas, après la mort, l'âme ne serait plus soumise à un changement continu, et alors on peut admettre qu'après un nombre plus ou moins grand de changements instantanés elle n'en éprouverait plus, sans subir pour cela aucun anéantissement. Que si un théologien nous objectait la résurrection des corps, nous ne pourrions que nous récuser pour incompétence, tout en faisant remarquer que les corps ressuscités sont qualifiés de glorieux et devront présenter une nature singulièrement différente de leur nature actuelle [2].

Si la philosophie scolastique, par sa conception de l'*ævum*, facilite l'admission d'un état final stable, il en est de même des vues profondes et ingénieuses de M. Bergson. Généralement peu porté à adopter ses conceptions fondamentales, nous n'en noterons pas moins avec grand intérêt cette pensée que les souvenirs subsistent immuablement à l'état de mémoire pure et que ce que nous appelons le souvenir conscient n'est qu'un choix fait par notre mécanisme corporel en vue de l'action [3]. M. Bergson affirme hautement, en faveur de

(1) C'est cette difficulté que Mgr Farges paraît avoir voulu résoudre quand il a dit que, si le passage de la puissance à l'acte dans les opérations purement intellectuelles est instantané, l'acte peut être *en voie de préparation* ou *en train de se prolonger* (*L'Idée de continu dans l'espace et le temps*, 5e édit., p. 251); mais n'est-ce pas retirer au fond ce qu'on a d'abord affirmé ?

(2) Voir la *Somme contre les Gentils*, signalée dans la note 1 de la page précédente. On remarquera que notre théorie rapproche singulièrement de l'*ævum* le temps du monde matériel : celui-ci apparaît comme l'*ævum* de phénomènes, en perpétuels changements, et dès lors on comprend comment notre âme spirituelle s'adapte à ce temps, tandis que la théorie scolastique ne paraît guère expliquer comment un discontinu peut se muer en un continu.

(3) Voir le chapitre III de l'ouvrage *Matière et Mémoire*.

chacun de nos états psychologiques passés, une existence réelle, quoique inconsciente. Il n'est guère embar-
rassé par la question : où se conserve le souvenir ?
car il ne songe à le loger ni dans le cerveau ni ailleurs, et il
affirme que le passé n'a pas cessé d'exister, mais a cessé
d'être utile. Le présent n'est pas *ce qui est*, mais *ce qui
se fait*. Il y a donc deux mémoires : l'une, fixée dans
l'organisme, nous permet de nous adapter à la situation
présente ; l'autre, qui est la mémoire vraie, retient et
aligne tous nos états au fur et à mesure qu'ils se produisent. Celle-ci sert de base à la mémoire corporelle,
qui l'utilise pour l'action ; si d'ailleurs notre passé nous
demeure presque tout entier caché, c'est parce qu'il est
inhibé par les nécessités de l'action présente.

Il est clair que cette thèse s'accorde parfaitement avec
notre théorie du temps : nous compléterons d'ailleurs ce
que dit M. Bergson en ajoutant que, si l'avenir, aussi
réel suivant cette théorie que le passé, nous est voilé,
c'est parce qu'il ne répond à rien dans notre cerveau et
que, par suite, celui-ci l'empêche d'arriver à notre conscience. Quoi qu'il en soit, il est intéressant de remarquer combien la thèse de M. Bergson rend vraisemblable
qu'une fois dégagés de notre corps nous aurons une
conscience intégrale de notre passé, et par là disparaîtrait l'objection de M. Pillon précédemment reproduite.

Ainsi, semble-t-il, peu à peu tendent à s'évanouir les
difficultés que soulevait de prime abord notre manière de
concevoir le temps.

IV

LA MESURE DU TEMPS

Après avoir étudié le temps tel qu'il nous apparaît dans
la mécanique, nous en avons soumis la notion à une
critique qui nous a, semble-t-il, singulièrement éloigné

de notre point de départ. Allons-nous donc, sous une forme différente, revenir à la conclusion de ces philosophes qui, comme Delbœuf et M. Bergson, distinguent deux temps, l'un pour la science et l'autre pour la réalité ? Un tel dualisme nous répugne profondément, et nous ne saurions nous y résigner que contraint et forcé. Or, ce par quoi une chose prend place dans la science, c'est sa mesure, et, par suite, nous devons examiner si le temps, tel qu'il nous est finalement apparu, est susceptible de mesure et, dans le cas de l'affirmative, si sa mesure peut être la même qu'au point de vue de la mécanique.

Or Balmès a fort bien vu que l'idée proprement dite de mesure ne saurait être appliquée au temps, et qu'on ne peut songer qu'à *compter* les phénomènes successifs. Cette simple opération se heurte à deux inconvénients : le premier consiste dans la difficulté de la réaliser, même sous une forme purement proportionnelle, et le second, dans le fait que, si l'on considère deux séries différentes de phénomènes, reliées entre elles de façon à présenter des simultanéités, les nombres correspondant aux deux séries ne semblent pas devoir être proportionnels entre eux pour les diverses périodes correspondantes.

En fait, comme nous allons le voir, ces difficultés ne sont pas autres, au fond, que celles qu'on rencontre dans la théorie purement mécanique du temps. D'abord, si nous considérons un mouvement, il est assez naturel d'admettre, à titre d'hypothèse, qu'à deux déplacements égaux répondent des nombres de phénomènes égaux, nombres finis puisque nous avons dû écarter la notion de réalités en nombre infini. Sans connaître ces nombres, nous pouvons donc en déterminer les rapports ; mais la plus complète incohérence apparaît entre les diverses séries de mouvements puisque, si l'on considère deux déplacements égaux d'un mobile, les déplacements simultanés des autres mobiles ne sont presque jamais

égaux entre eux. C'est, on le voit, la même difficulté
qu'on rencontre en mécanique quand il s'agit de faire
choix d'un mouvement-unité. Nous avons bien un
moyen de compter proportionnellement les phénomènes,
mais nullement, jusqu'ici, le moyen de faire correspondre un nombre (proportionnel) à l'intervalle entre
deux simultanéités, puisqu'il semble qu'on peut lui
attribuer un nombre absolument quelconque. La question est de savoir s'il est possible de lui attribuer un
nombre qui introduise de grandes simplifications dans
l'expression des phénomènes de l'univers, c'est-à-dire,
bien entendu, si l'on peut attribuer aux divers intervalles
entre simultanéités des nombres proportionnels réali-
sant cette simplification. Or nous avons vu par quel artifice on a prétendu éluder en mécanique la difficulté
résultant de l'incohérence première, en disant que deux
temps sont égaux lorsqu'ils répondent à des espaces
égaux parcourus par des mobiles placés dans des circonstances identiques ; mais nous avons vu aussi que cette
définition repose sur un cercle vicieux, l'identité des
circonstances ne pouvant être établie qu'en vertu des lois
de la mécanique, lois qui supposent la mesure du temps.
On ne peut donc que poser des hypothèses et vérifier si
de ces hypothèses résulte la simplification cherchée.

La question arrive donc à se poser finalement exactement dans les mêmes conditions au point de vue de la
critique de la mécanique et à celui de notre théorie du
temps. Si d'ailleurs un psychologue partait des faits de
conscience pour chercher à réaliser cette numération des
phénomènes, il serait assez naturellement conduit à se
rabattre sur les mêmes phénomènes que le mécanicien.
Rebuté, en effet, par l'incohérence, à ce point de vue,
des phénomènes psychiques supérieurs, il serait amené
à envisager des phénomènes d'ordre inférieur, se ratta-
chant d'une façon plus intime à la vie corporelle et présentant certaines divisions d'une apparente uniformité.
La double alternative de la veille et du sommeil partage

notre existence en périodes singulièrement analogues :
si ces périodes, en effet, présentent d'énormes différences
au point de vue des phénomènes psychiques supérieurs,
elles comprennent toute une série de faits semblables
dans lesquels s'encadrent les autres. C'est ainsi que les
repas viennent couper régulièrement la veille, et que
nous pouvons exécuter des travaux analogues dans les
périodes correspondantes de deux jours différents. Nous
sommes dès lors portés à former des groupes de ces états
à peu près réguliers et à les dire égaux entre eux.
Ensuite les mouvements du soleil, qui président à ces
phénomènes fondamentaux de notre existence, permettent de préciser davantage les limites des périodes
égales et de les subdiviser. Mais alors la critique scientifique s'est déjà emparée de la question de la mesure du
temps et aboutit à une solution satisfaisant également la
science et notre théorie qui, à première vue, paraissait
devoir se séparer de celle-là.

Ainsi se résolvent progressivement les difficultés que
la théorie causale semblait opposer à la mesure du temps,
et nous venons de voir comment elle conduit à la solution scientifique de la question tout aussi naturellement
que quelque système que ce soit. Il nous semble même
qu'elle a l'avantage de dissiper bien des nuages, en
réduisant cette mesure à sa vraie signification. Le temps
n'étant qu'une forme de notre sensibilité, qui revêt d'une
apparence toute subjective la simple relation de cause
occasionnelle à effet, il ne peut être question de le mesurer, au sens propre du terme, mais seulement de compter une série de phénomènes ; comme, d'ailleurs, il
existe un nombre prodigieux de séries de ce genre
dépendant les unes des autres, ce qui donne naissance à
la notion de simultanéité, on se heurte à la difficulté que
deux séries différentes ne fournissent pas des nombres
proportionnels pour la mesure des diverses périodes.
Mais le monde matériel obéit à des lois simples si l'on
adopte un certain mouvement-unité, et cette adoption

amène, sinon une régularité complète dans les phénomènes psychiques, du moins un ordre relatif entre ceux de ces phénomènes qui forment comme la base de notre vie. C'est là plus qu'on n'était en droit d'espérer, et ce que ce résultat offre d'imparfait n'a rien qui puisse surprendre.

Ainsi se trouve établi l'accord entre la conception philosophique du temps et les résultats de la science expérimentale ; ainsi se trouve écarté ce véritable cauchemar d'un irréductible dualisme entre deux notions d'un même concept. Il nous semble donc qu'à la suite de Kant et de Balmès il est possible de jeter quelque lumière sur le problème du temps. Au contraire, en commençant ce dernier chapitre de notre étude, nous avons avoué ne rien entrevoir qui pût nous éclairer sur la nature de la relation spatiale. Il ne serait du reste pas surprenant qu'il s'agît là d'une impossibilité absolue, si, par nature de la relation spatiale, on entend sa réduction à une autre relation comme celle de la relation de succession à la relation de cause à effet.

Non seulement il faut bien qu'il existe des relations premières, irréductibles à d'autres plus fondamentales ; mais il n'y aurait rien d'invraisemblable à ce qu'on fût ici en présence d'une de ces relations-là. Ne s'agit-il pas en effet de la relation fondamentale qui caractérise ce que nous appelons le monde extérieur, tandis que le temps relie indifféremment les phénomènes de tout ordre, ce qui permet de prévoir qu'il présente un caractère rationnel, simplement voilé par une forme de sensibilité ?

Si l'espace au contraire est irréductible à un principe rationnel, ce n'est pas à dire que la raison ne puisse y pénétrer : à la suite du nombre, elle le régit comme nous l'avons vu, construisant *a priori* une infinité d'espaces. Les impressions sensibles suggèrent un choix, sans l'imposer, entre tous ces espaces possibles, et l'on voit la géométrie générale, purifiée du scandale des postulats affirmés comme vérités nécessaires, apparaître

comme la science apodictique des formes d'extériorité à
plusieurs dimensions, tandis que la géométrie euclidienne, qui y tient une place spéciale très intéressante
en soi, revêt à un autre point de vue le caractère d'une
science de la nature, le choix des postulats fondamentaux étant inspiré par l'observation.

A défaut donc d'une solution d'un problème peut-
être chimérique, il semble que l'étude de l'espace apporte
des lumières très intéressantes sur mainte question
d'ordre philosophique ou logique.

ADDITION AU CHAPITRE V

M. Painlevé a présenté, le 1er décembre 1904, à la Société française de philosophie des observations fort intéressantes en faveur du mouvement absolu, et il les a formulées de nouveau dans son étude sur la mécanique, contenue dans le livre publié par M. Thomas et ayant pour titre : *De la méthode dans les sciences.* Ce n'est pas que les arguments invoqués par M. Painlevé changent aucunement la façon dont la question se présente, et par suite tout ce que nous avons dit sur la portée des arguments déjà invoqués subsiste intégralement ; mais il nous semble qu'il a donné plus de précision au privilège dont jouissent et le trièdre de référence et le mouvement-unité privilégiés. Au lieu de se borner à invoquer la simplicité des lois du mouvement attachée au choix de ce trièdre et de ce mouvement-unité, il fait remarquer que seul ce choix assure l'observation du principe de causalité, tel que l'énonçaient les coperniciens : *Si, à deux instants, les mêmes conditions sont réalisées, transportées seulement dans l'espace et le temps, les mêmes phénomènes se reproduiront, transportés seulement dans l'espace et le temps.*

Il est bien clair que cette réalisation des mêmes conditions se heurte à toutes les difficultés que nous avons vues et que, théoriquement, il ne sert de rien d'ajouter, avec les coperniciens, que le mouvement absolu d'un point n'est pas modifié si on modifie d'une manière quelconque les positions et les vitesses des éléments matériels infiniment éloignés de ce point, sans rien changer aux conditions des autres éléments. Mais nous avons vu combien des principes de ce genre prennent de valeur quand les hypothèses fondées sur eux se trouvent vérifiées par l'expérience.

En l'espèce, le principe même de causalité, tel qu'il est formulé, comprend d'abord l'affirmation de l'isogénéité de l'espace, telle que nous l'avons définie, puis un principe, que nous ne saurions considérer comme un axiome rationnel et qu'on pourrait appeler le postulat de l'isogénéité du temps, lequel n'est autre que celui de l'invariance des lois de la nature en fonction du temps. La vérification du principe de causalité, grâce à un choix spécial du trièdre de référence et du mouvement-unité, a un caractère évidemment plus précis que celle qui résultait seulement de la plus grande simplicité des lois du mouvement ; mais, comme pour cette dernière, la propriété d'un trièdre de référence et d'un mouvement-unité d'assurer cette vérification ne peut *a priori* appartenir qu'à un système privilégié, et dès lors, si la découverte d'un tel système permet aux partisans de l'espace et du temps absolus de dire qu'ils les ont découverts, elle ne prouve rien quant à l'existence même d'un espace et d'un temps absolus.

Ayant omis de signaler cette argumentation de M. Painlevé, il nous a paru nécessaire de réparer cette omission[1].

---

[1] Signalons les contradictions opposées par M. Le Roy à la thèse de M. Painlevé, ainsi que la courte et vigoureuse riposte de M. Couturat.

ERRATA

Page 18, ligne 9, au lieu de : *(ds),* lire : $\sqrt{\varphi(ds)}$.

Page 62, ajouter à la note 2 :

On étudiera aussi avec grand intérêt les *Mélanges de Géométrie à quatre dimensions* du même auteur (1906). Il y fait mention d'un important ouvrage de M. Schoute : *Mehrdimensionale Geometrie* (librairie Göschen, à Leipzig) et d'un autre de M. Segre : *Vorlesungen über algebraische Geometrie mit besonderer Berücksichtigung der mehrdimensionalen Geometrie* (Teubner, à Leipzig).

Page 160, ligne 8 en remontant, ajouter en note :

On remarquera que les produits, égaux entre eux, de la masse de chacun des deux points par son accélération sont ce qu'on appelle la *force* exercée sur lui par l'autre, chaque force ayant la direction et le sens de l'accélération correspondante. La force est donc l'expression de l'action subie par chaque point, et l'on voit dès lors l'intérêt de premier ordre que conserve en mécanique cette fonction de la masse et de l'accélération, malgré le mode d'exposition adopté, qui lui enlève le caractère de notion fondamentale.

TABLE DES MATIÈRES

III

Géométrie projective

CHAPITRE II

GÉOMÉTRIE MÉTRIQUE

I

Idée générale de la géométrie métrique

II

Géométries à une et à deux dimensions

III

Géométrie à trois dimensions

IV

Géométrie à quatre dimensions

CHAPITRE III

HISTOIRE ET POLÉMIQUES RELATIVES A LA GÉOMÉTRIE

I

Comment est née la géométrie générale

II

Les objections contre la géométrie générale

III

Polémiques

CHAPITRE IV

PORTÉE PHILOSOPHIQUE DE LA GÉOMÉTRIE GÉNÉRALE

CHAPITRE V

LE TEMPS ET L'ESPACE EN MÉCANIQUE

I

Cinématique

II

Dynamique

CHAPITRE VI

LA GÉOMÉTRIE DE NOTRE UNIVERS

I

Nombre des dimensions de l'espace

II

Le paramètre spatial de notre univers

III

Objections contre le principe d'une détermination de la géométrie de l'univers

CHAPITRE VII

LES PROBLÈMES DES MONDES SEMBLABLES ET DE LA RÉVERSIBILITÉ DE L'UNIVERS

I

Le problème des mondes semblables

II

La réversibilité du monde matériel

CHAPITRE VIII

CRITIQUE DE L'INFINI ET DU CONTINU. LES ARGUMENTS DE ZÉNON D'ÉLÉE

I

Critique générale

II

Les arguments de Zénon d'Elée

CHAPITRE IX

LA NATURE DU TEMPS

I

La conciliation de l'être et du non-être comme origine du temps

II

Identité de la relation temporelle et de la relation de causalité occasionnelle

III

Applications diverses. — Dieu et le temps. — Après la mort